Informatik-Fachberichte 300

Herausgeber: W. Brauer
im Auftrag der Gesellschaft für Informatik (GI)

Subreihe Künstliche Intelligenz
Mitherausgeber: C. Freksa
in Zusammenarbeit mit dem Fachbereich 1
„Künstliche Intelligenz" der GI

Michael Mohnhaupt

Prinzipien piktorieller Repräsentationssysteme

Untersuchungen zur bildhaften
Repräsentation von Wissen
in informationsverarbeitenden Systemen

Springer-Verlag

Berlin Heidelberg New York London Paris
Tokyo Hong Kong Barcelona Budapest

Autor

Michael Mohnhaupt
Andersen Consulting
Bleichenbrücke 10, W-2000 Hamburg 36

CR Subject Classification (1991): I.2, I.2.0, I.2.4, I.2.6

ISBN 3-540-55156-5 Springer-Verlag Berlin Heidelberg New York
ISBN 0-387-55156-5 Springer-Verlag New York Berlin Heidelberg

Satz: Reproduktionsfertige Vorlage vom Autor
Druck- u. Bindearbeiten: Weihert-Druck GmbH, Darmstadt
33/3140-543210 – Gedruckt auf säurefreiem Papier

Für meinen Vater

Danksagung

Mein besonderer Dank gilt Prof. Dr. Bernd Neumann, der mir die Gelegenheit gab, meinen Forschungsinteressen nachzugehen. Seine Art, wissenschaftliche Fragen anzugehen, und sein scharfer Verstand sind mir ein Vorbild. Er hat mich während meiner gesamten Zeit im Arbeitsbereich "Kognitive Systeme" am Fachbereich Informatik der Universität Hamburg mit allen Kräften unterstützt und trotz zahlreicher Verpflichtungen immer Zeit für wissenschaftliche Diskussionen gefunden.

Ebenso bedanke ich mich sehr bei Prof. Dr. Christopher Habel, der viel Interesse an meiner Arbeit gezeigt hat und mich durch seine eigenen Arbeiten immer wieder inspiriert hat. Er gab mir insbesondere in der Endphase der Arbeit viele wertvolle Hinweise und hat mich in allen Belangen unterstützt.

Bei Dr. Klaus Rehkämper möchte ich mich für umfangreiche und fruchtbare Zusammenarbeit bedanken. Dies betrifft sowohl die vielen inhaltlichen Diskussionen als auch seine zahlreichen Versuche, einem Informatiker philosophisches Gedankengut nahezubringen.

Außerdem möchte ich Prof. Dr. David Fleet danken. Viele Diskussionen an der Universität von Toronto und während seiner Besuche in Hamburg haben mein Verständnis von Bildverstehen und von Wissenschaft insgesamt sehr geprägt. Für das anregende und interessante Jahr in Toronto möchte ich ebenfalls Prof. Dr. Allan Jepson und Prof. Dr. John Tsotsos danken.

Darüber hinaus möchte ich mich bei Prof. Dr. Luc Steels bedanken. Er hat immer wieder dazu beigetragen, meine Untersuchungen über piktorielle Repräsentationen voranzutreiben. Zahlreiche produktive und unkonventionelle Diskussionen sind mir lebhaft in Erinnerung.

Auch die vielen "Flurgespräche" haben mir bei verschiedenen Problemen meiner Arbeit geholfen. Ich danke deshalb Dr. Helmut Faasch, Dr. Volker Haarslev, Gerd Knospe, Ralph Möller, Dr. Heiko Neumann, Carsten Schröder, Rainer Sprengel, Prof. Dr. Siegfried Stiehl, Dr. Sebastian Stier und Klaus Strobel.

Für engagierte organisatorische und technische Unterstützung danke ich insbesondere Ursula Bauer, Ingeborg Heer-Mück, Hartmut Krüger und den Mitarbeitern des Rechenzentrums. Corinna Mohnhaupt und Sabine Kockskämper danke ich für ihre Unterstützung beim Korrekturlesen der Arbeit.

Kurzfassung

Diese Arbeit beschreibt Untersuchungen auf dem Gebiet der piktoriellen Repräsentationssysteme. Piktorielle Repräsentationssysteme stellen für intelligente maschinelle Systeme und für intelligente biologische Systeme eine wichtige Teilklasse von universellen Repräsentationssystemen dar. Sie sind insbesondere für die Repräsentation und Verarbeitung von Objekten und Ereignissen der visuellen Welt geeignet. Ihre Verwendung führt zu effizienten lokalen Algorithmen, weil sie durch eine wertkodierte Ortsrepräsentation, durch intrinsische Eigenschaften und einige weitere Einschränkungen auf diesen Realweltausschnitt spezialisiert sind. Dies zeigt sich sowohl bei einer kognitionswissenschaftlichen Analyse der psychologischen Arbeiten zu mentalen bildhaften Repräsentationen als auch bei einer Analyse relevanter Ansätze der Künstlichen Intelligenz und theoretischer Arbeiten zu Repräsentationssystemen.

Die Erkenntnisse über piktorielle Repräsentationssysteme werden zusätzlich gestützt durch ein in dieser Arbeit entwickeltes Modell für die Repräsentation und Verarbeitung von raumzeitlichen Ereignissen in Straßenverkehrsszenen. Für die Modellierung dieser Ereignisse wird eine hybride Repräsentation entwickelt, die aus einer propositionalen Langzeitrepräsentation und einer piktoriellen Kurzzeitrepräsentation besteht. Innerhalb der piktoriellen Kurzzeitrepräsentation werden dabei erstmals verschiedene Schritte für den Erwerb von Ereignismodellen sowie für Vorhersage- und Schließprozesse mit Hilfe gelernter Ereignismodelle modelliert. Ein wesentlicher Vorteil der piktoriellen Repräsentation besteht darin, daß sie effiziente Algorithmen erlaubt, die aus einfachen lokalen Operationen zusammengesetzt sind.

Sowohl die Ergebnisse über piktorielle Repräsentationssysteme als auch die Ergebnisse über Ereignismodelle werden durch unterschiedliche Berechnungsexperimente untermauert.

Inhaltsverzeichnis

Abbildungsverzeichnis

Kapitel 1

Einleitung und Überblick

1.1   Drei Fragen

Es ist ein Ziel dieser Arbeit, einige offene Fragen zu beantworten. Dabei besteht die Hoffnung, daß die Anzahl der neu auftauchenden Fragen nicht sehr viel größer ist, als die Anzahl der im Rahmen der Arbeit beantworteten Fragen.

Am Anfang sollen den Lesern aber zunächst drei Aufgaben gestellt werden, mit der Bitte, sich bei der Lösung der Aufgaben zu vergegenwärtigen, welche Strategien dabei verwendet worden sind.

1. Liegt Hamburg östlich von München?

2. Liegt Hamburg höher über dem Meeresspiegel als München?

3. Wieviel BMWs wurden im Jahr 1990 in Deutschland neuzugelassen?

Typischerweise geben Versuchspersonen an, beim Beantworten der Fragen drei verschiedene Lösungsstrategien zu verwenden.

Bei der ersten Frage finden im Allgemeinen bildhafte Vorstellungen einer Landkarte der Bundesrepublik Deutschland Verwendung. Man stellt sich Hamburg und München auf einer 2-dimensionalen Landkarte bildlich vor; die Vorstellung ähnelt dabei sehr stark dem, was man sehen würde, wenn eine entsprechende Landkarte vor einem läge. Dann zieht man z. B. in Gedanken eine Gerade von Norden nach Süden durch Hamburg und 'sieht' in der bildhaften Vorstellung, daß München östlich dieser Geraden, und damit östlich von Hamburg liegt.

Die zweite Aufgabe bezieht sich zwar im Wesentlichen auf die gleichen Objekte, entscheidend für deren Lösung ist aber nach Angaben der meisten Versuchspersonen eher eine Kette von Schlußfolgerungen mit den folgenden Bestandteilen: Hamburg liegt ungefähr am Meer, München liegt im Alpenvorland und das Alpenvorland liegt deutlich oberhalb des

Meeresspiegels, also liegt München höher über dem Meeresspiegel als Hamburg. Derartige logische Schlußfolgerungen basieren typischerweise nicht auf bildhaften Vorstellungen[1] sondern sind abstrakter Natur.

Bei der dritten Aufgabe sind sowohl die beteiligten Gegenstände und Fakten als auch die Schlußfolgerungen nicht bildhaft sondern abstrakt. Ein typischer Lösungsweg beinhaltet z.B. eine Abschätzung aller PKW-Zulassungen im Jahr 1990, des ungefähren Marktanteils von BMW in Deutschland und einer anschließenden Prozentrechnung zur Bestimmung der ungefähren Anzahl von BMW Neuzulassungen im Jahr 1990.

Offenbar verwenden Menschen aufgabenabhängig unterschiedliche Lösungsstrategien. Zumindest lassen sich anhand von Introspektion bei den drei Beispielen, Lösungswege bei denen mentale bildhafte Vorstellungen verwendet werden von Lösungswegen unterscheiden, die eher abstrakt sind.

Schon [*Reichenbach 28*] differenziert in seinem Werk 'Philosophie der Raum-Zeit-Lehre' diese zwei Strategien und arbeitet einige besondere Eigenschaften mentaler bildhafter Vorstellungen heraus:

> Es ist oft sehr viel leichter, logische Schlüsse auf dem Weg des anschaulichen Vorstellens zu ziehen, als unter Verwendung abstrakter Begriffe. ...
>
> In dieser Gabe des anschaulichen Schließens besitzt unser Verstand eines der fruchtbarsten Mittel, nicht nur für die Wissenschaft, sondern gerade auch für die Denkfunktionen des praktischen Lebens. Daß eine derartige Leistung der Anschauung möglich ist, ist zwar für sich wunderbar genug; aber es ist keine Leistung, die außerhalb des Rahmens der Logik liegt. Die Art und Weise, wie logische Schlüsse wirklich vollzogen werden, enthält sehr viel Seltsames und Rätselhaftes und hat mit formalen Verfahren der Logik oft wenig Ähnlichkeit.
>
> ...
>
> Wenn man von einem besonderen anschaulichen Zwang spricht, so will man damit sagen, daß für das anschauliche Vorstellen noch engere Gesetze gelten als für das logische Denken. ([*Reichenbach 28*]: 64-65)

Die Untersuchung der sehr alten philosophischen Frage nach der Natur mentaler Entitäten ist in den letzten 60 Jahren weitgehend aus der Philosophie in den Bereich von Einzelwissenschaften übergegangen. Während Reichenbachs Erkenntnisse noch hauptsächlich auf Introspektion beruhen, konnten inzwischen durch neue und verfeinerte Untersuchungsmethoden zahlreiche empirische Ergebnisse zu mentalen Repräsentationen erarbeitet werden. Dieser Übergang von zunächst philosophischen Fragestellungen in die Domäne von Einzelwissenschaften wird auch von einigen bedeutenden Philosophen, z.B. von [*Russell 59*] als natürlich und fruchtbar angesehen:

---

[1]Um herauszufinden, daß Hamburg am Meer liegt und München im Alpenvorland können allerdings bildhafte Vorstellungen herangezogen werden.

Überhaupt handelt es sich bei vielen philosophischen Fragen um im Grunde wissenschaftliche Fragen, die die Wissenschaft mit den ihr zur Verfügung stehenden Mitteln noch nicht beantworten kann. Die Sinneseindrücke und die Wahrnehmung haben lange dieser Klasse von Problemen angehört, sind inzwischen aber - wie ich behaupten würde - zu Problemen geworden, deren Lösung von der Wissenschaft in Angriff genommen werden kann, und deshalb muß jede Diskussion über sie unfruchtbar bleiben, die von der Voraussetzung ausgeht, daß man sich um das, was die Wissenschaft in diesem Punkt zu sagen hat, nicht zu kümmern braucht. (*[Russell 59]*: 261)

Es ist ein wesentliches Ziel dieser Arbeit, wichtige empirische Untersuchungen zum Thema interner bildhafter Repräsentationen in intelligenten Systemen aus kognitionswissenschaftlicher Sicht zusammenzutragen und die Erkenntnisse in diesem Bereich durch neue Berechnungsexperimente und Einsichten voranzutreiben. Dabei wird sich zeigen, daß aus heutiger Sicht einige der Reichenbachschen Vorstellungen über mentale bildhafte Repräsentationen, wesentliche Charakteristika sehr gut erfassen und mit Ansätzen innerhalb der Kognitionswissenschaft verträglich sind. Dies gilt insbesondere für die von Reichenbach konstatierte Bedeutung von Schlußprozessen außerhalb der formalen Logik und für die aus Informationsverarbeitungssicht vorteilhafte Eingeschränktheit mentaler bildhafter Repräsentationen.

1.2   Drei Probleme

1.2.1   Repräsentationsproblem

Der Begriff der Repräsentation ist zentral für alle an der Kognitionswissenschaft beteiligten Disziplinen. In der kognitiven Psychologie, in der *mentale* Repräsentationen ein wesentlicher Forschungsgegenstand sind, in der Künstlichen Intelligenz, in der der Schwerpunkt auf *computerinternen* Repräsentationen liegt, und auch in der analytischen Philosophie des Geistes wird von 'Repräsentationen' gesprochen, ohne daß eine weitgehend akzeptierte gemeinsame Definition zugrunde liegt.

Die Künstliche Intelligenz, ein Teilgebiet der Informatik, entwirft und implementiert Repräsentationen und Prozesse für maschinelle[2] informationsverarbeitende Systeme, wobei die Entwurfsprozesse eher heuristisch als systematisch sind; beispielsweise ist es z.Zt. nicht möglich, eine Menge von prinzipiell möglichen Repräsentationen und Prozessen oder eine systematische Auswahlstrategie anzugeben. Die kognitive Psychologie erforscht durch Beobachtung und Experiment die Natur der mentalen Repräsentationen des sehr komplexen informationsverarbeitenden Systems 'Gehirn-Geist'. Die analytische Philosophie des

---

[2]Repräsentationen und Prozesse können sich dabei sowohl auf konkrete als auch auf abstrakte Maschinen beziehen.

Geistes hat eine lange Tradition in der Untersuchung mentaler Repräsentationen mithilfe theoretischer Betrachtungen und Introspektion. Darüber hinaus hat die Philosophie permanent die Aufgabe, die bestehenden informatischen und psychologischen Theorien wissenschaftstheoretisch und erkenntnistheoretisch zu durchleuchten und auf Konsistenz zu prüfen.

Es ist zwar charakteristisch für ein junges Gebiet wie die Kognitionswissenschaft, daß zentrale Begriffe noch wenig präzisiert sind, aber diese Tatsache ist den am wissenschaftlichen Tagesgeschäft beteiligten Forschern nicht immer bewußt. Daraus können Mißverständnisse entstehen, die einem möglichen Erkenntnisgewinn erheblich entgegenwirken. Daher ist es von entscheidender Bedeutung, neben der Gewinnung von empirischen Ergebnissen (z.B. durch psychologische Experimente oder durch Berechnungsexperimente), für eine möglichst präzise Theorie- und Begriffsbildung zu sorgen.

Zur Beschreibung von unterschiedlichen Repräsentationen werden z.Zt. fast ausschließlich klassifikatorische Begriffe verwendet. Typischerweise werden einer bestimmten Repräsentation einzelne Eigenschaften aus einer größeren Menge von möglichen Charakterisierungen zugeschrieben, z.B.:

> *analog, analogisch, bildhaft, logikbasiert, propositional, extrinsisch, intrinsisch, informationsäquivalent, berechnungsäquivalent, internalisiert, direkt, abgeleitet, isomorph, nominal, ordinal, lebendig, spezifisch, ausdrucksstark, beladen, disjunktiv, eingeschränkt, prozedural, deklarativ, explizit, implizit, lokal, global, symbolisch, subsymbolisch, konnektionistisch, syntaktisch, semantisch, gefüllt, verbal, visuell,*

Diese Liste ist zwar nicht ganz vollständig, umfaßt aber die am meisten verwendeten Begriffe. Komparative Begriffe (z.B.: Repräsentation *A* ist *lebendiger* als Repräsentation *B*) finden kaum Verwendung, und quantitative Begriffe (z.B.: Repräsentation *B* ist *3.3 bildhaft* auf einer Skala von *[0..10]*) sind bisher überhaupt nicht anzutreffen.

Vor 12 Jahren veröffentlichte Stephen Palmer einen klassischen[3] Aufsatz mit dem Titel: 'Fundamental Aspects of Cognitive Representation' [*Palmer 78a*]. Palmer stellte eine Metatheorie über mentale Repräsentationen vor, welche u.a. dazu dient, den Begriff 'Repräsentation' zu definieren und einige wichtige Begriffe im Zusammenhang mit Repräsentationen besser einordnen zu können. Palmers Hauptinteresse in diesem Artikel gilt mentalen Repräsentationen, seine Theorie ist aber auf alle Klassen von Repräsentationen verallgemeinerbar. Auch heute sind viele seiner damaligen Feststellungen noch gültig, z.B.:

> As far as I can tell, the present framework for representations is a loose system of distinctions and classifications. ([*Palmer 78a*]: 261)

---

[3]Es besteht der Verdacht, daß 'klassisch' hier auch in der Bedeutung von [*Blau 78*] - 'oft erwähnt, wenig gelesen und kaum angewendet' - verwendet werden kann.

Auch im Bereich computerinterner Repräsentationen existiert keine wohldefinierte Metatheorie, welche es erlaubt die verschiedenen Aspekte von Repräsentationen innerhalb eines Modells zu behandeln. Dies wird in vielen Textbüchern über Künstliche Intelligenz und Wissensrepräsentation deutlich. Typischerweise werden verschiedenartige Repräsentationsformalismen (z.B.: Frames, Semantische Netze, Logik, usw.) charakterisiert, ohne daß sie rigide in Relation zueinander gesetzt werden, und in eine Theorie eingeordnet werden, welche die verschiedenen Formalismen umfaßt und einigermaßen präzise vergleichbar macht.

Aus dem unscharfen System klassifikatorischer Begriffe für Repräsentationen resultieren einige typische Probleme, die anhand von zwei Beispielen aus unterschiedlichen Bereichen verdeutlicht werden sollen:

Beispiel 1 (Wissensingenieurs-Szenario): Angenommen, das Verhalten eines technisches System soll in einem·wissensbasierten System modelliert werden, um in Fehlersituationen automatisch adäquate Diagnosen ableiten zu können. Wenn das zur Modellierung notwendige Wissen identifiziert ist, d.h. eine Berechnungstheorie aufgestellt worden ist, besteht der entscheidende nächste Schritt darin, eine geeignete Repräsentationsform für das Wissen auszuwählen. Bei diesem Schritt ist der Wissensingenieur auf seine Intuition angewiesen, weil er keine systematische Unterstützung findet. Es werden ihm typischerweise verschiedene Formalismen mit dazugehörigen Operationen angeboten (z.B.: Prädikatenlogik, KL-ONE, Produktionssysteme, etc.), ohne daß systematische Auswahlkriterien existieren. Es wäre wünschenswert, daß eine präzise Charakterisierung des verwendeten Wissens zur Modellierung des technischen Systems und eine Festlegung der zeitlichen Randbedingungen unter denen das System Schlüsse berechnen muß, direkt zur Auswahl eines Formalismus herangezogen werden kann. 'Direkt' ist hier im gleichen Sinn zu verstehen, wie eine präzise Beschreibung eines handwerklichen Problems direkt zur Auswahl bestimmter Werkzeuge dienen kann, oder wie eine hinreichende Beschreibung eines Tieres direkt zur Bestimmung seiner Art benutzt werden kann.

Beispiel 2 (Experiment-Szenario): Angenommen, eine Menge von empirischen psychologischen Untersuchungsergebnissen über bestimmte kognitive Fähigkeiten soll erklärt werden. Wie in der kognitiven Psychologie üblich, werden im Prinzip mentale Repräsentationen und deren Manipulation für die empirischen Ergebnisse verantwortlich gemacht. Es gilt daher, plausible Repräsentationsarten und darauf ablaufende Prozesse zu identifizieren, welche die beobachteten Phänomene gut erklären und möglichst neue und überprüfbare Vorhersagen erlauben. Dies ist eine Klassifikationsaufgabe, für deren Lösung es sehr hilfreich ist, die prinzipiell möglichen Repräsentationsformen und Prozesse sowie deren Vor- und Nachteile zu kennen, und diese dann aufgrund der Daten systematisch einzuschränken, bzw. gezielt auf bestimmte Formate und Prozesse empirisch zu testen. Ähnliche Klassifikationsaufgaben in anderen Wissenschaften werden auf solche Weise gelöst, z.B. das Bestimmen

von unbekannten chemischen Substanzen. Die Theorien über Repräsentationen erlauben
dieses Vorgehen z.Zt. nicht.

Palmer beschreibt den gleichen Sachverhalt folgendermaßen:

> Trying to determine the nature of cognitive representation without first kno-
> wing about representation as a general construct is much like trying to determine
> the nature of oak trees without first knowing about trees as a general class of
> objects. ([*Palmer 78a*]: 260)

Das Begriffssystem zur Charakterisierung von Repräsentationen hat offenbar nicht die
gleiche Präzision, wie Begriffssysteme in einigen anderen Wissenschaften (z.B. in der Physik,
in der Chemie und in der Zoologie). Die Hauptgründe für die erhebliche Vagheit sind:

1. Weitgehend fehlende komparative Begriffe,

2. Vollständig fehlende quantitative Begriffe,

3. Die verwendeten klassifikatorischen Begriffe sind unpräzise, denn:

   - Einzelne Begriffe sind nicht genau definiert und werden an verschiedenen Stellen
     unterschiedlich verwendet (Problem der Definition).

   - Die Abhängigkeiten zwischen verschiedenen Begriffspaaren sind weitgehend un-
     geklärt (Problem der Orthogonalität).

   - Es ist offen, ob das Begriffssystem alle relevanten Dimensionen von Repräsenta-
     tionen adäquat beschreibt (Problem der Vollständigkeit).

   - Es ist nicht bekannt, ob einzelne Begriffe überflüssig sind, weil sie vollständig
     und adäquat mithilfe anderer Begriffe ausgedrückt werden können (Problem der
     Kompaktheit).

Übereinstimmung über definierende Charakteristika von Repräsentationen besteht bisher nur auf einer relativ hohen Abstraktionsstufe. Eine typische aber wenig differenzierende
Definition dieser Art von Palmer lautet:

> A representation is, first and foremost, something that stands for something
> else. ([*Palmer 78a*]: 262)

An einigen Stellen wird versucht, eine weitergehende Präzisierung zu erreichen. In dem
Band 'The Encyclopedia of Artificial Intelligence' ([*Shapiro 87*]) werden im Abschnitt über
Wissensrepräsentation in loser Aufzählung einige wichtige Punkte wie z.B.: Vokabular,
Inferenzen, Basisoperationen und Semantik eines Repräsentationssystems angesprochen,
abschließend heißt es aber:

> ... there is little agreement as to what knowledge representation actually is,
> ... . (*[Shapiro 87]*: 898)

In *[Stillings e.a. 87]*, einer Einführung in die Kognitionswissenschaft, werden im Abschnitt über Wissensrepräsentation die folgenden Kriterien für die Evaluierung von Wissensrepräsentationssystemen genannt:

- Einfachheit der Kodierung

- Adäquatheit der Ausdrucksfähigkeit

- Adäquatheit der Akquisitionsfähigkeit

- Adäquatheit der Inferenzprozesse

- Arbeitsteilung zwischen Repräsentationssystem und Interpreter

Die Einteilung von Stillings e.a. weist auf wichtige Kriterien für die Bewertung von Repräsentationssystemen hin, und sie bietet eine gewisse Orientierung im Hinblick auf die beiden oben beschriebenen Szenarien. Dennoch bleibt sie an vielen Stellen oberflächlich bzw. vage. Es ist beispielsweise nicht klar, was es genau bedeutet, wenn eine Kodierung einfach, prägnant oder transparent ist, oder wann eine Repräsentation adäquat ist. Außerdem kann die Einteilung nicht dafür benutzt werden, in einem konkreten Fall eine bestimmte Repräsentation gegenüber einer konkurrierenden Repräsentation auszuwählen.

1.2.2 Bildhafte Repräsentationen

Auch für spezielle Klassen von Repräsentationen gilt die gleiche unbefriedigende Vagheit, wie für den allgemeinen Begriff Repräsentation. Dies soll im folgenden an einem Beispiel erläutert werden.

Eine wichtige und interessante Teilmenge von spezialisierten Repräsentationen bilden die sogenannten *bildhaften*[4] Repräsentationen. Im weitesten Sinne werden darunter diejenigen Repräsentationen verstanden, die Bildern ähneln. Dies gilt sowohl für mentale als auch für computerinterne Repräsentationen.

Wohl jeder Leser verfügt über introspektive Erfahrungen von bildhaften Vorstellungen, z.B. von Gesichtern von Personen, die man gut kennt, oder von räumlichen Anordnungen, wie sie bei der Beantwortung der ersten eingangs gestellten Frage benutzt wurden. Mentale bildhafte Vorstellungen von Gegenständen und Situationen scheinen große Ähnlichkeit mit dem zu haben, was man sehen würde, wenn die Gegenstände oder Situationen direkt betrachtet werden könnten. Leider ist weitgehend unklar, wozu mentale bildhafte Repräsentationen gut sind und wie sie benutzt werden. Auch über die Eignung computerinterner bildhafter Repräsentationen herrscht Uneinigkeit.

---

[4]Hier wird zunächst der Begriff *bildhaft* verwendet, weil er in der Literatur weit verbreitet ist. Später wird stattdessen der Begriff *piktoriell* favorisiert und präziser definiert.

Eine typische Einschätzung ist bei [*Shoham 86*] anzutreffen. Yoav Shoham, ein Forscher in der Künstlichen Intelligenz (im folgenden KI), befaßte sich mit der Modellierung von physikalischen Ereignissen beim Billiardspielen. Ein wichtiges Ziel der Modellierung besteht darin, bei einer gegebenen Billiardsituation und einem geplanten Stoß mit dem Queue, eine physikalisch plausible Vorhersage berechnen zu können. Angesichts der großen Komplexität der Aufgabe aus Sicht der Informationsverarbeitung und angesichts der erstaunlich präzisen Vorhersagefähigkeiten von guten Billiardspielern überlegt Shoham, wie Billiardspieler dieses Problem lösen, und kommt zu dem Schluß:

> The inevitable answer seems to be that they 'visualize' the problem, identify a solution in some mysterious ('analog') way, and only then *validate* the solution through physics. ([*Shoham 86*]: 89)

In der kognitiven Psychologie herrscht Uneinigkeit über die genaue Bedeutung und Funktion mentaler bildhafter Repräsentationen, welche in der 'Imagery' Debatte[5] zum Ausdruck kommt. Einige Forscher, z.B. [*Kosslyn 80*], sind von der funktionalen Bedeutung mentaler Bilder überzeugt und sehen überzeugende experimentelle Evidenz dafür. Andere Forscher, z.B. [*Pylyshyn 81*], [*Pylyshyn 84*], halten das Konzept mentaler Bilder für entbehrlich und schlagen stattdessen vor, von einem einheitlichen propositionalen mentalen Repräsentationsformat auszugehen. Mentale Bilder werden in diesem Modell eher als Epiphänomene angesehen und haben deshalb keine funktionale Bedeutung für das menschliche kognitive System.

Auch in der KI gibt es einige Ansätze, z.B. [*Funt 80*], die bildähnliche Repräsentationen für wichtige Teilaufgaben verwenden, z.B. für das Vorhersagen von Kollisionen bei Objektbewegungen, während andere Ansätze, z.B. [*Reiter + Mackworth 90*], ein einheitlich logikbasiertes Repräsentationssystem für alle wichtigen Aufgaben eines KI-Systems favorisieren.

Eine wesentliche Ursache für die Vielfalt der verschiedenen Ansätze in der KI und in der kognitiven Psychologie und die unterschiedlichen Meinungen zum Thema bildhafte Repräsentationen muß darin gesehen werden, daß keine allgemein akzeptierte Metatheorie über Repräsentationen existiert. Eine solche Theorie müßte Kriterien anbieten, nach denen unterschiedliche Repräsentationen bewertet und verglichen werden können, und sie müßte es ermöglichen, bildhafte Repräsentationen als Spezialfall allgemeiner Repräsentationen abzuleiten und deren Vorteile im Vergleich zu anderen Repräsentationen zu benennen.

Darüber hinaus bestände selbst bei einer vorliegenden Metatheorie über allgemeine Repräsentationssysteme vermutlich Uneinigkeit darüber, was die speziellen Eigenschaften von bildhaften Repräsentationen ausmachen und worin genau der Vorteil bildhafter bzw. piktorieller Repräsentationen zur Lösung bestimmter Probleme liegt.

---

[5] Ein kurzer aber guter Überblick über die 'Imagery' Debatte ist z.B. bei [*Sterelny 86*] zu finden.

1.2.3 Modellierung von Ereignissen

Die vielen ungelösten Probleme im Zusammenhang mit Repräsentationen im Allgemeinen und mit dem Spezialfall der bildhaften Repräsentationen führen dazu, daß die Theorie für konkrete Probleme in der KI weniger Hilfestellung bietet als möglich und wünschenswert wäre[6].

Ein besonders interessantes und bisher wenig untersuchtes Problem ist die Modellierung von sogenannten 'Ereignissen'. Unter Ereignissen werden hier bedeutungstragende von Raum und Zeit abhängende Vorfälle der visuellen Welt verstanden. Typische und sehr verschiedenartige Beispiele sind: Doppelpässe in Fußballszenen, Überholvorgänge in Straßenverkehrsszenen, Landevorgänge auf Flughäfen, Wendemanöver in Hafenbecken, Ausweichmanöver von Fußgängern in Fußgängerzonen, Torfehler im Riesenslalom, Truppenbewegungen in Satellitenbildern, Bewegungen von Ameisen in einem Ameisenhaufen, etc.

Es ist charakteristisch für diese Art von Ereignissen, daß:

- die Grundlage für deren Erkennnung Objekte der visuellen Welt sind (Autos, Spieler, Schiffe, etc.),

- zusätzlich raumzeitliche Konstellationen zwischen Objekten miterfaßt werden müssen (Abstände, Orientierungen, Relativbewegungen, etc.), und daß

- die Modellbildung sich an sprachlichen Konzepten orientiert (z.B. Doppelpaß, überholen, wenden, ausweichen, etc.).

Die Modellierung raumzeitlicher Ereignisse erfordert deshalb eine Integration visueller und sprachlicher Konzepte. Da bei der Verarbeitung von visuellen Informationen typischerweise andere Repräsentationen verwendet werden als bei der Verarbeitung sprachlicher Informationen, muß in geeigneter Weise eine Verbindung zwischen beiden Repräsentationen geschaffen werden.

Die Brückenfunktion raumzeitlicher Ereignisse für sowohl sprachliche als auch bildliche Information wird auch angesichts der heterogenen Aufgaben deutlich, die mithilfe einer adäquaten Modellierung raumzeitlicher Ereignisse potentiell gelöst werden können. Die verschiedenen Aufgaben umfassen hauptsächlich die folgenden Bereiche:

- *Erkennen von Ereignissen*, wobei hierbei eine datengetriebene Erkennung und eine Erkennung mithilfe von Vorinformation, welche z.B. sprachlich gegeben sein kann, unterschieden werden sollte,

- *Erlernen* typischer Ereignisverläufe,

- *Raumzeitliches Schließen*, z.B. Vorhersage von vermutlich eintreffenden Ereignissen angesichts aktuell vorliegender Daten,

---

[6]Zwei typische Szenarien wurden eingangs beschrieben.

- *Fokussierung visueller Prozesse*, um Wahrnehmungsprozesse beschleunigen und die große Komplexität der visuellen Welt besser bewältigen zu können,

- *Sprachliche Kommunikation* über Ereignisse.

Es existieren einige Ansätze zur Lösung von Teilproblemen bei der Modellierung von Ereignissen, insbesondere für eine Ereigniserkennung mit propositionalen Ereignismodellen (siehe z.B. [*Neumann + Novak 86*]). Ob sich diese Repräsentation für die Lösung der anderen Aufgaben im Zusammenhang mit der Ereignismodellierung eignen, ist ungeklärt. Insbesondere das Erlernen von Ereignismodellen, eine Steuerung visueller Prozesse mithilfe der Modelle und raumzeitliches Schließen mit Ereignismodellen, waren bisher nicht Gegenstand der Untersuchungen und werden in dieser Arbeit zum ersten Mal behandelt.

1.3 Skizze einer Lösung

In dieser Arbeit werden einige wichtige Schritte in Richtung einer Metatheorie über Repräsentationen entwickelt. Weil es als ein zu großes und schwieriges Problem angesehen werden kann, allgemein und vollständig 'Prinzipien von Repräsentationen' zu klären, wird in dieser Arbeit nur das Problem der piktoriellen (bzw. bildhaften) Repräsentationen erforscht. Dieses Problem wird hier als ein Teilproblem allgemeiner Repräsentationen verstanden. Mentale und computerinterne Bilder werden damit eindeutig als Repräsentationen angesehen, es werden ihnen keine Eigenschaften zugeschrieben, welche außerhalb von Repräsentationen liegen.

Eine allgemeine Metatheorie über Repräsentationen wird nur soweit diskutiert, wie sie für das Verständnis der *Prinzipien piktorieller Repräsentationssysteme* notwendig ist.

Grundlage für die Entwicklung der Prinzipien piktorieller Repräsentationssysteme sind experimentelle Ergebnisse in der Psychologie und Berechnungsexperimente in der KI einschließlich von Komplexitätsbetrachtungen für unterschiedliche Prozesse auf unterschiedlichen konkurrierenden Repräsentationen. Bei der Diskussion experimenteller Ergebnisse der KI wird nicht nur auf bekannte Arbeiten eingegangen, sondern es werden auch ein eigenes Modell sowie experimentelle Ergebnisse im Bereich der Modellierung von raumzeitlichen Ereignissen vorgestellt. Diese Ergebnisse motivieren und belegen die theoretischen Überlegungen zu den Prinzipien piktorieller Repräsentationssysteme. Beispielsweise wird deutlich:

- Piktorielle Repräsentationen und propositionalen Repräsentationen ergänzen sich in sinnvoller Weise zu einem hybriden Repräsentationssystem, weil damit die Vorteile beider Repräsentationen vereint werden können.

- Piktorielle Repräsentationen eignen sich gut für verschiedene Lern- und Vorhesageprozesse, weil dabei die Komplexität der Prozesse unter der vergleichbarer propositionaler Repräsentationen liegt.

Repräsentationen sind für intelligente Systeme gewissermaßen Werkzeuge, um einerseits Wissen über die Welt[7] speichern zu können, und andererseits um dieses Wissen unter den zeitliche Randbedingungen eines in einer bestimmten Umwelt agierenden Systems adäquat einsetzen zu können. Es reicht beispielsweise für ein intelligentes System nicht aus, eine sich nähernde Gefahr prinzipiell erkennen zu können oder eine bestimmte Aufgabe prinzipiell lösen zu können, auch wenn die zur Abwendung der Gefahr bzw. die zur Lösung der Aufgabe notwendige Information irgendwo im System, möglicherweise sehr implizit, repräsentiert ist. Entscheidend ist es vielmehr, unter zeitlichen Beschränkungen in einer bestimmten Situation Probleme zu bewältigen. Hierfür spielt die Struktur der Repräsentation und die Art der darauf ablaufenden Prozesse *die* alles entscheidende Rolle. Dieser Sachverhalt wird von [*Hewitt 87*] folgendermaßen ausgedrückt:

In the *Organization* lies the power. ([*Hewitt 87*]: 185)

Ein herausragendes Prinzip, um mit möglichst wenig aufwendigen Operationen auszukommen, besteht darin, bestimmte immer wieder zu berechnende Informationen in *intrinsische* Eigenschaften der Repräsentation zu verwandeln. Dies geschieht durch entsprechende Strukturierung der Repräsentation. Repräsentiert man beispielsweise ein Schachspiel durch ein zweidimensionales Feld, dessen einzelne Punkte den Schachfiguren entsprechend unterschiedliche Wert annehmen können, ist automatisch gewährleistet, daß auf einer Position jeweils nur eine Figur stehen kann. Wenn man dagegen ein Schachspiel durch eine Liste von Schachfiguren repräsentiert, denen jeweils Koordinaten zugeordnet sind, müssen zusätzliche Prozesse dafür sorgen, daß nicht zwei Figuren die gleichen Koordinaten haben und damit auf demselben Feld stehen. Generell muß zwischen Spezialisierung einer Repräsentation durch intrinsische Eigenschaften und angestrebter Universalität der Repräsentation abgewogen werden.[8]

Ein weiteres Prinzip besteht darin, eine Repräsentation so zu organisieren, daß einfache *lokale* Prozesse verwendet werden können, um die jeweils erforderlichen Informationen zu berechnen. Beispielsweise ist die in einem Telefonbuch enthaltene Information so organisiert, daß zu einem Namen effizient die dazugehörige Telefonnummer herausgesucht werden kann. Dazu ist nur eine alphabetische Suche und eine anschließende lokale Operation notwendig. Im Gegensatz dazu ist es sehr aufwendig, die Namen aller Telefonanschlüsse einer

---

[7]Es wird angenommen, daß es eine Welt gibt, daß sie gewisse Strukturen hat, und daß intelligente Systeme diese Strukturen teilweise erkennen können. Intelligente Systeme erkennen insbesondere diejenigen Strukturen der Welt hinreichend gut, die für ihr Überleben notwendig sind. Dies wird mit evolutionären Anpassungsprozessen des Erkenntnisapparates begründet.

[8]Erweitert man die oben angedeutete Analogie 'Repräsentation als Werkzeug', folgt hier bereits die Unplausibilität einer einzigen universellen Repräsentation, denn eine Verbesserung des zeitlichen Verhaltens ist gleichbedeutend mit Spezialisierung. Es erscheint unmöglich, sich gleichzeitig auf die Randbedingungen sehr verschiedener zu modellierender Weltausschnitte ohne Performanzverlust einzustellen. Denn es existiert auch kein adäquates universelles physikalisches Werkzeug, weil es unmöglich ist, gleichzeitig alle physikalischen Randbedingungen, die für den Einsatz so unterschiedliche Dinge wie Säge und Schraubenzieher gelten, in einem einzigen Werkzeug zu berücksichtigen.

bestimmten Straße zu bestimmen, obwohl auch diese Information im Telefonbuch enthalten ist.

Aus Informatiksicht können Repräsentationen als abstrakte Datenstrukturen angesehen werden, für die jeweils bestimmte Operationen definiert sind. Ein bestimmter Weltausschnitt kann auf unterschiedliche abstrakte Datenstrukturen mit unterschiedlichen Operationen abgebildet werden und führt damit zu unterschiedlich komplexen Algorithmen und unterschiedlichem Zeitverhalten.

Wenn im folgenden zusätzlich zu den Repräsentationen auch die Objekte und Eigenschaften der repräsentierten Welt berücksichtigt werden, wird von einem *Repräsentationssystem* gesprochen. Zur Charakterisierung eines Repräsentationssystems (im folgenden R-System genannt) gehört die Angabe folgender drei Bestandteile:

1. Der zu modellierenden Weltausschnitt; es muß angegeben werden, welche Aspekte der Welt modelliert werden sollen, wobei Welt nicht gleichbedeutend mit physikalischer Welt ist. Ebenso können abstrakte Entitäten modelliert werden, oder sogar eigene interne Zustände eines intelligenten Systems.

2. Die modellierende Repräsentation bzw. abstrakte Datenstruktur und die dazugehörigen Prozesse; prinzipiell können jede in irgendeiner Weise strukturierte Entität sowie die darauf definierten Prozesse für eine Modellierung genutzt werden. Es muß aber spezifiziert werden, welche Teilstrukturen und Prozesse die Modellierung übernehmen, und welche Aspekte von Repräsentationen und Prozessen möglicherweise irrelevant für die Modellierung sind.

3. Die Abbildung zwischen Repräsentation und zu modellierendem Weltausschnitt. Hiermit wird spezifiziert, welche Teilstrukturen der Welt auf welche Teilstrukturen des Modells abgebildet werden und welche Aspekte der Welt durch Prozesse modelliert werden. Selbst wenn die in zwei verschiedenen R-Systemen modellierten Weltausschnitte und Modelle identisch sind, können sich durch unterschiedliche Abbildungen deutlich unterscheidbare R-Systeme ergeben, z.B. anhand von unterschiedlichem Zeitverhalten.

Diese Einteilung wurde erstmals von [*Palmer 78a*] vorgeschlagen, wobei sein Hauptinteresse der Definiton von mentalen Repräsentationen galt. Sie wird hier um einige Aspekte erweitert und sowohl für mentale als auch für allgemeine Repräsentationen herangezogen.

Jedes beliebige R-System läßt sich als ein solches Tripel darstellen, indem die einzelnen Bestandteile weiter verfeinert und spezialisiert werden. Die zahlreichen oben erwähnten Begriffe im Zusammenhang mit R-Systemen lassen sich einzelnen Aspekten dieses Tripels zuordnen.

Beispielsweise bezieht sich der Begriff *analog* auf die Abbildung einer Repräsentation auf den modellierten Weltausschnitt, d.h. wenn für die Abbildung ganz bestimmte Bedingungen erfüllt sind, kann sie analog genannt werden (siehe [*Rehkämper 90*]). Die Begriffe *bildhaft* und *symbolisch* bezeichnen dagegen bestimmte Eigenschaften der Repräsentation, beispielsweise ist eine Repräsentation symbolisch, wenn sie die bei [*Fodor + Pylyshyn 88*] genannten Bedingungen erfüllt, unabhängig davon welcher Weltausschnitt modelliert wird und wie die Abbildung definiert ist. Der Begriff *visuell* charakterisiert dagegen Eigenschaften des modellierten Weltausschnittes, bewegte Objekte in Straßenverkehrsszenen sind z.B. Teil der visuellen Welt, während abstrakte Objekte, z.B. der Begriff 'Bankgeschäft' nicht dazugehören.

Darüber hinaus führt eine detaillierte Analyse der experimentellen Ergebnisse über mentale bildhafte Repräsentation, der Arbeiten über computerinterne bildhafte Repräsentationen und der eigenen Forschungen über die Modellierung von Ereignissen zu einer Liste von Gemeinsamkeiten der unterschiedlichen Ansätze. Die gemeinsamen Eigenschaften konstituieren eine Klasse von spezialisierten R-Systemen, die im folgenden *piktorielle R-Systeme*[9] genannt werden. Dadurch gelingt es, den eher intuitiv begründeten Begriff bildhafter Repräsentationen zu präziseren.

Ein piktorielles R-System ist ein allgemeines R-System mit folgenden speziellen Eigenschaften:

1. Piktorielle R-Systeme modellieren Objekte und Eigenschaften der visuellen Welt und werden hauptsächlich für raumzeitliche Schließprozesse, das Erkennen von visuellen Objekten und deren Bewegungen, das Erlernen typischer visueller Formen und Bewegungen und für die Steuerung visueller Prozesse verwendet.

2. Piktorielle R-Systeme bilden eine gemeinsame Repräsentation für perzeptive und kognitive Prozesse. Sie können einerseits durch visuelle Eingaben gefüllt werden, z.B. indem erkannte Objekte eingetragen werden, und andererseits durch kognitive Prozesse, z.B. in Form von typischen Vorerwartungen oder typischen Objektansichten. Dies ist vorteilhaft, weil viele Vorhersagen und Schließprozesse sowohl datengetrieben als auch erwartungsgetrieben sind.

3. Piktorielle Repräsentationen sind Kurzzeitsysteme, d.h. sie werden bei Bedarf aufgabenabhängig aus komplementären Langzeitrepräsentationen instantiiert. Einerseits werden dadurch Nachteile vermieden, die aus der Speicheraufwendigkeit piktorieller Langzeitsysteme resultieren würden. Andererseits werden durch die Existenz von nur einer Langzeitrepräsentation Inkonsistenzen vermieden, die bei gleichzeitiger Repräsentation von bestimmter Information in verschiedenen Repräsentationen möglich wären.

4. Viele Operationen über Repräsentationen in piktoriellen R-Systemen sind einfache lokale und in den meisten Fällen subsymbolische Aktivierungs- und Inhibitionsprozesse.

---

[9]Mentale Bilder werden damit ebenso wie computerinterne Bilder als Repräsentationen angesehen, auf denen u.a. Berechnungen durchgeführt werden können wie auf jeder anderen Repräsentation. Sie sind Teil des informationsverarbeitenden Systems 'Gehirn-Geist' und haben keine besonderen Eigenschaften, die nicht prinzipiell auch auf andere Weise repräsentiert werden könnten.

Dies gilt sowohl für Lern- und Schließoperationen als auch für Transformationsoperationen. Dadurch gelingt einerseits eine weitgehende Parallelisierung derjenigen Operationen, die nicht inhärent sequentiell sind und andererseits eine Eingrenzung des 'Frame'-Problems, denn die Repräsentation ist so organisiert, daß Veränderungen sich nur lokal auswirken.

5. Die Repräsentation in piktoriellen R-Systemen repräsentiert Raum zweidimensional und wertkodiert. Benachbarte räumliche Punkte des modellierten Weltausschnittes sind auch in der Repräsentation benachbart und dadurch leicht zugreifbar.

6. Piktoriellen R-Systeme sind instanzenbasiert, d.h. Repräsentationen und Schließprozesse beziehen sich immer auf Instanzen. Die Instanzen können dabei typische Vertreter einer Klasse sein. Dagegen werden abstrakte Klassenbeschreibungen und darauf definierte Prozesse nicht modelliert. Daraus resultiert u.a., daß jeder Repräsentant in piktoriellen R-Systemen eine bestimmte definierte Form hat. Die Instanzenbasiertheit führt zu weniger aufwendigen Algorithmen, u.a. durch die Vermeidung von Negation und weitgehend eingeschränkte Disjunktionen.

7. Verschiedene, in einem piktoriellen R-System gleichzeitig repräsentierte Objekte oder Objektteile sind normiert bezüglich Größe und Betrachterstandpunkt, d.h. es können nicht gleichzeitig verschiedenen Blickwinkel und verschiedene Skalierungen repräsentiert werden. Einzelne Objektansichten werden typischerweise als Menge zusammenhängender Zellen repräsentiert. Diese intrinsischen Eigenschaften verhindern, daß z.B. bei Größenvergleichen zusätzlich geprüft werden muß, ob die beteiligten Objekte die gleiche Skalierung besitzen.

8. Einige wichtige physikalische Eigenschaften des modellierten Weltausschnittes werden innerhalb piktorieller R-Systeme als intrinsische Eigenschaften der Repräsentation realisiert und erfordern daher keinen zusätzlichen Berechnungsaufwand.

9. Die Abbildung vom modellierten Weltausschnitt in die modellierende Repräsentation ist in piktoriellen R-Systemen bezüglich wichtiger Dimensionen analog ([*Sloman 75*], [*Rehkämper 90*], [*Rehkämper 91*]). Eine analoge Abbildung liegt nach Rehkämper dann vor, wenn die inhärenten Eigenschaften der modellierten Welt in die Repräsentation übertragen wurden. Dafür ist es u.a. notwendig, daß Gegenstände auf Gegenstände und Relationen auf Relationen abgebildet werden.

Die genannten Charakteristika piktorieller R-Systeme werden in Kapitel 2 mit einer Vielzahl von Untersuchungen aus der kognitiven Psychologie und aus der KI begründet. Darunter fallen psychologische Untersuchungen über das Erkennen von Objekten, über die Berechnung von raumzeitlichen Relationen, über raumzeitliches Schließen, über die Reinterpretation von Repräsentationen und über Wechselwirkungen von Wahrnehmungen und Vorstellungen. Die relevanten Untersuchungen aus der KI erforschen u.a. das Erkennen von Objekten, raumzeitliches Schließen und das Verstehen von sprachlichen Äußerungen über räumliche Anordnungen von visuellen Objekten.

Zusätzlich werden die oben aufgezählten Prinzipien piktorieller Repräsentationssysteme wesentlich durch die eigenen Untersuchungen und Experimente zur Modellierung von raumzeitlichen Ereignissen gestützt, insbesondere durch die neuen Ergebnisse über Lernen in bildhaften Repräsentationen und über raumzeitliches Schließen.

Es zeigt sich, daß für die Modellierung von Ereignissen sogenannte *perzeptuelle Primitive*[10] die entscheidenden Informationsträger sind. Perzeptuelle Primitive sind Größen, die Beziehungen zwischen visuellen Objekten explizit machen. Sie charakterisieren raumzeitliche Relationen zwischen visuellen Objekten und sind dann berechenbar, wenn raumzeitliche Position und Orientierung der einzelnen Objekte einer Szene bekannt sind. Typische Beispiele perzeptueller Primitive sind Abstände, Winkel, Geschwindigkeiten, sowie Abstände, Orientierungen und Geschwindigkeiten relativ zu Referenzobjekten, etc.

Ein raumzeitliches Ereignis wird jeweils durch eine bestimmte Untermenge der perzeptuellen Primitive definiert. Die Untermenge besteht aus denjenigen perzeptuellen Primitiven, die über verschiedene Ereignisinstanzen invariant sind. Beispielsweise wird das Ereignis 'abbiegen' in Straßenverkehrsszenen durch Geschwindigkeit des PKW, Abstand des PKW zum Kantstein und seine Orientierung relativ zum Kantstein beschrieben. Mit qualitativen Beschreibungen von perzeptuellen Primitive gelingt es, den Zusammenhang von quantitativer visueller Information und qualitativer sprachlich orientierter Information herzustellen. Eine qualitative Beschreibungen des Abstandes zwischen einem PKW und dem Kantstein korrespondiert z.B. beim Ereignis 'abbiegen' i.A. zu dem sprachlichen Konzept 'parallel-zu'.

Die Vielzahl der Anforderungen an Ereignismodelle liefert sehr unterschiedliche Randbedingungen für geeignete Repräsentationen und Algorithmen. Beispielsweise ist es erforderlich, perzeptuelle Primitive bei Bedarf berechnen zu können, weil die Anzahl möglicher Primitive mit der Anzahl von Objekten in einer Szene exponentiell wächst und daher nicht alle Primitive gleichzeitig und schritthaltend mit der Perzeption berechnet werden können. Gesucht ist deshalb eine reichhaltige Repräsentation, welche eine interne Simulation von Ereignissen erlaubt. Andererseits ist eine kompakte und abstrakte Ereignisrepräsentation für eine Langzeitspeicherung und für sprachliche Beschreibungen erforderlich.

Eine adäquate Lösung bietet ein hybrides Repräsentationssystem, welches aus einer propositionalen Langzeitrepräsentation und einer piktoriellen Kurzzeitrepräsentation besteht. Die Langzeitrepräsentation dient der Ereigniserkennung und aus ihr kann bei Bedarf die piktorielle Kurzzeitrepräsentation generiert werden. Die piktorielle Repräsentation wird für verschiedene Lernprozesse, zur Berechnung raumzeitlicher Vorhersagen und zur Steuerung visueller Prozesse ausgenutzt. Die wesentlichen Komplexitätsvorteile der spezialisierten piktoriellen Repräsentation haben ihre Ursache in einfachen lokalen Operationen, sowie in explizit repräsentierten räumlichen Positionen und in intrinsischen physikalischen Randbedingungen.

---

[10]Siehe auch die Arbeiten von [*Neumann + Novak 86*].

Für das oben skizzierte Wissensingenieurs-Szenario lassen sich aufgund der Einsichten in
piktorielle R-Systeme einige allgemeine Leitlinien formulieren, um zu möglichst effizienten
R-Systemen zu gelangen:

- organisiere die Repräsentation so, daß lokale und damit parallelisierbare Operationen
  ermöglicht werden,

- repräsentiere globale für eine Vielzahl von Aufgaben wichtige Eigenschaften möglichst
  als intrinsische Eigenschaften der Repräsentation,

- vermeide zu aufwendigen Algorithmen führende Disjunktionen z.B. dadurch, daß
  Schließprozesse über typischen Instanzen ablaufen,

- vereinfache das 'Frame'-Problem dadurch, daß mögliche Konsequenzen einer Verände-
  rung der Wissensbasis lokal und dadurch überschaubar bleiben.

1.4 Grundlegende Annahmen

Diese Arbeit basiert wie die meisten wissenschaftliche Arbeiten auf einer Menge von Prämissen, welche mehr oder weniger stillschweigend angenommen und innerhalb der Arbeit nicht
weiter diskutiert werden. Dieser Abschnitt soll die wichtigsten Prämissen explizit machen,
und es soll erreicht werden, daß Auseinandersetzungen um einerseits die grundlegenden
Annahmen und andererseits die einzelnen Ergebnisse der Arbeit möglichst deutlich ausein-
andergehalten werden können.

Zweifellos sind alle Prämissen anfechtbar, die dieser Arbeit zugrunde liegen. Sie wurden
hier deshalb angenommen, weil sie vom Autor im Vergleich zu konkurrierenden Grundannahmen als plausibler angesehen werden.

1.4.1 Kognitionswissenschaft

Die wichtigsten Prämissen dieser Arbeit sind die Prämissen des Forschungsprogramms der
Kognitionswissenschaft, einer etwa 30 Jahre alten Disziplin mit dem Anspruch, kognitive
Fähigkeiten wie Wissen, Denken, Handeln, Lernen, Sprechen und Wahrnehmen prinzipiell
erklären zu können. Die Kognitionswissenschaft ist ein stark interdisziplinär orientiertes
Gebiet mit hauptsächlich informatischen, psychologischen, philosophischen und linguistischen Anteilen. Sehr gute Einführungen in das Gebiet der Kognitionswissenschaft bieten
z.B. [Gardner 85] und [Stillings e.a. 87].

Die zwei zentralen Prämissen[11] der Kognitionswissenschaft lauten:

---

[11]Hiermit bietet die Kognitionswissenschaft einen Vorschlag zur Lösung des Leib-Seele Problems, eines
mehrere 1000 Jahre alten Problems der Philosophie des Geistes. Dieser Lösungsversuch wird in der philosophischen Literatur mit *Funktionalismus* bezeichnet und existiert derzeit in verschiedenen Varianten (siehe
z.B. [Fodor 81], [Pylyshyn 84], [Lycan 87]).

- **Denken ist Informationsverarbeitung.**

  Diese Prämisse beinhaltet, daß Denken nicht nur durch Informationsverarbeitungsprozesse simuliert oder beschrieben werden kann, sondern daß Denken im gleichen Sinne Informationsverarbeitung *ist*, wie das physikalische Phänomen Wärme Molekülbewegung *ist*.

  Eine sehr große Anzahl von empirischen Ergebnissen, welche in der kognitiven Psychologie erarbeitet wurden (siehe z.B. [*Boff + Kaufman + Thomas 86*]), kann mithilfe dieser Hypothese zufriedenstellend erklärt werden.

  Außerdem resultieren aus der Informationsverarbeitungsannahme falsifizierbare empirische Vorhersagen. Beispielsweise gelten für Informationsverarbeitungsprozesse notwendigerweise die Ergebnisse der theoretischen Informatik über die Komplexität von Algorithmen. Daraus können Randbedingungen für intelligente Systeme abgeleitet werden. Anhand von zwei Beispielen werden empirische Aussagen skizziert, welche aus bestimmten Komplexitätsüberlegungen resultieren:

  - Wenn die Wahrnehmung topologischer Eigenschaften zeitlich eher möglich ist, als die Wahrnehmung elementarer Formeigenschaften, muß die Informationsverarbeitungshypothese bezweifelt werden. Denn aus Informationsverarbeitungssicht ist die Wahrnehmung topologischer Eigenschaften erheblich komplexer als die Wahrnehmung einfacher Formmerkmale. [*Chen 82*] und [*Chen 89*] präsentiert Untersuchungen, die eine schnellere Wahrnehmung topologischer Eigenschaften experimentell zu belegen scheinen. Im Rahmen einer Theorie, welche mit der Informationsverarbeitungshypothese verträglich ist, bieten [*Rubin + Kanwisher 85*] jedoch eine alternative Erklärung der Experimente Chens an.

  - [*Tsotsos 90*] diskutiert Randbedingungen, welche für die Architektur des menschlichen visuellen Systems gelten müssen, und leitet Vorhersagen ab basierend auf elementaren Schaltzeiten, der Anzahl der Neurone, der Anzahl der Verbindungen und einigen anderen bekannten Gehirneigenschaften. Falls eine der von Tsotsos genannten Architekturbeschränkungen und Vorhersagen empirisch widerlegt wird, fällt die von ihm angenommene Informationsverarbeitungshypothese für die Wahrnehmung unter der Annahme, daß sein Modell konsistent ist.

- **Mentale Repräsentationen sind wesentlich.**

  In einem intelligenten System sind interne Repräsentationen von wichtigen Aspekten der Außenwelt notwendig und hinreichend für kognitive Prozesse. Untrennbar mit Repräsentationen verbunden sind entsprechende Prozesse zu deren Manipulation, z.B. für den Abruf von Informationen, zur Realisierung von Lernschritten oder zur Transformation der Repräsentation. Sie sind notwendig, um intelligenten Systemen Wissen über die Welt zur Verfügung zu stellen als Basis für Lern- Erkennungs-

und Schließprozesse. Mentale Repräsentationen sind hinreichend für kognitive Fähigkeiten, denn es bedarf keiner andersgearteter 'semantischen Kräfte'. Die kausalen Beziehungen innerhalb von Repräsentationen 'parallelisieren' (nach [Fodor 81]) die semantischen Beziehungen zwischen Objekten, Ereignissen etc. Dies bedeutet, daß für jede semantische Beziehung eine kausale Beziehungen innerhalb der Repräsentation oder zwischen verschiedenen Repräsentationen existiert.

Die Stärke dieser zweiten Grundannahme der Kognitionswissenschaften liegt insbesondere darin, daß sie zu einfacheren Modellen führt als andere Erklärungsversuche. Ein typisches Beispiel hierfür sind die folgenden Ergebnisse von [Stigler 84]. Es kann empirisch belegt werden, daß amerikanische und chinesische Schulkinder beim Kopfrechnen für die gleichen Aufgaben systematisch unterschiedliche Antwortzeiten haben und unterschiedliche Fehler machen. Erklärt werden die Ergebnisse damit, daß unterschiedliche mentale Repräsentationen benutzt werden. Während amerikanische Kinder klassische 'westliche' Multiplikationsalgorithmen verwenden, lernen chinesische Kinder das Rechnen mit dem Abacus. Beim Kopfrechnen finden offenbar Vorstellungen Verwendung, welche das Papier- und Bleistift- bzw. das Abacusrechnen simulieren, und damit unterschiedlichem Zeitverhalten und unterschiedlichen Fehlerquellen unterliegen. Andere Erklärungsversuche (z.B. behavioristische) sind unterlegen, weil sie erheblich komplizierter sind und die empirischen Ergebnisse nicht so gut erklären können.

Gegen die Informationsverarbeitungshypothese, die manchmal auch als 'Computer--Theorie des Geistes' bezeichnet wird, und gegen die Annahme mentaler Repräsentationen werden zahlreiche Einwände erhoben, die hier nicht weiter diskutiert werden. Prominente Beispiele sind [Dreyfus + Dreyfus 85], [Maturana + Varela 80] [Winograd + Flores 86][12] und [Searle 90].

1.4.2 Analyse informationsverarbeitender Systeme

Folgt man den Annahmen der Kognitionswissenschaft und betrachtet biologische Gehirne und KI-Systeme gleichermaßen als komplexe informationsverarbeitende Systeme mit internen Repräsentationen der Außenwelt, resultieren weitere einschränkende Annahmen über die Struktur von solchen Systemen, welche sowohl auf grundsätzlichen Überlegungen zur Informationsverarbeitung beruhen als auch durch empirische Ergebnisse motiviert sind:

- **Modularität**

  Modularisierung ist eine der bewährtesten Strategien der KI (und der Informatik), um komplexe Informationsverarbeitungsprozesse zu realisieren. Allerdings ist zu beachten, daß sich nicht alle Prozesse notwendigerweise modularisieren lassen. Eine

---

[12]Eine ausführliche Kritik der Argumente von Winograd und Flores und wesentlicher Argumente von Maturana und Varela ist bei [Mohnhaupt + Rehkämper 90] zu finden.

Strategie für den Entwurf komplexer Informationsverarbeitungsprozesse kann deshalb nur 'soviel Modularität wie möglich' lauten.

Auch für das Informationsverarbeitungssystem 'Gehirn' deuten viele empirische Ergebnisse darauf hin, daß die Evolution Modularisierung bevorzugt hat. Dies wird u.a. durch anatomische, psychophysische, psychologische und klinische Befunde belegt. Die Anzahl und Granularität einzelner Module ist eine noch nicht im Detail geklärte empirische Frage (siehe z.B. [*Boff + Kaufman + Thomas 86*], [*Fodor 85*], [*Fodor 83*]). Beispielsweise existiert für eine Modularität des visuellen Systems bisher mehr Evidenz als für eine Modularität höherer kognitiver Prozesse.

- **Autonome Ebenen der Modellierung**

Eine weitere Konsequenz des Informationsverarbeitungsparadigmas besteht in der Annahme verschiedener, weitgehend autonomer Verarbeitungsebenen innerhalb eines Gesamtsystems[13]. Unterschiedliche Ebenen hängen zwar in gewisser Weise voneinander ab, weil z.B. der Ausfall einer Ebene Konsequenzen für darüber liegende Ebene hat, sie werden aber deshalb autonom genannt, weil sie nicht aufeinander reduzierbar sind.

Angenommen, eine Aufgabe besteht darin, ein sprachverstehendes System, welches auf einem bestimmten Rechner läuft, zu analysieren und kausale Erklärungen für verschiedene Phänomene zu finden. Die aufgrund unterschiedlicher Sensorik meßbaren Phänomen umfassen z.B. Transistorströme, logische Operationen, Registeroperationen, Speicherzugriffe, Assemblerbefehle, Variablenbindungen in LISP, Parsingprozesse, Fensteroperationen, Generierung von räumlichen Präpositionen, etc. Zu jedem dieser Phänomene existiert i.A. *eine* adäquate Beschreibungsebene, auf der sich kausale Erklärungen finden lassen. Eine Ebene höher ist dieses Phänomen nicht mehr feststellbar, und eine Ebene darunter existieren keine gesetzähnlichen Generalisierungen, welche das Phänomen adäquat beschreiben können. Es ist beispielsweise unmöglich, Parsingprozesse auf der Ebene von Transistoren zu erklären. Die verschiedenen Ebenen sind keinesfalls nur 'Krücken' für Beobachterbeschreibungen, sie sind im gleichen Sinne 'real' wie Atome und Moleküle in physikalischen Modellen.

Aus der Existenz weitgehend autonomer Ebenen in biologischen intelligenten Systemen folgt u.a. die Unzulänglichkeit einer Gleichsetzung von neuronaler Modellierung mit 'gehirnadäquater' Modellierung. Denn für einen bestimmtes Prozeß, z.B. das Erkennen von Objekten, ist zunächst unklar, ob die neuronale Ebene überhaupt die richtige Beschreibungsebene ist. Es ist prinzipiell denkbar, daß Neuronen auf einer höheren Ebene Strukturen bilden, die beispielsweise einer Listenverarbeitung entsprechen, und daß Objekterkennung auf dieser Ebene stattfindet.

---

[13]Diese Annahme wird auch durch andere Argumente gestützt, z.B. durch Analogien zu physikalischen Systemen (siehe z.B. [*Fodor 74*], [*Putnam 81*], [*Horgan 90*], [*Horgan + Tienson 90*]).

- **Drei Ebenen der Erklärung**

  Innerhalb einer Ebene müssen nach [Marr 82] drei Aspekte unterschieden werden, um zu einem vollständigen Verständnis eines informationsverarbeitenden Systems zu gelangen.

  - **Berechnungstheorie**

    Auf dieser Ebene wird geklärt, was das Ziel der Berechnung für einen bestimmten Informationsverarbeitungsprozeß ist, welche Informationen für diesen Prozeß wichtig sind, und warum diese Art der Berechnung angemessen ist.

  - **Repräsentation und Algorithmus**

    Auf dieser Ebene wird ist festgelegt, wie die Berechnungstheorie realisiert wird, d.h. welche Repräsentation ausgewählt wird und welche einzelnen Algorithmen auf der Repräsentation ablaufen. Außerdem wird festgelegt, was genau die Eingaben und Ausgaben sind. Diese Ebene ist mitentscheidend dafür, welches Zeitverhalten der Informationsverarbeitungsprozeß hat, denn unterschiedliche Algorithmen können unterschiedliche Komplexität haben. Dieser Aspekt wurde von [Tsotsos 90] weiter ausgebaut. Er nennt seinen Ansatz 'Komplexitätebenen-Analyse' (complexity level analysis) für informationsverarbeitende Systeme. Tsotsos arbeitet globale Randbedingungen heraus, welche aufgrund von Komplexitätsbetrachtungen und elementaren Schaltzeiten für das visuelle System gelten müssen.

  - **Implementation**

    Auf der Implementationsebene wird festgelegt, wie Repräsentation und Algorithmus physikalisch realisiert werden. Diese Ebene trägt naturgemäß ebenfalls zum Zeitverhalten der Informationsverarbeitungsprozesse bei. Sie schafft im Sinne der oben beschriebenen autonomen Ebenen die Verbindung zu der jeweils darunter liegenden Ebene.

Während [Marr 82] diese Einteilung aufgrund von Forschungen zum visuellen System erarbeitete, schlug [Newell 82] eine ähnliche Einteilung für KI-Systeme vor. Newells Dreiteilung in Wissensebene, Symbolebene und Hardwarebene entspricht grob der Einteilung in Berechnungstheorie, Repräsentation und Algorithmus, sowie Implementation.

Diese wichtige Einteilung hat wesentliche Konsequenzen für die Diskussion der verschiedenen Ansätze innerhalb der Kognitionswissenschaft. Beispielsweise läßt sich die Diskussion um symbolische vs. subsymbolische Informationsverarbeitung[14] oft eindeutig[15] der Repräsentations- und Algorithmusebene zuordnen (siehe auch [Chandrasekaran + Goel + Allemang 88], [Mohnhaupt 90b]).

---

[14]siehe [Fodor + Pylyshyn 88], [Smolensky 88]
[15]Es gibt auch Fälle, wo die Diskussion sich nur auf die Implementationsebene bezieht

1.4.3 Lernen

Für die oben erwähnte Ebene von Repräsentation und Algorithmus wird im Rahmen dieser Arbeit zusätzlich die Annahme gemacht, daß eine Repräsentation bestimmter Information nur dann als adäquat angesehen werden kann, wenn deren Struktur und die in ihr enthaltene Information das Ergebnis von Lernprozessen ist, oder wenn zumindest plausibel gemacht werden kann, daß beides prinzipiell das Ergebnis von Lernprozessen sein kann.

Für biologische informationsverarbeitende Systeme besteht weitgehend Einigkeit darüber, daß alle kognitiven Phänomene das Ergebnis von Lernprozessen sind. Mentale Strukturen können dabei sowohl aus langen phylogenetischen Lern- und Anpassungsprozessen resultieren und damit bei Geburt bereits vorhanden sein, als auch das Ergebnis zeitlich kürzerer ontogenetischer Lernprozesse sein.

Für maschinelle informationsverarbeitende Systeme sind Lernprozesse nicht absolut notwendig, denn prinzipiell könnten alle Informationen von außen, z.B. von Menschen, vorgegeben werden. Dennoch muß aufgrund von Komplexitätsüberlegungen davon ausgegangen werden, daß komplexe maschinelle intelligente Systeme nicht ohne Lern- und Anpassungsprozesse realisierbar sind. Denn einerseits wäre es angesichts der großen Komplexität der Umwelt sehr aufwendig alle benötigten Informationen explizit vorzugeben, und andererseits erfordern einige prinzipiell nicht vorhersehbaren Veränderungen der Umwelt Lern- und Anpassungsprozesse um zu 'überleben'.

1.5 Überblick

In Kapitel 2 werden zunächst die wichtigsten Ergebnisse zum Thema piktorielle Repräsentationen zusammengestellt, die in den verschiedenen an der Kognitionswissenschaft beteiligten Disziplinen erarbeitet wurden. Dies umfaßt sowohl Arbeiten der KI und Arbeiten aus der kognitiven Psychologie als auch theoretische Überlegungen, welche vornehmlich aus Arbeiten der Philosophie des Geistes resultieren.

In Kapitel 3 wird dann auf die Modellierung von Ereignissen eingegangen, einem Problem, dessen Lösung für intelligente Systeme bei einer Vielzahl von Aufgaben wichtig ist. Dabei wird sowohl eine Berechnungstheorie entworfen als auch ein hybrides Repräsentationssystem für die Ereignismodellierung vorgestellt. Das hybride Repräsentationssystem umfaßt einerseits ein propositionales System für die Ereigniserkennung und Langzeitspeicherung, andererseits ein piktorielles Kurzzeitsystem für Probleme des raumzeitlichen Schließens und für Vorhersageprozesse. Ein besonderer Schwerpunkt liegt dabei auf der Ausnutzung des piktoriellen Systems für verschiedene Lernprozesse.

In Kapitel 4 wird eine aus den Ergebnissen der beiden vorhergehenden Kapiteln resultierende Charakterisierung piktorieller R-Systeme vorgestellt. Piktorielle R-Systeme werden als Spezialform allgemeiner R-Systeme definiert. Dabei wird herausgearbeitet, worin die Vorteile piktorieller R-Systeme beim Lösen bestimmter Aufgaben liegen, und die Überlegungen werden mit Komplexitätsbetrachtungen belegt, die sich sowohl auf die im Kapitel über empirische und theoretische Ergebnisse zusammengefaßten Untersuchungen beziehen als auch insbesondere auf die eigenen Ergebnisse zur Modellierung von Ereignissen in Kapitel 3. Kapitel 5 dient schließlich der Zusammenfassung der wesentlichen Ergebnisse.

Kapitel 2

Empirische und theoretische Ergebnisse

2.1 Einleitung

In diesem Kapitel werden die wesentlichen empirischen und theoretischen Ergebnisse über
piktorielle Repräsentationen aus verschiedenen Disziplinen der Kognitionswissenschaft zu-
sammengetragen. In Abschnitt 2.2 werden zunächst wichtige empirische Resultate aus
dem Bereich kognitiver piktorieller Repräsentationen geschildert. Diese wurden in der kognitiven Psychologie erarbeitet. Anschließend werden in Abschnitt 2.3 die wesentlichen
experimentellen Arbeiten aus dem Bereich computerinterne piktorielle Repräsentationen
zusammengefaßt. Diese Arbeiten stammen hauptsächlich aus dem Bereich der KI, teilweise
aber auch aus der kognitiven Psychologie. In Abschnitt 2.4 werden dann die theoretisch
ausgerichteten Arbeiten geschildert, die für das Verständnis piktorieller R-Systeme wichtig
sind. Diese Arbeiten sind sowohl in der kognitiven Psychologie als auch in der KI und der
Philosophie des Geistes entstanden.

2.2 Mentale piktorielle Repräsentationen

Die in diesem Abschnitt geschilderten Ergebnisse werden den Grundannahmen dieser Arbeit
folgend aus der Perspektive der Kognitionswissenschaft betrachtet, d.h. die geschilderten
Untersuchungen werden insbesondere unter den folgenden Fragestellungen beleuchtet:

- Welche Art von Repräsentation erklärt die Ergebnisse am besten?

- Für welche Teilaufgaben innerhalb eines kognitiven Gesamtsystems wird die angenommene Repräsentation benutzt?

- Auf welcher Verarbeitungsebene im Gesamtsystem befindet sich die Repräsentation?
  Woraus bestehen Eingaben und Ausgaben bei dieser Repräsentation? Welche globalen

Eigenschaften hat die Repräsentation?

- Welche Algorithmen laufen auf den Repräsentationen ab?

Die Aufzählung der unterschiedlichen Ergebnisse wird dabei danach strukturiert, welche kognitiven Aufgaben mit der entsprechenden Repräsentation und den dazugehörigen Prozessen gelöst werden. Viele Resultate lassen sich dabei nicht ausschließlich der einen oder anderen Aufgabe zuordnen, da die mit den Resultaten charakterisierten mentalen Prozesse bei mehreren Aufgaben verwendet werden können.

Die psychologischen Untersuchungen sind fast ausschließlich in den letzten 20 Jahren entstanden, nach der Veröffentlichung von Allan Paivios 'Dual-Coding Theorie' ([*Paivio 71*]). Sie hat die nachfolgenden psychologischen Untersuchungen maßgeblich beeinflußt. Die entscheidende Aussage dieser Theorie ist die Annahme zweier unterschiedlicher mentaler Repräsentationsformate: eines abstrakten sprachorientierten Repräsentationsformates und eines gleichberechtigten nicht-verbalen, eher bildhaften Repräsentationsformates. In neueren Untersuchungen wird oft noch ein weiteres Repräsentationsformat für motorische Prozesse postuliert (siehe z.B. [*Zimmer + Engelkamp 88*]).

Bei einer Einordnung der unterschiedlichen experimentellen Ergebnisse zu mentalen piktoriellen R-Systemen lassen sich im Wesentlichen die folgenden kognitiven Teilaufgaben identifizieren:

1. Erkennen von visuellen Objekten und deren Eigenschaften (Abschnitt 2.2.1),

2. Berechnen raumzeitlicher Relationen zwischen Objekten (Abschnitt 2.2.2),

3. Raumzeitliches Schließen, beispielsweise das Vorhersagen von Objektbewegungen und Objektkonstellationen (Abschnitt 2.2.3),

4. Mentale Synthese, eine Neuinterpretation von schon einmal verarbeiteter visueller Information (Abschnitt 2.2.4).

Die genannten vier Aufgaben basieren alle auf Ergebnissen von perzeptuellen Prozessen. Der Abschnitt 2.2.5 dient deshalb dazu, Wechselbeziehungen zwischen Wahrnehmungsaufgaben und Vorstellungsaufgaben aufzuzeigen. In Abschnitt 2.2.6 werden schließlich Ergebnisse über globale Eigenschaften der Repräsentation beschrieben, welche sich bei der Bewältigung aller vorher charakterisierten kognitiven Teilaufgaben auswirken.

Die meisten der in Abschnitt 2.2.1 bis Abschnitt 2.2.6 beschriebenen psychologischen Ergebnisse liefern Einsichten in die Ebene 'Repräsentation und Algorithmen' (siehe Abschnitt 1.4.2), denn sie beinhalten typischerweise charakteristische Antwortzeiten unter bestimmten Versuchsbedingungen. Diese Antwortzeiten reflektieren die Struktur bestimmter Repräsentationen und das Verhalten darauf ablaufender Prozesse.

Eine andere Sorte von Evidenz für piktorielle Repräsentationen resultiert aus Experimenten über die kognitive Kategorisierung von Objekten. Hierbei wird z.B. untersucht, wann Versuchspersonen welche Begriffe verwenden, um visuell gegebene Information zu beschreiben, und was sie mit Begriffen wie 'Musikinstrument' oder 'Piano' für Vorstellungen verbinden. Typische Ergebnisse beinhalten Aussagen darüber, welche Information in welcher Situation verwendet wird, unabhängig von Antwortzeiten. Diese Sorte von Ergebnissen ist eher der Ebene 'Berechnungstheorie' (siehe Abschnitt 1.4.2) zuzurechnen und wird in Abschnitt 2.2.7 beschrieben.

Einige der im folgenden geschilderten Ergebnisse sind auch an anderer Stelle zusammengefaßt. [*Finke + Shepard 86*] beschreiben viele wichtige empirischen Ergebnisse von vor 1986 sehr detailliert, ohne auf ein Informationsverarbeitungsmodell zur Erklärung der Phänomene einzugehen. [*Paivio 86*] zählt zahlreiche empirische Ergebnisse zur Untermauerung und Verfeinerung seiner 'Dual-Coding Theorie' auf, aber auch Paivio präzisiert seinen Ansatz nicht zu einem Informationsverarbeitungsmodell. Paivios Vorgehen ist sehr empiristisch angelegt, eine für kognitionswissenschaftliche Ansätze typische Modellbildung ist bei ihm nicht zu finden, weil er dieses Vorgehen als zu rationalistisch einschätzt.

[*Finke 89*] charakterisiert ebenfalls zahlreiche Ergebnisse und arbeitet fünf allgemeine Prinzipien heraus, welche von ihm aufgrund der Ergebnisse über mentale Vorstellungen als gültig angesehen werden. Diese Prinzipien spezifizieren im Wesentlichen Beziehungen zwischen der visuellen physikalische Welt und den mentalen Repräsentationen. Sie umfassen: *strukturelle Äquivalenz, perzeptuelle Äquivalenz, räumliche Äquivalenz, Transformationsäquivalenz* und *implizite Kodierung*. Es wird bei Finke nicht deutlich, wie sich diese Prinzipien in ein Informationsverarbeitungsmodell umsetzen lassen. [*Finke 89*] wendet sich sogar explizit gegen Informationsverarbeitungsmodelle:

> Such models are usually so unconstrained, however, that they can explain virtually any finding at all by making appropriate adjustments in the structure of the model. Thus, whenever formal models appear to have general applicability, they may not be falsifiable. ([*Finke 89*]: 143)

Diese Einschätzung wird hier nicht geteilt. Finkes Vorwurf mag für bestimmte Instanzen informationsverarbeitender Modelle gelten, er ändert aber aus Sicht der Kognitionswissenschaft nichts an dem generellen Ziel, eine Erklärung für die beobachteten Phänomene zu finden, die auf mentalen Repräsentationen und darauf ablaufenden Informationsverarbeitungsprozessen beruhen.

2.2.1 Erkennen von visuellen Objekten und deren Eigenschaften

Zugriff auf Objekteigenschaften

[*Kosslyn 73*], und [*Kosslyn + Ball + Reiser 78*] zeigten Versuchspersonen eine zweidimensionale Karte einer fiktiven Insel mit verschiedenen eingezeichneten Objekten, z.B. eine

Stadt, Dünen, Zäune, Felsen, etc. Die Versuchspersonen erhielten ausreichend Zeit, sich die Karte einzuprägen.

Dann wurden sie gebeten, aus der Erinnerung Fragen über bestimmte Objekte dieser Karte zu beantworten, mußten sich aber vor der Beantwortung zunächst auf ein anderes Objekt der Karte konzentrieren.

Die Antwortzeiten waren proportional zum räumlichen Abstand des gefragten Objekts von dem Objekt, auf das sich die Versuchspersonen jeweils konzentriert hatten. Dies wurde als Evidenz für die Benutzung einer mentalen Karte gewertet, welche offenbar auf ähnliche Weise durch Absuchen (Scanning) bearbeitet wird, wie eine visuell vorliegende Karte bearbeitet würde. Wenn sich auf der Strecke zwischen den beiden Objekten andere Objekte befinden, verlängert sich die Antwortzeit um einen konstanten Betrag. Dies ändert aber nichts am linearen Zusammenhang zwischen räumlichem Abstand und Antwortzeit.

Durch geschickt gewählte Kontrollexperimente ([*Kosslyn + Pinker + Smith + Schwarz 79*], [*Kosslyn 81*]) konnte weitgehend ausgeschlossen werden, daß die Ergebnisse durch bestimmte Erwartungen über die Experimente hervorgerufen wurden, oder daß die Versuchspersonen vom Experimentator beeinflußt wurden.

Die 'Scanning'-Experimente wurden durch [*Pinker + Kosslyn 78*] auf die dritte Dimension erweitert, indem Versuchspersonen die Anordnungen von Objekten in einer dreidimensionalen Kiste lernen mußten und danach aus der Erinnerung Fragen über die Objekte beantworten mußten. Die Antwortzeiten korrelierten stark mit der dreidimensionalen Distanz zwischen Fokus und zu untersuchendem Objekt und nicht mit der zweidimensionalen Distanz in der Abbildung aus einer bestimmten Perspektive.

[*Pinker 80*] zeigte bei ähnlicher experimenteller Anordnung, daß die Antwortzeit nur dann proportional zum Abstand in der zweidimensionalen Abbildung ist, wenn Versuchspersonen explizit aufgefordert werden, sich die Szene aus einer bestimmten Perspektive vorzustellen. Werden die Versuchspersonen danach gebeten, sich die Szene aus einer anderen Blickrichtung vorzustellen, ändern sich auch die Antwortzeiten entsprechend der zweidimensionalen Abstände aus der neuen Perspektive.

[*Palmer 78b*] ließ Versuchspersonen Abbildungen von Objekten auf Ähnlichkeiten untersuchen. Die Figuren unterschieden sich sowohl bezüglich der Form (piktorielle Überlappung) als auch bezüglich struktureller Eigenschaften, z.B. in der Anzahl der Teile. Bei gleichzeitiger Präsentation der zu untersuchenden Figuren überwogen die strukturellen Eigenschaften als Unterscheidungskriterium, bei zeitlich aufeinanderfolgender Präsentation, also einem Wiedererkennungstest, überwog die piktorielle Überlappung als Kriterium. [*Larsen + Bundesen 78*] bestätigten diese Ergebnisse und schlossen daraus, daß Mustererkennung durch punktweisen Vergleich von visuellen Eingaben mit der gespeicherten Erinnerung erfolgt.

Orientierungen und Distanzen

[*Finke + Pinker 82*] und [*Finke + Pinker 83*] belegten die zweidimensionalen 'Scanning'-Ergebnisse durch Experimente in denen Versuchspersonen zunächst eine Menge (typischerweise 4) von zweidimensional verteilten Punkten gezeigt wurde und daran anschließend ein Pfeil, der in eine bestimmte Richtung zeigte. Sie sollten nun aus der Erinnerung entscheiden, ob der Pfeil auf einen der vorher gesehenen Punkte zeigt. Die Antwortzeit war proportional zum Abstand des Pfeiles von dem Punkt auf den er zeigte, ohne daß die Versuchspersonen explizit gebeten wurden, visuelle Vorstellungen oder 'Scanning' zu verwenden. Offenbar haben Versuchspersonen in Pfeilrichtung mental eine Linie gezogen und abgelesen, ob diese Linie einen der vorgestellten Punkte schneidet.

Gab man in den Versuchen Vorinformation über den Ort des Pfeiles, waren die Antwortzeiten unabhängig von der Distanz. Dies wird damit erklärt, daß bei Vorinformation über den Ort des Pfeiles ausreichend Zeit dafür war, von jedem Punkt in Gedanken eine Gerade zum Ort des Pfeiles zu ziehen, und daß man dann beim Erscheinen des Pfeils nur noch entscheiden muß, welche Linie die gleiche Orientierung wie der Pfeil hat.

[*Thorndyke 81*] zeigte, daß beim Abschätzen von Distanzen zwischen Städten aus der Erinnerung ebenfalls ein linearer Zusammenhang zwischen Abstand und Antwortzeit existiert, und daß dabei die Antwortzeit unabhängig von der Anzahl der auf der Strecke liegenden Punkte ist. Auch diese Ergebnisse können plausibel mit dem 'Scanning' von mentalen Vorstellungen erklärt werden.

Erkennung bei sprachlich gegebener Information

Bei Identifizierungsaufgaben, bei denen die Informationen über zu erkennende Relationen oder Objekte sprachlich gegeben sind, können Menschen sowohl mentale Vorstellungen verwenden (z.B. [*Nielsen + Smith 73*], [*Tversky 75*]) als auch sprachliche Analysemethoden ([*Clark + Chase 72*], [*Clark + Chase 74*]).

Clark und Chase zeigten Versuchspersonen eine Zeichnung mit einer bestimmten Anordnung von Objekten und gaben ihnen eine sprachliche Aussage, die sie anhand der Zeichnung verifizieren sollten. Die Antwortzeiten hingen nur von der linguistischen Komplexität der sprachlichen Aussage ab. Tversky fand in ähnlichen Versuchen heraus, daß die Anwortzeiten auch dann mit der linguistischen Komplexität der sprachlichen Äußerung korreliert ist, wenn sprachliche Aussage und Zeichnung gleichzeitig präsentiert werden. Präsentiert man aber die Zeichnung fünf Sekunden nach der sprachlichen Aussage, hängen die Anwortzeiten nicht mehr von der linguistischen Komplexität der Aussage ab.

Im ersten und zweiten Fall wurde offenbar die Zeichnung sprachlich analysiert und dann mit der sprachlichen Beschreibung verglichen, während im dritten Fall vor dem Vergleich offenbar genügend Zeit war, zunächst eine mentale Vorstellung der sprachlichen Äußerung zu generieren. Die Vorstellung kann dann mit der später gezeigten Zeichnung direkt verglichen werden.

Es gibt allerdings auch Situationen in denen Menschen offenbar immer eine rein sprachliche Analyse vorziehen (siehe [*Tversky 69*]).

[*Klix 82*], [*Klix 84*] und [*Klix + van der Meer + Preuß+ Wolf 87*] untersuchten u.a. die mentalen Repräsentationen von Unter-Oberbegriffsrelationen und Ober-Unterbegriffsrelationen[1]. Die Antwortzeiten sprechen eindeutig dagegen, daß es fest eingetragene mentale Begriffshierarchien gibt. Beispielsweise sind bei Unter-Oberbegriffsbeziehung die Antwortzeiten für weiter entfernte Begriffspaare (z.B. beim Fichte - Baum) kürzer, als für näher zusammenliegende Begriffspaare (z.B. Fichte - Nadelbaum). Diese Ergebnisse können bisher mit festen Einträgen in einer IS-A Hierarchie oder mit Ausbreitungsprozessen in semantischen Netzen nicht plausibel erklärt werden.

Klix und Mitarbeiter postulieren, daß Unter-Oberbegriffsrelationen auf Merkmalsvergleichsprozessen beruhen. Für das obige Beispiel wird daher folgende Erklärung für die unterschiedlichen Antwortzeiten angeboten: Beim Vergleich Fichte - Baum müssen weniger Merkmale verglichen werden, als beim Vergleich Fichte - Nadelbaum, denn der Begriff Baum hat offensichtlich weniger Merkmale als der Begriff Nadelbaum.

Für die Diskussion über piktorielle Repräsentationen sind die sogenannten sensorischen Begriffe wichtig. Sensorische Begriffe sind dadurch definiert, daß sie visuelle Merkmale haben. [*Knospe 90*] nimmt an, daß der Merkmalssatz von sensorischen Begriffen implizit in dazugehörigen mentalen Bildern enthalten ist und nur anforderungsabhängig generiert werden kann. D.h. die Merkmale zu einem Begriff wie 'Ente' werden dadurch bestimmt, daß die piktorielle Repräsentation einer Ente in den Arbeitsspeicher geladen wird und die Merkmale dann berechnet werden. Knospe führt allerdings nicht weiter aus, was er genau unter mentalen Bildern versteht, und wie er sich eine Merkmalsberechnung in einzelnen Schritten vorstellt.

Mentale Transformationen

[*Cooper + Shepard 73a*] und [*Cooper + Shepard 73b*] baten Versuchspersonen, Ziffern zu erkennen, wobei die Ziffern in einer von der Normalrichtung (aufrecht) abweichender Orientierung gezeigt wurden. Die Erkennungszeit war proportional zu dem Winkel zwischen Normalorientierung und zu erkennender Orientierung. Gab man den Versuchspersonen vorher allerdings einen Hinweis auf die zu erwartende Orientierung, waren die Antwortzeiten unabhängig von der Abweichung der Orientierung. Offenbar repräsentieren Menschen Ziffern in der typischen Normalorientierung und erkennen Ziffern abweichender Orientierung durch mentale Rotation der abweichenden Orientierung in die Normalorientierung (oder umgekehrt) und anschließenden Vergleich. Haben Menschen Vorinformation über die Abweichung von der Normalorientierung, rotieren sie ihre typische Vorstellung mental bevor sie den Teststimulus sehen und können deshalb schneller mit dem Teststimulus vergleichen.

[*Shepard + Metzler 71*] zeigten Versuchspersonen jeweils zwei perspektivische Linienzeichnungen von Körpern verschiedener dreidimensionaler Orientierungen. Die Körper wa-

---

[1]Eine zusammenfassende Darstellung ist bei [*Knospe 90*] zu finden.

ren gegeneinander verdreht, in der Bildebene, in der Tiefe, oder in der Vertikalen. Die Versuchspersonen sollten entscheiden, ob die beiden Körper identisch waren. Um auszuschließen, daß ein Vergleich aufgrund lokaler Merkmale berechnet werden konnte, wurden bei Nichtidentität der Körper deren Spiegelungen verwendet.

Die Antwortzeiten stiegen dabei linear mit dem Rotationswinkel an, unabhängig davon, ob die Körper gegeneinander in der Bildebene oder in der Tiefe verdreht waren. Offenbar rotieren Versuchspersonen das eine Objekt mental so lange bis es die gleiche Orientierung wie das zweite Objekt hat, und entscheiden dann, ob die Objekte identisch sind. Ein Vergleich der beiden Objekte aufgrund abstrakter Merkmale kann die Antwortzeiten weniger gut erklären.

Durch weitere Versuche wurde zusätzlich bestätigt, daß Körper offenbar mental rotiert werden können. [*Metzler + Shepard 74*] und [*Cooper 76*] wählten die gleiche Versuchsanordnung wie [*Shepard + Metzler 71*] und präsentierten zusätzlich während der angenommenen mentalen Rotation eines gezeigten Körpers den um einen bestimmten Betrag rotierten Körper als Teststimulus für eine Unterscheidungsaufgabe. Die Versuchspersonen gaben immer dann exakte und schnelle Antworten, wenn der Teststimulus genau die Orientierung hatte, die der am Anfang gezeigte Körper aufgrund der bisher vergangenen Zeit bei einer angenommenen mentalen Rotation gerade durchlaufen mußte. Diese Ergebnisse sprechen dafür, daß Körper tatsächlich mental rotiert werden und dabei weitgehend kontinuierlich Zwischenzustände durchlaufen.

Weitergehende Versuche von [*Cooper 75*] untermauern ebenfalls den linearen Zusammenhang zwischen Antwortzeiten und Rotationswinkel. Wenn Versuchspersonen vorher durch einen Pfeil über die Abweichung der zu erwartende Rotation informiert wurden, und genau dann einen Knopf drückten, wenn sie ihrer Meinung nach auf den Teststimulus vorbereitet waren, war die Vorbereitungszeit proportional zum Rotationswinkel. Offenbar nutzten die Versuchspersonen die Vorbereitungszeit dazu, den präsentierten Körper in die Orientierung des zu erwartenden Teststimulus mental zu rotieren.

Darüber hinaus zeigten Coopers Versuche, daß die Rotationsrate innerhalb gewisser Grenzen unabhängig von der Komplexität des Stimulus ist.

[*Cooper 75*] fand experimentell eine Rotationsrate von ungefähr 500 Grad pro Sekunde heraus, während aufgrund der Versuche von [*Shepard + Metzler 71*] eine Rotationsrate von nur ungefähr 60 Grad pro Sekunde angenommen werden muß. [*Shepard + Metzler 88*] zeigten, daß sich die unterschiedlichen Ergebnisse auf unterschiedliche Versuchsanordnungen zurückführen lassen.

Neuere Versuche von [*Rock + Wheeler + Tudor 89*] deuten auf Grenzen der kognitiven Fähigkeit hin, mentale Rotationen durchzuführen. Rock und Mitarbeiter verwenden Ansichten von unregelmäßigen nichtsymmetrischen Drahtfiguren für verschiedene Rotationsexperimente. Es zeigt sich aufgrund von Fehlern bei Unterscheidungsaufgaben mit Ansichten aus unterschiedlichen Blickrichtungen, daß solche Objekte offenbar nicht adäquat mental rotiert werden können. Andere kognitive Strategien, beispielsweise Analysen von

Teilaspekten der gezeigten Figuren, verbessern bei den beschriebenen Versuchen die Unterscheidungsergebnisse.

[Bundesen + Larsen 75] und [Larsen + Bundesen 78] demonstrierten durch Identifizierungsaufgaben, daß bei Größentransformationen zwischen Abbildungen eines Körpers und Teststimuli ein linearer Zusammenhang zwischen Antwortzeit und dem Verhältnis der Größen der Abbildungen besteht. Offenbar gibt es analog zur mentalen Rotation auch eine mentale Vergrößerungs- bzw. Verkleinerungsfähigkeit, bei der ebenfalls Zwischenstufen durchlaufen werden.

[Dixon + Just 78] untersuchten, wie sich Transformationen bezüglich Form- und Farbveränderungen bei Identifizierungsaufgaben auswirken. Sie zeigten Versuchspersonen Teststimuli, die entweder in Höhe oder Breite, oder in Farbton oder Farbsättigung voneinander abwichen. Zusätzlich wurde den Versuchspersonen erklärt, welche Dimension für eine Identifizierungsaufgabe relevant und welche irrelevant ist. Es zeigte sich, daß die Antwortzeiten proportional zur Abweichung in der irrelevanten Dimension waren. Dies legt nahe, daß die Dimensionen Farbe und Form bei mentalen Transformationen ähnlich behandelt werden, wie die Dimensionen Größe und Orientierung. Offenbar werden für eine Vergleichsaufgabe zunächst die irrelevanten Dimensionen angeglichen, um den Vergleich in den relevanten Dimensionen zu vereinfachen.

[Parsons 87] zeigte Versuchspersonen Zeichnungen von Vorder- oder Rückseite einer rechten oder linken Hand. Um herauszufinden, ob es sich bei der Zeichnung um eine rechte oder linke Hand handelt, gaben Versuchspersonen an, ihre eigene rechte oder linke Hand mental zu rotieren, bis sie auf die Zeichnung paßt. Die Antwortzeiten hingen tatsächlich vom Rotationswinkel ab, der nötig war, um die eigene Hand mit der Zeichnung in Einklang zu bringen. Dabei waren Rotationen, die natürlichen Handbewegungen entsprachen, mental schneller durchzuführen, als solche, die biomechanisch unmöglich sind.

[Tarr + Pinker 89] bestätigten den linearen Zusammenhang zwischen Antwortzeit und Rotationswinkel beim Erkennen von visuellen Formen, die von einer typischen Orientierung abwichen. Zusätzlich fanden sie heraus, daß Versuchspersonen bei Wiederholungstests schnellere Antwortzeiten erreichen. Sie können offenbar durch wiederholtes Betrachten abweichende Orientierungen direkt abspeichern und deshalb bei Wiederholungstests auf mentale Rotationen verzichten.

2.2.2 Berechnung raumzeitlicher Relationen

Längen- und Größenabschätzungen

[Hartley 77] und [Hartley 81] ließen Versuchspersonen die Längen von verschiedenen Gegenständen schätzen und forderten sie dabei auf, ihre Schätzungen auf die Länge eines Einheitssegmentes zu beziehen. Die Dauer der Längenschätzung erwies sich dabei sowohl als proportional zur Länge des zu schätzenden Gegenstandes als auch als proportional zur Länge des vorgegebenen Einheitssegmentes. Offenbar reiht man das jeweils vorgegebene

Einheitssegment mental sooft aneinander, bis die zu schätzende Strecke abgearbeitet ist.

In anderen Versuchen ([*Moyer 73*], [*Paivio 75*], [*Moyer + Bayer 76*]) zeigte sich, daß die Zeit, die für einen mentalen Größenvergleich von unterschiedlichen Objekten benötigt wird, umgekehrt proportional zum Größenunterschied der beiden Objekte ist. Je ähnlicher sich zwei Objekte bezüglich ihrer Größe sind desto länger dauert ein Vergleich. Die gleichen zeitlichen Beziehungen gelten für perzeptive Vergleichsaufgaben [*Paivio 75*].

Auch diese Ergebnisse lassen sich mit der Verwendung mentaler Vorstellungen und dem gedanklichen Aneinanderreihen von bestimmten Längensegmenten zur Messung von Strecken plausibel erklären. Je ähnlicher zwei Objekte bezüglich Länge sind, desto kleiner müssen die zur Abschätzung der Differenz verwendeten Längensegmente sein und desto länger dauert deshalb eine Messung.

Diese Ergebnisse über mentale Größenvergleiche sind z.B. mit Ausbreitungsprozessen in semantischen Netzen schwer zu erklären. Denn ähnliche Objekte müßten dort nach gängigen Vorstellungen funktional nahe zusammenliegen, und ein Vergleich dieser Objekte müßte demnach schneller durchzuführen sein, als ein Vergleich unähnlicher und damit im semantischen Netz weiter voneinander entfernter Objekte.

[*Evans + Pezdek 80*] untersuchten, wie Versuchspersonen Distanzen zwischen jeweils zwei Paaren von amerikanischen Staaten bzw. zwischen zwei Paaren von bekannten Gebäuden einer Stadt schätzen, wenn die Namen der Staaten bzw. der Gebäude verbal gegeben werden. Die Reaktionszeit war bei diesen Versuchen ungefähr proportional zum Verhältnis der kürzeren zur längeren Strecke. Je größer die Streckenunterschiede waren, desto schneller konnte ein Vergleich berechnet werden. Diese Ergebnisse bestätigen die oben beschriebenen Untersuchungen zu Längenmessungen und der Verwendung von mentalen Längensegmenten. Sie stützen daher ebenfalls die Annahme mentaler piktorieller Repräsentationen.

2.2.3 Raumzeitliches Schließen

Mentales Falten

[*Shepard + Feng 72*], [*Bassman 78*] und [*Shepard + Cooper 82*] beschreiben verschiedene Versuche zum sogenannten 'mentalen Falten'. Versuchspersonen wurden zweidimensionale Zeichnungen von mehreren aneinanderliegenden Quadraten gezeigt, welche so dreidimensional gefaltet werden konnten, daß sie einen bestimmten Körper (z.B. einen Würfel) ergaben. Zwei der Quadrate der zweidimensionalen Zeichnung waren an einer Seite mit einem Pfeil markiert, und die Versuchspersonen sollten entscheiden, ob die beiden markierten Seiten beim korrekten Falten des Körpers aneinandergehören.

In Shepard und Fengs Versuchen zeigte sich ein linearer Zusammenhang zwischen der Summe der Anzahl der Quadrate, die bei jeder Faltung bewegt wurden, und der Antwortzeit. Offenbar waren die Faltungen mental sequentiell durchgeführt worden. Sowohl Bassman als auch Shepard und Cooper trennten experimentell den Einfluß der Anzahl der Faltungen von der Anzahl der bewegten Quadrate und zeigten, daß die Antwortzeiten auch linear zur Anzahl der beteiligten Quadrate sind. Als Erklärung liegt es nahe, eine mentale piktorielle Repräsentation des Objektes anzunehmen, welche auf ähnliche Weise mental manipuliert wird, wie ein konkret vorliegendes Objekt gefaltet würde, um die gestellte Frage zu beantworten.

Extrapolation von Bewegungen

[*Freyd + Finke 84b*] zeigten Versuchspersonen eine Bildsequenz mit einem rotierenden Rechteck und stoppten die Sequenz an einer bestimmten Stelle. Die Versuchspersonen mußten anschließend entscheiden, ob ein Teststimulus identisch war mit dem letzten Bild der angehaltenen Bildsequenz. Als Teststimulus wurde entweder das vorletzte oder letzte Bild der gezeigten Bildsequenz ausgewählt, oder das nächste Bild, welches bei konstanter Rotation des Rechtecks auf das letzte tatsächlich gezeigte Bild folgen würde. Wenn den Versuchspersonen das nächste zu erwartende Bild gezeigt wurde, verwechselten sie es oft mit dem letzten gezeigten Bild. Gab man den Versuchspersonen aber das vorletzte Bild der Bildsequenz, konnten sie es eindeutig vom letzten gezeigten Bild unterscheiden.

[*Freyd 83*] wies ähnliche Ergebnisse für das Betrachten von einzelnen Bildern einer Bildsequenz von Bewegungen nach. Sieht man z.B. das Bild von einen Weitspringer während des Sprunges, verwechselt man das Bild bei Erinnerungstests eher mit dem zeitlich nachfolgenden Bild der Sprungbewegung als mit dem zeitlich vorangehenden Bild der Sequenz.

Die Verwechslungen in beiden Versuchsreihen wurden mit einer mentalen Extrapolation der gezeigten Bewegung erklärt und als 'Repräsentationsmoment' bezeichnet, in Analogie zum physikalischen Moment.

[*Finke + Freyd 85*] bestätigten die Ergebnisse mit komplexeren bewegten Displays von Punktmustern. Das bewegte Punktmuster wurde ebenfalls an einer bestimmten Stelle angehalten, und die Versuchspersonen mußten das letzte gezeigte Bild vom vorletzten Bild oder vom nächsten zu erwartenden Bild unterscheiden. Einzelne Punkte des Punktmusters bewegten sich dabei individuell verschieden, und daher hätte der Vorwärtsdistraktor aufgrund der sich ändernden relativen Abstände sogar leichter erkannt werden können. Die Abstände der Punkte zwischen den einzelnen Bilder wurden dabei so gewählt, daß sensorbedingte Effekte, z.B. Bewegungsnacheffekte, ausgeschlossen werden konnten.

[*Freyd + Finke 85*] und [*Finke + Freyd + Shyi 86*] untersuchten die mentale Extrapolation in Abhängigkeit von der Geschwindigkeit des Stimulus. Mit dem gleichen Versuchsaufbau wie [*Freyd + Finke 84b*] zeigten sie, daß die mentale Extrapolation proportional zur induzierenden Geschwindigkeit wächst, und daß das 'Repräsentationsmoment' nicht von der Beschleunigung abhängt, sondern von der Endgeschwindigkeit des Reizes.

[*Freyd + Johnson 87*] fanden durch systematische Verkürzung des zeitlichen Abstandes zwischen Stimulussequenz und Teststimulus heraus, daß eine mentale Extrapolation offenbar kontinuierlich Zwischenzustände durchläuft und nach etwa 300 Millisekunden ihr Maximum erreicht hat.

[*Kelly + Freyd 87*] zeigten darüber hinaus, daß sich das Phänomen 'Repräsentationsmoment' auch bei Experimenten mit Größenänderungen (z.B. einem sich vergrößerndem Quadrat) und bei Experimenten mit Formänderungen[2] beobachten läßt.

Die mentale Extrapolationsfähigkeit ist offenbar nicht nur von physikalischen Gesetzmäßigkeiten bestimmt, sondern auch von Überzeugungen, die man über die physikalische Welt hat. Denn Versuche von [*McCloskey + Kohl 83*] zeigen, daß Versuchspersonen unter bestimmten Umständen physikalisch unplausible Vorhersagen machen.

[*Finke + Freyd 89*] unterstützen diese Einschätzung und sind der Meinung, daß es bei mentalen Extrapolationen sowohl einen kognitiv nicht penetrierbaren[3] Anteil als auch einen kognitiv penetrierbaren Anteil gibt. [*Freyd 87*] vermutet, daß der nicht penetrierbare Anteil des 'Repräsentationsmomentes' auf intrinsische dynamische Eigenschaften der mentalen Repräsentation zurückzuführen ist.

Im Kapitel 3 über die Modellierung von Ereignissen wird eine Bewegungsrepräsentation vorgestellt, die in diesem wichtigen Aspekt mit den psychologischen Untersuchungen verträglich ist. Denn die inhärente Sequentialität der Zeitachse ist in dieser Repräsentation eine intrinsische Eigenschaft. Dadurch läßt sich einfach erklären, daß zeitlich nachfolgende Abschnitte einer Bewegung erheblich einfacher zugreifbar sind, als zeitlich vorangehende Abschnitte.

2.2.4   Reinterpretation und mentale Synthese

Reinterpretation

[*Kerst + Howard 78*] und [*Moyer + Bradley + Sorensen + Whiting + Mansfield 78*] ließen Versuchspersonen Abstände zwischen Städten bzw. relative Größen von Gebieten schätzen. Dabei wurden einerseits Landkarten direkt vorgelegt und andererseits die gleichen Versuche aus der Erinnerung durchgeführt. Versuchspersonen unterliegen in beiden Fällen systematischen Fehlern, die darauf hindeuten, daß sie sich jeweils bezüglich der Skalierung verrechnen. Die Relation zwischen wirklicher Größe und geschätzter Größe läßt sich dabei über eine Potenzfunktion ausdrücken. Interessanterweise entspricht der Exponent bei der Vorstellungsaufgabe ungefähr dem Quadrat des Exponenten bei der Wahrnehmungsaufgabe.

Diese Ergebnisse lassen eine Reinterpretation von Ergebnissen visueller Prozesse mithilfe mentaler Vorstellungen plausibel erscheinen. Die Autoren nehmen an, daß Versuchspersonen sich zunächst in der Wahrnehmungssituation verrechnen und die Information dann falsch abspeichern. Anschließend, in einer Vorstellungssituation, laden sie die um einen Skalierungsfaktor verfälschte Information über die Anordnungen der Städte oder die Form der Gebiete in eine piktorielle Repräsentation und berechnen dann die gefragten Größe erneut, wieder mit dem gleichen Skalierungsfehler, der sich damit zum zweiten Mal auswirkt.

---

[2]Dieses Phänomen ist auch für Scheinbewegungen nachgewiesen worden (siehe [*Foster + Gravano 82*])

[3]Kognitiv penetrierbar bedeutet durch Weltwissen, Überzeugungen, etc. beeinflußbar (siehe [*Fodor 83*], [*Pylyshyn 84*])

Es zeigt sich, daß für eine Reinterpretation piktorieller Repräsentationen nicht nur die zweidimensionale Abbildung eines bestimmten Objektes entscheidend ist, sondern daß auch deren dreidimensionale Interpretation bei einer Reinterpretation beachtet wird (siehe auch [*Pinker 88*]).

[*Shepard + Cermak 73*] ließen Versuchspersonen 81 verschiedene geschlossene zweidimensionale Formen nach Ähnlichkeiten sortieren. Bei der ersten Versuchsreihe wurden die Formen uninterpretiert sortiert, es ergaben sich Ähnlichkeitsabstände, die den geometrischen Variationen entsprachen. Bei der zweiten Versuchsreihe mußten die Formen vor der Sortierung zunächst dreidimensional interpretiert werden. Danach ergaben sich bei einer Sortierung nach Ähnlichkeit jeweils Gruppierungen von Figuren, die eine ähnliche Interpretation zuließen, auch wenn der zweidimensionale geometrische Abstand zwischen einzelnen Mitgliedern der Gruppe zum Teil groß war im Vergleich zu nicht in diese Gruppe sortierten Kandidaten.

[*Cermak 77*] fand mit den gleichen Stimuli heraus, daß zweidimensionale Abbildungen von Objekten schwieriger zu unterscheiden sind, wenn ihnen die gleiche dreidimensionale Interpretation gegeben wird, als wenn ihnen unterschiedliche dreidimensionale Interpretationen zugeordnet werden. Wenn man Versuchspersonen zwei ähnliche Zeichnungen zeigt und angibt, daß es sich um die gleiche Klasse von Objekten handelt (z.B. zwei Hunde) können sie die beiden Zeichnungen bei Erinnerungstests schlechter voneinander unterscheiden, als wenn man angibt, daß es sich um zwei verschiedene Objekte (z.B. einen Hund und eine Katze) handelt.

[*Reisberg + Chambers 86*] zeigten Versuchspersonen doppeldeutige Figuren (z.B. die Hase-Ente Kippfigur oder den Necker-Würfel) bei kurzer Präsentationszeit. Man kann davon ausgehen, daß die Versuchspersonen dadurch zunächst nur eine der beiden möglichen Interpretation erkennen. Anschließend wurden die Versuchspersonen gebeten, die eben wahrgenommenen Figuren zu reinterpretieren. Es zeigte sich, daß Versuchspersonen die jeweils zweite Interpretation der Kippfiguren durch visuelles Vorstellen nicht herausfinden konnten. Reisberg und Chambers schloßen daraus, daß mentale Bilder nicht reinterpretiert werden können. Die Ergebnisse lassen sich aber auch plausibel dahingehend interpretieren, daß offenbar dreidimensionale Attribute bei mentale Vorstellungen eine wichtige Rolle spielen. Da die Kippfiguren in der dreidimensionalen Interpretation nicht doppeldeutig sind, denn nur deren zweidimensionales Abbild ist doppeldeutig, kann die alternative Interpretation nicht herausgefunden werden.

Mentale Synthese

[*Hollins 85*] gab Versuchspersonen die Aufgabe, sich ein zweidimensionales Raster (z.B. ein Schachbrett mit 8x8 weißen Feldern) vorzustellen. Dann nannte er in kartesischen Koordinaten diejenigen Felder des Rasters, die mental markiert (z.B. schwarz ausgefüllt) werden sollten. Wenn die markierten Felder zusammen eine bestimmte Figur ergaben, (z.B. den Umriß eines Hundes), waren die Versuchspersonen zu 50 Prozent in der Lage, diese Figur auch in der Vorstellung zu erkennen. Eine mentale Synthese ist also möglich.

Darüber hinaus existieren zahlreiche Studien, welche direkt belegen, daß mithilfe von Vorstellungen neue Interpretationen berechnet werden können: [*Klatzky + Thompson 75*] zeigten Versuchspersonen die Bestandteile von schematischen Gesichtern zeitlich getrennt und ließen diese Gesichter dann mit vollständig gezeigten Testgesichtern auf Identität vergleichen. Versuchspersonen können diese Aufgabe mithilfe mentaler Synthese der zeitlich getrennten Einzelteile lösen, wenn sie genügend Zeit für die Synthese hatten, und wenn die Stimuli eine bestimmte Komplexität nicht überschritten. Ähnliche Versuche mit geometrischen Figuren bestätigen diese Ergebnisse ([*Thompson + Klatzky 78*]). Bei der Erkennung der Gesichter zeigte sich außerdem, daß die Zeit, die Versuchspersonen zum Erkennen benötigen, innerhalb gewisser Grenzen unabhängig von der Komplexität des Stimulus ist, wenn vorher genügend Zeit für eine mentale Synthese der gezeigten Einzelteile zur Verfügung war.

Auch die Arbeiten von [*Finke + Pinker + Farah 89*] belegen die Fähigkeiten zur mentalen Synthese. Die Autoren zeigten, daß Versuchspersonen neue Interpretationen ableiten konnten, z.B. aus zusammengesetzten zweidimensionalen Figuren mit jeweils eigenständiger Bedeutung. Wenn man beispielsweise gebeten wird, durch Vorstellen ein um 90 Grad gegen den Uhrzeigersinn gedrehtes 'D' auf ein 'J' zu setzen, kann man typischerweise das Piktogramm eines 'Regenschirms' erkennen.

In Experimenten von [*Finke + Slayton 88*] wurden Versuchspersonen verschiedene einfache geometrische Formen gezeigt (z.B. Quadrat, Kreis, Kreuz, etc.) und die Versuchspersonen hatten zwei Minuten Zeit, damit mental neue geometrische Formen zu komponieren, wobei die Form der einzelnen Figuren beibehalten werden mußte, die Größe aber verändert werden durfte. Eine Gruppe von Gutachtern befand 15 Prozent der entstehenden Figuren als sehr kreativ. Etwa 75 Prozent der Versuchspersonen gab an, die Figuren mental relativ zufällig kombiniert zu haben und dann 'nachgeschaut' zu haben, ob neue Figuren entstanden sind. Offenbar können bekannte Objekte mental zusammengesetzt werden und das dabei neu entstehende Objekt kann interpretiert werden.

[*Kosslyn + Reiser + Farah + Fliegel 83*] wiesen nach, daß die Zeit, die man zum mentalen Zusammensetzen von verschiedenen zweidimensionalen Figuren braucht, von der Anzahl der zusammenzusetzenden Einzelfiguren abhängt und nicht von der Komplexität der resultierenden Figur. Denn es ergaben sich für identische Zielfiguren unterschiedliche Zusammensetzzeiten, je nach Anzahl der gezeigten Bestandteile.

[*Cooper 90*] zeigte Versuchspersonen jeweils zwei orthographische Abbildungen von Objekten und danach eine dritte orthographische Abbildung, die auf Konsistenz mit den ersten beiden geprüft werden sollte. Anschließend präsentierte Cooper isometrische Abbildungen der Objekte, die von den Versuchspersonen zu 85 Prozent erkannt werden konnten. Daraus wurde geschlossen, daß die Versuchspersonen aus den zwei zunächst gezeigten orthographischen Projektionen mental dreidimensionale Objekte erzeugt haben und dann daran die dritte Projektion und die isometrische Abbildung getestet haben.

2.2.5 Beziehungen zwischen Wahrnehmungen und Vorstellungen

Vergleich visueller Formen

[*Shepard + Chipman 70*] untersuchten Ähnlichkeiten zwischen Wahrnehmungen und Vorstellungen beim Vergleich von visuellen Formen. Sie baten Versuchspersonen, die Formen von 15 amerikanischen Staaten jeweils paarweise zu vergleichen und deren Ähnlichkeit zu bewerten. Beim ersten Versuch wurden die Formen von jeweils zwei Staaten visuell präsentiert, und beim zweiten Versuch wurden nur die Namen der Staaten genannt, und die Versuchspersonen sollten den Vergleich aufgrund ihrer Erinnerung durchführen. Beide Versuchsreihen führten zu ähnlichen Ergebnissen. Daraus wurde abgeleitet, daß beim zweiten Versuch ebenfalls die in diesem Fall vorgestellte visuelle Form der Staaten für den Vergleich benutzt wurde und nicht etwa abstrakte Eigenschaften verglichen wurden.

[*Gordon + Hayward 73*] beschrieben ähnliche Ergebnisse für den Vergleich von Gesichtern von Personen. Beim Vergleich visuell präsentierter Gesichter und beim Vergleich von Gesichtern aus der Erinnerung gelangten die Versuchspersonen zu qualitativ gleichen Ähnlichkeitsaussagen.

Mentale Rotation und Scheinbewegungen

[*Robins + Shepard 77*] untersuchten das Verhältnis von mentaler Rotation und Scheinbewegungen[4]. Es zeigte sich, daß man bei Scheinbewegungen kontinuierlich Zwischenzustände zwischen den beiden Figuren durchläuft, in gleicher Weise wie bei mentalen Rotationen, nur zeitlich etwas schneller. Man kann auch für Scheinbewegungen nachweisen, daß sie vom dreidimensionalen Abstand der beiden gezeigten Figuren abhängen und nicht nur von Abstand in der Bildebene. [*Shepard 81*] hält deshalb mentale Rotationen für eine verlangsamte Version von Scheinbewegungen.

Interferenz von Wahrnehmungen und Vorstellungen

[*Brooks 68*] und [*Brooks 70*] zeigte, daß bei gleichzeitiger Bearbeitung von visuellen Aufgaben, z.B. dem Lesen eines Textes, und Vorstellungsaufgaben, z.B. mentaler Rotation, eine gegenseitige Störung und eine Verlangsamung zu beobachten ist. Linguistische Aufgaben, z.B. das Erkennen von Substantiven und Verben in gesprochenen Äußerungen, stören dagegen Vorstellungsaufgaben nur geringfügig.

[*Segal 72*] demonstrierte, daß schwach sichtbare Bilder unter bestimmten Bedingungen mit mentalen Vorstellungen verwechselt werden können. In Versuchen von [*Farah 85a*] mußten sich Versuchspersonen einen Buchstaben (T oder H) an einer bestimmten Stelle

---

[4]Mit Scheinbewegung bezeichnet man das Phänomen, daß man bei zeitlicher getrennter Präsentation (typischerweise 200 Millisekunden) einer zweidimensionalen Figur an zwei verschiedenen Positionen eines Bildschirms eine glatte Bewegung zwischen beiden Figuren sieht (siehe z.B. [*Braddick 80*], [*Anstis 80*]).

eines Bildschirmes vorstellen. Danach wurde einer der Buchstaben mit sehr niedrigem Kontrast gezeigt. Immer wenn Buchstabe und Ort und Orientierung des Buchstaben der Vorstellung entsprachen, ergaben sich bessere Detektionsergebnisse als bei Kontrollexperimenten. Entsprach die Vorstellung allerdings nicht dem gezeigten Buchstaben, wurden die Ergebnisse sogar schlechter als bei einer Kontrollgruppe. Ähnliche Ergebnisse wurden auch von [*Finke 86*] bestätigt. Versuchspersonen mußten entscheiden, ob ein horizontaler oder ein vertikaler Balken gezeigt wurde. Wenn sie vorher gebeten wurden, sich den Balken in der richtigen Richtung vorzustellen, beschleunigten sich die Antwortzeiten. Entsprach aber die Vorstellung nicht dem Gezeigten, verschlechterten sich die Antwortzeiten relativ zu einer Kontrollgruppe ohne visuelle Vorstellungen.

[*Anderson 84*] zeigt anhand verschiedener Experimente, daß Versuchspersonen in einigen Situationen Realität mit Vorstellungen verwechseln. Denn sie können unter bestimmten Bedingungen nicht auseinanderhalten, ob sie Handlungen tatsächlich durchgeführt haben, oder ob sie sich nur vorgestellt haben, die entsprechende Handlung durchzuführen. Dies legt nahe, eine gemeinsame Repräsentation für Handlungen und Vorstellungen von Handlungen anzunehmen.

Untersuchungen von [*Rhodes + O'Leary 85*] zeigen ebenfalls den Einfluß von Vorstellungen auf die Wahrnehmung. Adäquate visuelle Vorstellungen können die Kontrastschwellwerte des visuellen Systems signifikant herunterdrücken.

Viele andere Untersuchungen belegen, daß die Verarbeitung visueller Information verbessert und beschleunigt werden kann, wenn Versuchspersonen adäquate Vorerwartungen in Form von visuellen Vorstellungen über die visuell zu analysierende Szene haben. Wenn eine korrekte Vorinformation gegeben wird, z.B. über einen zu erwartenden Buchstaben oder über ein Objekt, können Versuchspersonen Unterscheidungsaufgaben besser lösen. Sie geben dabei an, visuelle Vorstellungen benutzt zu haben (siehe z.B. [*Cooper + Shepard 73a*], [*Rosch + Mervis + Gray + Johnson + Boyes-Bream 76*], [*Reeves 80*]).

In bestimmten Situationen können visuelle Vorstellungen zu den gleichen optischen Illusionen führen, wie Wahrnehmungsaufgaben (siehe z.B. [*Finke 81*], [*Wallace 84*], [*Finke 85*]).

Mentale Vorstellungen können offenbar auch beim perzeptuellen Abschätzen von Relationen zwischen Objekten helfen. [*Freyd + Finke 84a*] präsentierten Versuchspersonen zwei Linien, welche sich in der Mitte im rechten Winkel schnitten. Es sollte entschieden werden, welche der Linien länger ist. Wenn man sich dabei ein geeignetes Kontextmuster vorstellt, z.B. ein Quadrat, das man über die gezeigten Linien legt, lassen sich Abschätzungen der relativen Längen deutlich verbessern.

[*Podgorny + Shepard 78*] und [*Podgorny + Shepard 83*] zeigten Versuchspersonen ein zweidimensionales Feld aus 5x5 Zellen. Im ersten Versuch wurden einige Zellen ausgefüllt, so daß sie ein bestimmtes Muster, typischerweise einen Buchstaben ergaben. Dann wurde irgendeine Zelle durch einen Punkt markiert und die Versuchspersonen sollten entscheiden, ob die markierte Zelle Bestandteil des Musters ist oder nicht. Der zweite Versuch unterschied sich vom ersten nur darin, daß die Versuchspersonen das Muster nicht sahen, sondern gebeten wurden, sich das Muster in den weiterhin gezeigten Zellen vorzustellen. Es ergaben sich für beide Versuche qualitativ die gleichen Antwortzeiten. Dies stützt die Hypothese, daß bei Wahrnehmungs- und bei Vorstellungsaufgaben zumindest teilweise die gleichen Repräsentationen und Prozesse verwendet werden.

Neurologische Evidenz

Verschiedene neurologische Untersuchungen untermauern die Hypothese der gemeinsamen Repräsentation für Wahrnehmungen und Vorstellungen ebenfalls. Darüber hinaus sprechen elektrophysiologische Untersuchungen mithilfe abgeleiteter Potentiale von [*Farah + Peronnet + Gonon + Giard 88*] dafür, daß bei visuellen Prozessen und bei Vorstellungsprozessen dieselben Hirnareale benutzt werden. Auch Studien an gehirnverletzten Patienten (siehe [*Farah 88*]) belegen diese Annahme, denn die Beeinträchtigung von bestimmten Wahrnehmungskomponenten, z.B. des Farbsehens, ist immer verbunden mit der Beeinträchtigung der Vorstellungsfähigkeit bezüglich dieser Komponente.

2.2.6 Globale Eigenschaften

In diesem Abschnitt werden wichtige experimentelle Ergebnisse zusammengefaßt, die sich bei allen mit bildhaften Vorstellungen zu bewältigenden kognitiven Aufgaben nachweisen lassen und deshalb als globale Eigenschaften des Repräsentationssystems angesehen werden können.

Skalierung

Offenbar haben Instanzen von mentalen Vorstellungen in ähnlicher Weise eine ganz bestimmte Auflösung wie Instanzen von Wahrnehmungen. In einer bestimmten mentalen Vorstellung kann nicht gleichzeitig auf sehr große und auf sehr kleine Objekte zugegriffen werden. Es dauert z.B. länger, kleine Bestandteile von Objekten zu untersuchen, als große Bestandteile ([*Kosslyn 75*]). Kleine Bestandteile, z.B. die Beine einer Fliege, die auf einem Elefanten sitzt, müssen in der Vorstellung gewissermaßen erst vergrößert werden. Stellt man sich die Fliege allerdings auf einem Stecknadelkopf vor, können die Beine der Fliege schneller inspiziert werden, da sie aufgrund der feineren Auflösung in dieser speziellen Situation schon Bestandteil der Vorstellung sind.

Mentales visuelles Feld

[*Kosslyn 75*], [*Finke + Kosslyn 80*] und [*Finke + Kurtzman 81*] zeigten, daß für die Größe mentaler Vorstellungen ähnliche Grenzen existieren wie für die Wahrnehmung. Einerseits gibt es für Vorstellungen eine 'mentales visuelles Feld', das fast identisch zum visuellen Feld bei der Wahrnehmung ist. Stellt man sich beispielsweise einen Elefanten in einem

Meter Entfernung vor, paßt der Elefant nicht ganz in die Vorstellung, in gleicher Weise, wie er bei direkter Wahrnehmung über das Gesichtsfeld hinaus ragen würde. Darüber hinaus zeigen die Versuche, daß die Auflösungsfähigkeit bei mentalen Vorstellungen in Richtung der Peripherie in sehr ähnlicher Weise abnimmt, wie bei der visuellen Wahrnehmung.

Generierung

Es sprechen viele empirische Ergebnisse dafür, daß mentale Vorstellungen bei Bedarf generiert werden, also nicht Bestandteil des Langzeitspeichers sind (siehe z.B. [*Phillips 83*], [*Marschark + Richman + Yuille + Hunt 87*] [*Marschark 88*]).

[*Kosslyn + Cave + Provost + Gierke 88*] präsentieren Ergebnisse, die zeigen, daß mentale Vorstellungen nicht sofort vorhanden sind, sondern daß sie generiert werden müssen, was mit zunehmender Komplexität der Vorstellungen mehr Zeit in Anspruch nimmt. Zweidimensionale mentale Vorstellungen werden offenbar sequentiell Objekt für Objekt generiert.

Die Experimente von [*Roth + Kosslyn 88*] zeigen, daß auch bei der Generierung von dreidimensionalen Konfigurationen Objekte einzeln und nacheinander generiert werden. Außerdem werden diejenigen Objekte, die dem Betrachterstandpunkt näher sind, eher generiert, als diejenigen, die weiter vom Betrachterstandpunkt entfernt sind.

Unterscheidbare Subsysteme

Verschiedene Untersuchungen belegen, daß das Phänomen 'mentale Vorstellungen' in verschiedene unterscheidbare Subsysteme zerfällt.

Durch Reinterpretation einiger bekannter neurologischer Befunde findet [*Farah 85b*] verschiedenartige Evidenz für diese Hypothese. Beispielsweise gibt es durch Gehirnverletzungen Ausfälle, welche nur die Generierung mentaler Vorstellungen betreffen. [*Kosslyn + Holtzmann + Farah + Gazzaniga 85*] stellten bei der Untersuchung von Gehirnverletzten selektive Ausfälle bei der Generierung von mentalen Vorstellungen fest. Diese Ausfälle beeinflußten beispielsweise nicht die Fähigkeiten, Vorstellungen zu inspizieren oder sich Formen einzelner Objekte vorzustellen.

[*Farah + Hammond + Levine + Calvanio 88*] präsentieren Evidenz dafür, daß getrennte Repräsentationen für die Form von visuellen Objekte (visual imagery) und die Position von Objekten im Raum (spatial imagery) existieren. Die Fähigkeiten, einerseits Objekte zu erkennen und andererseits deren Position im Raum zu erkennen, können beispielsweise bei Gehirnverletzungen getrennt ausfallen. [*Farah + Hammond 88*] belegen, daß der Verlust der Fähigkeit, mentale Rotationen durchzuführen, andere Fähigkeiten im Zusammenhang mit mentalen Vorstellungen nicht beeinflußt.

[*Kosslyn + Brunn + Cave + Wallach 85*] untersuchten verschiedene Gruppen von Versuchspersonen danach, wie schnell und präzise sie im Verwenden mentaler Vorstellung sind. Es zeigte sich, daß man sie nicht einfach in gute und schlechte 'Visualisierer' einteilen konnte. Vielmehr waren die Individuen unterschiedlich gut bei unterschiedlichen Aufgaben im Zusammenhang mit mentalen Vorstellungen. Dies wird als Stützung der Hypothese unterschiedlicher Subsysteme angesehen.

Auch die Untersuchungen von [*Kosslyn 87*] bestätigen die Annahme unterscheidbarer Subsysteme. Kosslyn belegt die Annahme von mindestens 12 Subsystemen mit neurologischen und psychologischen Befunden, sowie mit Randbedingungen, welche aus seiner Berechnungstheorie resultieren (siehe Abschnitt 2.3).

2.2.7 Kategorisierung und piktorielle Repräsentationen

[*Rosch + Mervis + Gray + Johnson + Boyes-Bream 76*] und [*Rosch 78*] führten zahlreiche Experimente darüber durch, wie Menschen die Welt in verschiedenartige Kategorien einteilen. Eine Kategorie ist nach Rosch und Mitarbeitern definiert als:

> By *category* we mean a number of objects which are considered equivalent. Categories are generally designated by names, e.g. *dog, animal...* ([*Rosch + Mervis + Gray + Johnson + Boyes-Bream 76*]: 368)

Grundsätzlich existieren bei der Frage nach einer Kategorisierung zwei verschiedene Dimensionen: Die *vertikale* Dimension bestimmt, welche Kategorie aus einer Taxonomie von Kategorien ausgewählt wird. Man kann einen bestimmten Gartenstuhl beispielsweise sowohl als Gartenstuhl als auch als Stuhl, Sitzmöbel oder Möbelstück kategorisieren. Die *horizontale* Dimension gibt an, wie eine bestimmte Kategorie aus der Taxonomie von Kategorien intern strukturiert ist.

Die vielen experimentellen Ergebnisse (siehe auch [*Chase 86*]) lassen folgende Schlüsse über horizontale und vertikale Dimension von Kategorien zu:

- **Horizontale Dimension von Kategorien**

  Es gibt sogenannte Basiskategorien[5] (basic level categories). Sie zeichnen sich im Vergleich zu anderen Kategorien in einer Taxonomie für konkrete Objekte dadurch aus, daß sie eine Abstraktionsebene darstellen, bei der die Mitglieder der Kategorie sowohl die meisten Attribute gemeinsam haben als auch die meisten Attribute haben, die sie von anderen Basiskategorien unterscheidet. Damit sind sie besonders informativ und besonders leicht zu identifizieren. Beispiele sind Piano, Trommel und Gitarre als Basiskategorien für Musikinstrumente, sowie Forelle, Lachs und Brasse als Basiskategorien für Fische. Basiskategorien werden in Testsituationen eindeutig am meisten als Bezeichnungen verwendet und sie sind außerdem die ersten Kategorien, die kleine Kinder erlernen. Darüber hinaus zeigen Erkennungsaufgaben, daß Basiskategorien

---

[5][*Hoffmann + Ziessler 82*] und [*Hoffmann + Ziessler + Grosser 84*] bestätigen diese Ergebnisse mit eigenen empirischen Untersuchungen. Sie verwenden allerdings das Wort 'Primärbegriff' anstelle von Basiskategorie.

zeitlich als erstes erkannt werden und danach erst bei Bedarf auf übergeordnete oder untergeordnete Kategorien geschlossen wird.

[*Tversky + Hemenway 83*] und [*Tversky + Hemenway 84*] bestätigten die Ergebnisse von Rosch und Mitarbeitern und erweiterten sie auf die Kategorisierung von komplexeren zusammengesetzten Szenen, z.B. Strand- oder Schulszenen. Müssen Versuchspersonen beispielsweise Photographien einer natürlichen Szene beschreiben, wählen sie i.A. Basiskategorien. Dies gilt auch für zeitveränderliche Szenen.

Für den Zusammenhang zwischen Basiskategorien und piktoriellen Repräsentationen sind insbesondere zwei Fakten wichtig:

1. Basiskategorien sind die höchste Abstraktionsebene, für die es noch eine eindeutig definierbare visuelle Form gibt. Beispielsweise läßt sich zu dem Begriff 'Piano' eine typische visuelle Vorstellung erzeugen, zu dem Begriff 'Musikinstrument' aber nicht. Dies ist damit begründet, daß so verschiedene Musikinstrumente wie 'Geige', 'Piano', 'Querflöte', etc. keine gemeinsamen Formmerkmale haben, während sich für den Begriff 'Piano' eine für alle Pianos einigermaßen signifikante Form finden läßt.

2. Priming-Experimente mit verschiedenen Kategorien der Taxonomie zeigen, daß Priming mit der richtigen Basiskategorie eine Objekterkennung vereinfacht bzw. beschleunigt, während Priming mit übergeordneten Kategorien eine Objekterkennung nicht beschleunigt. [*Rosch + Mervis + Gray + Johnson + Boyes-Bream 76*] folgern daraus, daß Versuchspersonen beim Priming mit Basiskategorien offenbar eine mentale Vorstellung zur Steuerung visueller Prozesse nutzen können. Priming mit übergeordneten Kategorien ist dagegen nutzlos, weil übergeordnete Kategorien keine adäquate visuelle Vorstellung zulassen.

Die Ergebnisse zur horizontalen Kategorisierung legen nahe, daß eine Steuerung visueller Prozesse durch Vorerwartungen nur unter bestimmten Bedingungen möglich ist. Prinzipiell könnte jede Art Information von einem intelligenten System für eine Steuerung visueller Prozesse genutzt werden, welche die Eigenschaft hat, den Suchraum möglicher zu erkennender Objekte einzuschränken. Also müßte sich auch die Vorinformation 'Musikinstrument' bei einer Analyse durch einen zeitlichen Vorteil bemerkbar machen können, denn es kann eine sehr große Zahl[6] von möglichen Objekten ausgeschlossen werden.

Das menschliche kognitive System läßt aber offenbar die Integration von Vorinformation nicht auf jeder beliebigen Abstraktionsebene zu. Vorinformation über Objekte kann offenbar nur dann für eine Beschleunigung visueller Prozesse genutzt werden,

---

[6]Selbst bei vorsichtiger Schätzung muß davon ausgegangen werden, daß über 90 Prozent aller möglichen Objekte mit dieser Art von Vorinformation ausgeschlossen werden können.

wenn sie es zuläßt, Aussagen über die visuelle Form des zu erwartenden Objektes abzuleiten.

Die hier gezogene Schlußfolgerung ist unabhängig davon, wie Vorinformationen im menschlichen kognitiven System repräsentiert werden und welche Algorithmen im Einzelnen ablaufen. Denn sie sagt etwas darüber aus, welche Information in welcher Situation genutzt werden kann, beinhaltet also eine Aussage über die Berechnungstheorie (siehe Abschnitt 1.4.2).

Die Schlußfolgerung verleiht der Annahme mentaler piktorieller Repräsentationen zusätzliche Plausibilität, für die aufgrund der in den Abschnitten 2.2.1 bis 2.2.6 genannten Versuche schon andersartige Evidenz existiert. Denn piktorielle Repräsentationen repräsentieren Objekte offenbar immer mit einer bestimmten Form. Es liegt also nahe, hier eine mögliche Schnittstelle für datengetriebene und erwartungsgesteuerte Prozesse anzusiedeln[7]. Wenn auf der Ebene der piktoriellen Repräsentationen eine Verrechnung von Vorinformation mit visuellen Eingaben stattfindet, gibt es eine natürliche Erklärung dafür, daß Vorinformation immer in eine visuelle Vorstellung transformiert werden muß, um sie für eine Steuerung visueller Prozesse einsetzen zu können (siehe auch [*Mohnhaupt + Neumann 90a*]).

- **Vertikale Dimension von Kategorien**

Einzelne Kategorien derselben Ebene haben untereinander keine eindeutig definierten Grenzen. Es erscheint unmöglich, notwendige und hinreichende Bedingungen für die Mitgliedschaft in einer Kategorie angeben zu können. Die interne Struktur von Kategorien ist aufgrund der empirischen Ergebnisse eher durch typische Vertreter definiert, sogenannte Prototypen einer Kategorie. Bestimmte Objekte werden von allen Testpersonen als typischere Vertreter einer Kategorie angesehen als andere Objekte.

Ergebnisse von [*Reed 72*] zeigen, daß ein Prototyp nicht unbedingt einem Beispiel der Kategorie entsprechen muß, er kann auch durch Mittelung über verschiedene Individuen entstehen. Prototypen, von denen es auch mehrere geben kann, repräsentieren gewissermaßen das Zentrum einer Kategorie, nicht deren Variabilität[8]. Sie sind den anderen Mitgliedern der Kategorie insgesamt ähnlicher als andere Mitglieder der Kategorie, und sie können selbst als einzelnes Beispiel der Kategorie fungieren (siehe auch [*Smith + Medin 81*]: 169).

Die Bildung von Prototypen wird nach Rosch von den gleichen Prinzipien wie die Bildung von Basiskategorien bestimmt: möglichst viele Gemeinsamkeiten mit der repräsentierten Kategorie zu haben und möglichst leicht von anderen Kategorien unterscheidbar zu sein.

---

[7]Über die Notwendigkeit einer Schnittstelle für datengetriebene und erwartungsgesteuerte Prozesse besteht kein Zweifel. Neben zahlreichen psychologischen Befunden (siehe z.B. [*Sekuler + Blake 85*]) sprechen vor allem Komplexitätsüberlegungen dafür (siehe [*Tsotsos 90*]).

[8][*Phelps + Musgrove 85*] präsentieren mit diesen Aussagen verträgliche Berechnungsexperimente.

Priming mit einer Kategorie führt bei typischen Vertretern der Kategorie zu verbesserter Objekterkennung, während für atypische Vertreter sogar eine Verschlechterung zu beobachten ist.

Diese Ergebnisse sind ebenfalls eine wesentliche Stützung für die Annahme von piktoriellen Repräsentationen und die Annahme, daß piktorielle Repräsentationen die höchste Abstraktionsebene im menschlichen kognitiven System darstellen, auf der Vorinformation für die Steuerung visueller Prozesse genutzt werden kann. Denn sie können, wie die Ergebnisse über Basiskategorien, damit erklärt werden, daß beim Priming mit einem Prototypen ein adäquate mentale Vorstellung der Kategorie generiert werden kann. Dies vereinfacht offenbar das Erkennen eines typischen Vertreters, aufgrund der Ähnlichkeit der Vorstellung mit dem zu erkennenden Objekt, und es erschwert das Erkennen eines atypischen Vertreters. Denn atypische Vertreter der Kategorie stimmen in der visuellen Form nur wenig überein mit dem vorgestellten Prototypen der Kategorie. Adäquate visuelle Vorstellungen sind offenbar Voraussetzung für eine Fokussierung und Beschleunigung visueller Prozesse.

2.2.8 Zusammenfassung

Alle beschriebenen empirischen Ergebnisse über das Erkennen von visuellen Objekten, über die Berechnung raumzeitlicher Relationen, über raumzeitliches Schließen und über mentale Reinterpretationen und mentale Synthese lassen sich plausibel mit der Verwendung mentaler piktorieller Repräsentationen erklären. Unter piktoriellen Repräsentationen werden dabei zwei- bis dreidimensionale Repräsentationen verstanden (x, y und bei Bedarf z) auf denen hauptsächlich lokale Operationen ablaufen, und die wahrnehmbaren Situationen bezüglich räumlicher und zeitlicher Anordnungen ähneln. Über die Repräsentation zeitlicher Information in piktoriellen Repräsentationen ist bis auf die Versuche über mentale Extrapolationen wenig bekannt.

Eine Erklärung derselben Ergebnisse mit anderen Repräsentationen und Prozessen, z.B. mit propositionalen Repräsentationen, kann nicht ausgeschlossen werden. Dennoch spricht die Einfachheit der Erklärung für piktorielle Repräsentationen, auch deshalb weil damit die Lösung verschiedener kognitiver Aufgaben auf dieselbe Repräsentationsform zurückgeführt werden kann. Für die Existenz *einer* einzigen Repräsentation zur Lösung der im Rahmen der beschriebenen Versuche behandelten Aufgaben sprechen ebenfalls einige globale Eigenschaften, die in allen untersuchten Situationen feststellbar sind (siehe Abschnitt 2.2.6).

Die Experimente über Kategorisierung und Prototypen können ebenfalls zur Stützung mentaler piktorieller Repräsentationen herangezogen werden. Offenbar spielen Repräsentationen einer bestimmten Abstraktionsebene im kognitiven System eine besondere Rolle, sowohl bei der vertikalen und horizontalen Kategorisierungen als auch bei der erwartungsgesteuerten Fokussierung visueller Prozesse. Einerseits sind die Eigenschaften von Objekten auf der Ebene der Basiskategorien verträglich mit den Eigenschaften von Objekten auf der

Ebene piktorieller Repräsentationen. Andererseits ist eine Fokussierung und Beschleunigung visueller Prozesse durch Vorerwartungen nur dann möglich, wenn die Vorerwartungen als mentale Bilder ausgedrückt werden können. Daraus läßt sich die Hypothese ableiten, daß einer Interaktion von datengetriebenen und erwartungsgesteuerten Prozessen auf der Ebene der piktoriellen Repräsentationen stattfindet. Diese Hypothese bekommt zusätzliche Stützung durch die beschriebenen Resultate über Interferenzen zwischen Wahrnehmungen und Vorstellungen.

2.3   Computerinterne piktorielle Repräsentationen

In diesem Abschnitt werden wichtige Forschungen aus dem Bereich computerinterner piktorieller Repräsentationen zusammengefaßt. Dabei werden die einzelnen Arbeiten, wie in Abschnitt 2.2, danach sortiert, welche Teilaufgaben innerhalb eines intelligenten kognitiven Gesamtsystem bearbeitet werden. Die Einteilung ist dabei nicht immer eindeutig, einige Untersuchungen lassen sich mehreren Gebieten zuordnen. In Abschnitt 2.3.1 werden zunächst Ergebnisse über das Erkennen von Objekten und das Erkennen von raumzeitlichen Relationen mit piktoriellen Repräsentationen beschrieben. In Abschnitt 2.3.2 werden Resultate über raumzeitliches Schließen zusammengefaßt und in Abschnitt 2.3.3 werden dann wichtige Ergebnisse über das Verstehen von sprachlichen Äußerungen mithilfe von piktoriellen Repräsentationen aufgeführt.

2.3.1   Erkennen von Objekten

Für das Erkennen von Objekten in Bildern oder Bildsequenzen wurden zahlreiche Verfahren vorgeschlagen (siehe z.B. [*Besl + Jain 85*], [*Pinker 85*], [*Tsotsos 87*], [*Ullman 89*]). [*Ullman 89*] teilt die unterschiedlichen Ansätze zu kontur- bzw. formbasierter Objekterkennung in

- Erkennung aufgrund invarianter Eigenschaften,

- Erkennung durch Objektdekomposition und

- Erkennung durch Objektausrichtungsmethoden (alignment) ein.

Während bei fast allen Verfahren eine Erkennung durch ein Vergleich abstrakter Beschreibungen mit den visuellen Daten geschieht, schlägt Ullman ein Objektausrichtungsverfahren unter Verwendung einer piktoriellen Repräsentation vor.

Das Verfahren besteht aus zwei Phasen. Der erste Schritt besteht darin, zu berechnen um welche Faktoren ein visuell gegebenes Objekt gegenüber gespeicherten Modellansichten transformiert ist. Die Transformationen können Verdrehungen, Verschiebungen und Skalierungen beinhalten. Diesen Schritt bezeichnet [*Ullman 89*] als 'alignment'-Schritt, und er zeigt, wie diese Transformationen berechnet werden können. Im zweiten Schritt, dem 'matching' Schritt, wird dann dasjenige Objektmodell bestimmt, welches am besten mit den transformierten visuellen Eingaben übereinstimmt. Hierbei wird der Hammingabstand[9] der transformierten visuellen Eingabe zu den unterschiedlichen Objektansichten bestimmt. Es werden gewissermaßen die transformierte piktorielle Repräsentation der Eingabe und piktorielle Objektansichten übereinandergelegt. Dieser Schritt kann mithilfe eines Assoziativspeichers[10] parallel über alle Objektmodelle berechnet werden.

In einigen Situationen kommt es auf die genaue Form bestimmter Objektteile nicht an, z.B. beim Kamm eines Hahns ist die Anzahl der Zacken unbedeutend und ein Unterschied zwischen Objekt und Modell sollte bei diesem Objektteil nicht sehr ins Gewicht fallen. Ullman schlägt vor, in solchen Fällen abstrakte Bezeichner (im Falle des Hahnes z.B. das Prädikat 'gezackt') an bestimmte Positionen (hier an den Kopf des Hahnes) in die piktorielle Beschreibung einzutragen. Dieses Vorgehen entspricht einer Mischung aus 'alignment' Verfahren und struktureller Dekomposition.

Ullman hält das vorgeschlagene Verfahren für weniger symbolisch und eher piktoriell[11] als alle anderen Objekterkennungsverfahren, und er sieht es als effizient und psychologisch plausibel (vergleiche Abschnitt 2.2.1) an. Die Betrachtungen zur Effizienz werden von ihm aber nicht weiter spezifiziert.

[*Reiter + Mackworth 87*] und [*Reiter + Mackworth 90*] stellen einen rein logikbasierten Ansatz für die Erkennung zweidimensionaler Objekte vor. Bildprimitive, z.B. Kanten und Regionen, und Domänenprimitive, z.B. Straßen, Flüsse und Gebiete und deren taxonomische Beziehungen, werden axiomatisch definiert. Ebenso werden allgemeine Annahmen, z.B. über Kohärenz von Objekten, und die möglichen Abbildungen zwischen Bildprimitiven und den Objekten der Welt definiert. Es wird dabei eine Logik erster Ordnung verwendet. Objekterkennung ist bei diesem Ansatz gleichbedeutend mit dem Beweis der Existenz einer bestimmten Instanz aus einer Klasse von Modellen. Unter der Annahme, daß die Bildprimitive richtig herausgefiltert sind, werden zunächst Hypothesen über Objektteile generiert, sowie logische Aussagen über die räumlichen Beziehungen der Objektteile. Ein automatischer Beweiser leitet dann mithilfe der Axiome über die Modelle alle konsistenten Interpretationen ab.

Dieser Ansatz wird hier deshalb erwähnt, weil er als starker Kontrast zu Objekterkennungsansätzen mithilfe piktorieller Repräsentationen angesehen werden kann und sich daher für eine Gegenüberstellung (siehe auch Abschnitt 2.4.9) eignet. [*Provan 90*] analysiert den Ansatz von Reiter und Mackworth detailliert und hält ihn für inadäquat, weil keine Ordnung zwischen konsistenten Interpretationen existiert, und weil er zu sehr berechnungsaufwendigen Algorithmen führt.

---

[9]Der Hammingabstand ist hierbei ein Maß für die zweidimensionale geometrische Differenz von Objekten.

[10]Beispielsweise kann eine Version von [*Kohonen 78*] verwendet werden.

[11]Ullman spricht von 'more pictorial'. Dies ist die einzige Arbeit, in der der Begriff *piktoriell* komparativ verwendet wird.

2.3.2 Raumzeitliches Schließen

Geometrische Probleme

Eine frühe Anwendung piktorieller Repräsentationen ist bei [*Gelernter 63*] und [*Gelernter + Hanson + Loveland 63*] zu finden. Die sogenannte *Geometry-Theorem Proving Machine* ist ein Programm, das einfache geometrische Aussagen beweist, beispielsweise eine Aussage wie: 'ein Punkt auf einer Winkelhalbierenden ist gleichweit entfernt von den beiden Seiten des Winkels'. Das Programm kann dabei auf eine Menge von als einleuchtend angesehene Aussagen zurückgreifen, die prinzipiell aus den Geometrieaxiomen ableitbar sind. Damit besteht eine ähnliche Problemstellung wie etwa für Gymnasiasten beim Ableiten geometrischer Beweise.

Um den Suchbaum zu beschneiden, der beim Generieren von Zwischenzielen während des Beweisens entsteht, werden verschiedene Heuristiken verwendet. Eine entscheidende Heuristik besteht darin, die entstehenden Zwischenaussagen auf Plausibilität zu testen, und zwar anhand eines Diagramms der zu beweisenden Situation. Läßt sich ein zu beweisendes Zwischenziel nicht auf das Diagramm abbilden, wird es zunächst zugunsten eines anderen Zwischenziels verworfen. [*Gelernter + Hanson + Loveland 63*] geben aufgrund mehrerer Experimente an, daß durch Test am Diagramm ungefähr nur etwa fünf von 1000 Zwischenzielen zur weiteren Beweisführung übrig bleiben. Die Ausnutzung der Diagrammrepräsentation führt also zu einer erheblichen Komplexitätsreduktion.

[*Larkin + Simon 87*] untersuchen ebenfalls diagrammartige Repräsentationen zur Lösung physikalischer und geometrischer Probleme und vergleichen sie mit propositionalen Repräsentationen bei der Lösung derselben Probleme.

Beispielsweise untersuchen sie Lösungswege bei Aufgaben, in denen verschiedene Gewichte an Seilen hängen, die über lose und feste Rollen miteinander verbunden sind. Herausgefunden werden soll, in welchen stabilen Zustand das physikalische System übergeht. Das zur Lösung nötige physikalische Wissen und die Daten des speziellen Versuches werden einerseits in einem Diagramm und andererseits in Form von Aussagen kodiert.

Auf die diagrammartigen Repräsentationen wird dabei über Positionen in der Ebene zugegriffen, während auf propositionale Repräsentationen über Positionen in einer Liste zugegriffen wird. Für beide Datenstrukturen werden entsprechende Lösungen berechnet und verglichen.

Die entscheidenden Vorteile bei diagrammartigen Repräsentationen und deren Operationen sind nach Larkin und Simon Berechnungsvorteile:

- Diagramme gruppieren diejenigen Informationen, die i.A. auch zusammen benutzt werden. Dadurch kann oft eine globale Suche nach für bestimmte Inferenzen benötigten Fakten vermieden werden, weil diese Fakten im Diagramm in der lokalen Nachbarschaft zu finden sind.

- Gruppierung in Diagrammen ist gleichbedeutend mit Nähe bezüglich xy-Position. Dadurch ist es nicht erforderlich, symbolische Bezeichner zu verwenden, bzw. nach solchen zu suchen, um zusammengehörige Information zu finden.

- Diagramme unterstützen viele perzeptuelle Prozesse. Da diese von Menschen besonders gut und schnell beherrscht werden, bieten Diagramme wesentliche Vorteile gegenüber einer Repräsentation derselben Problemen mit abstrakten propositionalen Notationen.

Naive Physik

[*Funt 80*] und [*Funt 83*] modellierte einige wichtige Probleme des raumzeitlichen Schließens mithilfe einer piktoriellen Repräsentation. Funts Programm *WISBER* kann Aussagen über physikalische Abläufe bei Instabilitäten in Blockweltszenen berechnen. Ansichten von Objekten können in ein zweidimensionales Feld eingetragen werden, das von Funt als ein einfaches Modell der Retina angesehen und als 'diagrammatische Repräsentation' bezeichnet wird. In diesem Feld kann simuliert werden, wie Objekte herunterfallen oder abgleiten, wenn sie von anderen Objekten unzureichend abgestützt sind. Die Operationen für die Simulation in dem zweidimensionalen Feld beinhalten u.a. das Berechnen des Schwerpunktes von Objekten, das Feststellen von physikalischem Kontakt (Kollisionen), das Rotieren von Objekten und das Gleiten von Objekten auf einer schiefen Ebene. Die Operationen sind einfach und lokal. Beispielsweise wird physikalischer Kontakt dadurch berechnet, daß jede Zelle des Feldes in ihrer Nachbarschaft prüft, ob es eine Nachbarzelle mit unterschiedlicher Farbe gibt, was in der von Funt modellierten Domäne einem unterschiedlichen Objekt entspricht.

Funt hält einerseits die Parallelisierbarkeit der Operationen für wesentlich und andererseits die Tatsache, daß durch die Benutzung des Diagramms das 'Frame'-Problem unter Kontrolle bleibt, allerdings ohne genau die Gründe zu präzisieren.

[*Forbus 83*] beschreibt ein Modell für qualitatives Schließen über Aspekte des Raumes und einige Aspekte von Bewegungen. Als Domäne dient Forbus die sogenannte 'bouncing ball' Welt, eine zweidimensionale Welt mit verschiedenen Oberflächen, zwischen denen sich ein oder mehrere springende Bälle unter Einfluß der Schwerkraft bewegen. Als Datenstruktur für die Beantwortung von Fragen über diese Welt wird einerseits ein metrisches Diagramm der Situation und andererseits ein Graph für die Beschreibung verschiedener Bewegungstypen verwendet.

Das metrische Diagramm wird dabei ausgenutzt, um Fragen über die Identität von Objekten zu beantworten, um innerhalb-außerhalb Relationen zu berechnen und um Berührungspunkte bewegter Objekte mit Oberflächen festzustellen. Forbus hält das metrische Diagramm für vorteilhaft, weil es den Suchraum einschränkt, er spezifiziert diese Einschränkungen jedoch nicht weiter. Ein anderes Argument ist, daß rein relationale Beschreibungen von Raum zu unpräzise sind, da aus ihnen beliebig viele Instanzen (und damit auch Diagramme) von Situationen ableitbar sind.

[*Gardin + Meltzer 89*] modellieren das dynamische Verhalten von nicht-starren Körpern und von Flüssigkeiten unter dem Einfluß verschiedener Kräfte. Dabei verwenden sie eine zweidimensionale piktorielle Repräsentation. Objekte werden dabei als Menge von geometrischen Elementen modelliert. Einzelne dieser Elemente, sogenannte Moleküle, sind jeweils Mengen von Pixeln eines zweidimensionalen Feldes. Beispielsweise wird eine nicht-starre Kette, z.B. eine Ankerkette, mit ringförmigen zusammenhängenden Molekülen modelliert, wobei die einzelnen Ringe der Kette jeweils aus Mengen von gleichartig angeordneten Pixeln bestehen.

Das Gesamtverhalten eines nicht-starren Körpers ergibt sich dabei aufgrund lokaler Randbedingungen zwischen den Molekülen:

1. Ein fester Distanzparameter zwischen benachbarten Molekülen modelliert Kontinuität.

2. Es existiert einem Winkelparameter, der eine obere Grenze für den Winkel zwischen benachbarten Elementen repräsentiert und damit die Flexibilität eines nicht-starren Körpers angibt.

3. Eine Regel, daß benachbarte Moleküle sich nicht penetrieren dürfen, stellt sicher, daß zwei physikalisch verschiedene Objektteile nicht denselben Ort einnehmen.

4. Mit lokalen Bewegungsregeln werden physikalische Kräfte modelliert. Dabei gibt es einen sogenannten 'Kraftintensitätsparameter', der die mögliche Schrittweite pro Zeiteinheit bestimmt. Beispielsweise kann die Wirkung der Gravitationskraft als permanente Bewegung der Moleküle in Bodenrichtung modelliert werden, unter der Randbedingung, daß keine lokalen Fakten dagegensprechen, z.B. feste Hindernisse.

Die Simulationen von Gardin und Meltzer zeigen, daß diese vier Randbedingungen ausreichen, qualitativ plausible Vorhersagen zu berechnen, z.B. für das Herabfallen einer nicht-starren Kette über verschiedene starre Objekte.

Für das Verhalten von Flüssigkeiten unter dem Einfluß von Schwerkraft verwenden [*Gardin + Meltzer 89*] (siehe auch [*Gardin + Meltzer + Stoffela 86*]) den gleichen Ansatz. Für die Moleküle gelten in diesem Fall acht Regeln:

1. Ein Molekül kann eine Position in der Nachbarschaft einnehmen, wenn diese Position nicht von einem anderen Molekül oder von einem starren Körper besetzt ist.

2. Ein Molekül kann mit seinen direkten Nachbarn durch die Sendung von Nachrichten kommunizieren, und es kann empfangene Nachrichten weiterleiten, z.B. die Nachricht, sich zu bewegen und einen freien Platz in der Nachbarschaft zu suchen.

3. Ein freies Molekül bewegt sich nach unten bis es auf ein anderes Molekül, oder einen starren Körper trifft. Wenn dies geschehen ist, dann gilt das Molekül als 'eingeschränkt'.

4. Ein eingeschränktes Molekül kann sich nur dann bewegen, wenn es eine entsprechende Nachricht von einem Nachbarn erhält.

5. Ein eingeschränktes Molekül wird frei, wenn der Raum unter ihm frei wird.

6. Wenn ein freies Molekül während des Fallens auf ein eingeschränktes Molekül trifft, versucht es dessen Platz einzunehmen, bevor es selber zu einem eingeschränkten Molekül wird.

7. Ein eingeschränktes Molekül, welches eine Nachricht erhalten hat, versucht eine andere Position in der Nachbarschaft einzunehmen. Falls dort kein Platz frei ist, leitet das Molekül die Nachricht an seine Nachbarn weiter.

8. Ein Molekül kann, wenn es eine Nachricht erhält, nur solche Positionen in der Nachbarschaft einnehmen, die auf gleicher Höhe oder unterhalb des die Nachricht sendenden Moleküls liegen. Es darf gewissermaßen nicht aufwärts gegen die Schwerkraft 'fließen'.

Regel 1 modelliert die Nichtdurchdringbarkeit von Molekülen, während die Regel 2 Kausalität zwischen benachbarten Molekülen modelliert. Die Regeln 3 und 8 bilden die Gravitationskraft ab, und die Regeln 4-7 modellieren die Fluidität von Flüssigkeiten.

Die Simulationen zeigen qualitativ plausible Vorhersagen, z.B. für das Füllen eines Containers aus einem Wasserhahn, für das Füllen eines Glases aus einer Flasche und für das Füllen von komplexen Behältern.

Gardin und Meltzer sehen als Vorteil ihres Ansatzes an, daß bei dieser piktoriellen Repräsentation von naiver Physik immer eine eindeutige Lösung berechnet wird, und daß das 'Frame'-Problem automatisch durch die Anwendung lokaler Interaktionsregeln behandelt wird. Außerdem halten sie die Algorithmen für weniger aufwendig, als bei den bisher vorgeschlagenen Lösungen mit formalen qualitativen Verfahren (siehe z.B. [*Hayes 85a*], [*Hayes 85b*]).

Raumzeitliche Relationen

Der Psychologe Stephen Kosslyn entwarf aufgrund zahlreicher empirischer psychologischer Ergebnisse (siehe Abschnitt 2.2) ein detailliertes Berechnungsmodell für mentale piktorielle Repräsentationen, und er erforschte außerdem bestimmte diesem Berechnungsmodell genügende Repräsentationen und Prozesse (siehe [*Kosslyn 78*], [*Kosslyn + Pinker + Smith + Schwarz 79*], [*Kosslyn 80*], [*Kosslyn 81*], [*Pinker + Kosslyn 83*]). Die von Kosslyn vorgeschlagenen Repräsentationen und Prozesse haben folgende Bestandteile:

1. Die zentrale Repräsentation ist der sogenannte räumliche Puffer (spatial buffer). Der Puffer bildet eine Art Oberflächenstruktur für die Verarbeitung von piktoriellen Informationen, die aus verschiedenen Quellen in den Puffer hereingeladen werden können.

Der visuelle Puffer besteht aus einer zweidimensionalen Matrix von Zellen, die einzeln adressiert und beschrieben werden können. Er hat folgende wichtige Eigenschaften:

- Er repräsentiert Information über räumliche Ausdehnung, Helligkeit und Kontrast von Objekten. Die räumlichen Relationen zwischen den Objekten der Welt sind im visuellen Puffer erhalten.

- Der mögliche Kontrast zwischen benachbarten Zellen des Puffers nimmt zur Peripherie hin ab, und der Puffer hat eine begrenzte Auflösung, d.h. bei einem kleinen Objekt kann die Menge der dieses Objekt repräsentierenden Zellen so klein sein, daß keine Details mehr zu erkennen sind.

- Der visuelle Puffer hat eine begrenzte Ausdehnung und eine bestimmte räumliche Form, die der des visuellen Feldes für die Wahrnehmung ähnlich ist.

- Er ist ein Kurzzeitspeicher und hat bestimmte zeitliche Kapazitätsgrenzen. Das Halten von Bildern ist ein aktiver Prozeß, hereingeladene Bilder verwaschen mit der Zeit.

2. Es gibt zwei Arten von Langzeitspeichern, aus denen der visuelle Puffer gefüllt werden kann:

- Einen 'literal memory' (direkter Speicher), in dem Wahrnehmungen direkt und uninterpretiert abgespeichert sind. In ihm steht welche Zellen des visuellen Puffers wie gesetzt werden müssen, um ein bestimmtes visuelles Objekt zu bezeichnen. Durch Angaben der Koordinaten relativ zu einem Punkt des jeweiligen Objektes können die Informationen des direkten Speichers an beliebige Stellen des Puffers geschrieben werden.

- Einen propositionalen Speicher, in dem Fakten über die visuelle Welt eingetragen sind. In diesem Speicher steht u.a., wo und wie Objektteile bei einer Generierung im visuellen Puffer aneinandergefügt werden, und wie bestimmte Objekte und Objektteile erkannt werden können. Außerdem werden im propositionalen Speicher die Namen der Einträge des 'literal memory' verwaltet.

3. Es gibt insgesamt drei Arten von Prozessen, welche die Funktionalität von visuellem Puffer und dazugehörigen Langzeitspeichern realisieren: Bildgenerierungsprozesse, Bildklassifizierungsprozesse und Bildtransformationsprozesse.

- Bei der Bildgenerierung gibt es im wesentlichen die Funktionen PUT, FIND, PICTURE und IMAGE. Die Funktion PICTURE konvertiert im 'literal memory' vorliegende Information in die Oberflächenstruktur des visuellen Puffers. Sie setzt z.B. das zweidimensionale Bild eines Objektes an eine bestimmte Stelle im Puffer. Die Funktion PUT dient dazu, Objektteile zu einem Ganzen im visuellen Puffer zusammenzusetzen. Als Eingabe benötigt diese Funktion ein Objektteil und eine Position bzw. eine Position relativ zu anderen Objektteilen. Die Funktion FIND akzeptiert als Eingabe eine propositionale Spezifikation eines Objektteiles und sucht dieses Objektteil im visuellen Puffer. Die drei Funktionen PUT, FIND und PICTURE werden durch die Funktion IMAGE koordiniert. Diese entscheidet z.B. über die Reihenfolge der Anwendung von Funktionen bei der Lösung komplexer Aufgaben.

- Wenn bei einer Bildklassifikation die Funktion FIND nichts findet, wird die Funktion LOOKFOR aktiviert. LOOKFOR kann ihrerseits einen PICTURE-PUT-Zyklus starten und dabei auch die Funktionen ZOOM, PAN, SCAN oder ROTATE aufrufen. LOOKFOR kann selbst einige Berechnungen durchführen, z.B. einen Skalierungsfaktor bestimmen.

- Die Transformationsfunktion ZOOM vergrößert einen zu spezifizierenden Teilbereich im visuellen Puffer, die Funktion PAN bewegt ein in der Peripherie liegendes Objekt in das Zentrum des Puffers, und die Funktion ROTATE rotiert ein Objekt im visuellen Puffer um sein Mittelpunkt. Mit der SCAN-Funktion werden im visuellen Puffer Entfernungen abgeschätzt.

Das Hauptziel des Kosslynschen Modells besteht darin, empirische Ergebnisse zu erklären und weniger darin, die von ihm vorgeschlagenen Repräsentationen und Prozesse theoretisch zu begründen, z.B. durch Komplexitätsbetrachtungen. Sein Modell führt beispielsweise bei der Bildgenerierung und bei der Rotation im Puffer zu dem gleichen Zeitverhalten wie bei den genannten psychologischen Experimenten (siehe Abschnitt 2.2).

[*Pinker 88*] kritisiert an Kosslyns Modell die fehlende Behandlung der dritten Dimension, z.B. um die Ergebnisse über mentale Rotationen in der Tiefe erklären zu können. Er schlägt deshalb eine Zwei-Adressen-Theorie als Erweiterung vor, welche einerseits die Behandlung von Ansichten und andererseits eine volle dreidimensionale Repräsentation von Objekten zuläßt. Die Zellenrepräsentation wird dabei um zusätzliche Angaben erweitert:

- zwei Einträge für die Oberflächenorientierung und die Entfernung vom Betrachter sorgen für eine Art 2-1/2-D Repräsentation (siehe [*Marr 82*]),

- ein weiterer Eintrag für dieselbe Zelle repräsentiert Koordinaten in einem dreidimensionalen Weltkoordinatensystem.

Pinker schlägt vor, die Transformation zwischen beiden Koordinatensystemen durch einfache 'lookup'-Operationen zu realisieren. Pinkers Modell erlaubt es, aufgabenabhängig zwischen objektzentrierten und betrachterzentrierten Darstellungen auszuwählen und zu wechseln.

[*Ullman 84*] und [*Mahoney + Ullman 88*] diskutieren eine Berechnungstheorie für sogenannte 'visuelle Routinen'. Visuelle Routinen ist ein Sammelbegriff für Prozesse, die räumliche Relationen zwischen Objekten und Objektteilen berechnen, z.B. Relationen wie 'innerhalb-außerhalb', 'Bestandteil-derselben-Kontur' oder 'Geschlossenheit'. Ullman und Mahoney halten die Berechnung dieser Prädikate für erwartungsgesteuert und räumlich fokussiert, denn sie erfordert aufwendige Algorithmen, und die Anzahl der Prädikate ist potentiell sehr groß. Deshalb kann nicht erwartet werden, daß sie alle automatisch und datengetrieben vom visuellen System berechnet werden.

Die Autoren gehen davon aus, daß die visuellen Routinen auf zweidimensionalen Abbildungen der Szene operieren und nicht auf abstrakten propositionalen Beschreibungen. Sie halten dies für weniger aufwendig und psychologisch plausibel.

[*Ullman 84*] nennt eine Reihe von Basisoperationen, welche Voraussetzung für visuelle Routinen sind. Dazu gehören:

- Verschiebung des Fokus,

- Indizierung von Regionen oder Objekten, d.h. Beschreibung von Region oder Objekten mit einem bestimmten Prädikat, z.B. Farbe, Form, Orientierung, Kontrast, etc.,

- Kontrollierte Aktivierungen, z.B. entlang von Oberflächen,

- Konturverfolgung,

- Markierung von bestimmten Positionen, um sie später wiederzufinden, z.B. für eine Integration unterschiedlicher Information über ein bestimmtes Objekt, und

- Einfärbung von Regionen zur Unterscheidung.

[*Mahoney + Ullman 88*] halten es für wesentlich, vor Anwendung visueller Routinen eine Komplexitätsreduktion durch geschickte Auswahl eines räumlichen Fokus zu erreichen. Sie stellen ein 'teile-und-herrsche'-Verfahren (divide and conquer) vor, das Bilder in Einheiten (chunks) aufteilt. Die Aufteilung wird dabei aufgrund lokaler Kontureigenschaften berechnet.

Pfadplanung und Sensor-Motor Interaktionen

[*Steels 88a*], [*Steels 88b*] und [*Steels 90*] beschreibt einen Ansatz zur Lösung verschiedener Repräsentationsprobleme für autonome Roboter. Er untersucht z.B. Pfadplanungsprobleme, die Akquisition einer Repräsentation der räumlichen Umgebung durch Herumwandern, und Probleme bei Hand-Auge-Koordinationen. Steels favorisiert dabei interne analoge Repräsentationen und darauf ablaufende dynamische Prozesse.

[*Steels 90*] beschreibt analoge Repräsentationen als zweidimensionale Felder von Zellen. Über diese Felder können sich gleichartige zellulare Agenten bewegen, welche fähig sind, numerische Werte zu speichern und Operationen von der Komplexität endlicher Automaten auszuführen. Agenten können sich lokal bewegen und sowohl eigene Zustände als auch die Zustände anderer Agenten aus der direkten Nachbarschaft ändern.

Lokale Operationen über der analogen Repräsentation werden von Steels als Reaktions -oder als Diffusionsoperationen klassifiziert. Diffusionsoperationen verbreiten Information über die Felder, z.B. in Form eines Gradientenfeldes, und Reaktionsoperationen kombinieren bestehende Information zu neuer Information.

Mit den beschriebenen Bestandteilen erforscht Steels ein Roboterszenario. Das Explorieren einer räumlichen Umgebung sowie die Suche nach bestimmten Objekten (Nahrung) wird folgendermaßen modelliert:

Ein Agent wandert in einer zweidimensionalen Welt zufällig umher und markiert dabei Orte, die er schon einmal besucht hat, in einer internen zweidimensionalen Karte. Wenn er auf ein ihm unbekanntes Objekt trifft, klassifiziert er es und trägt es in seine Karte ein. Das Objekt ist ihm damit bekannt. Falls der Roboter beim Herumwandern an der gerade besuchten Stelle aufgrund seiner Karte ein Objekt erwartet, prüft er, ob dieses Objekt noch vorhanden ist. Die Speicherung des zurückgelegten Weges ist begrenzt, so daß der Agent nach einer gewissen Zeit schon inspizierte Orte nicht mehr kennt und erneut in die Karte eintragen muß.

Die Suche nach Objekten (hier Nahrung) wird in diesem Ansatz folgendermaßen modelliert. Sogenannte Nahrungsagenten senden Information über Ort und Art der Nahrung aus. Der Typus der Nahrung wird mithilfe der Wellenlänge einer sich von der Nahrung ausbreitenden Welle kodiert, und der Weg zur Nahrung läßt sich an einem Gradientenfeld ablesen, welches ebenfalls von der Nahrung aus generiert wird. Durch Verfolgung des maximalen Gradienten in diesem Gradientenfeld findet der Roboter einen geeigneten Weg zur Nahrung.

Die beiden globalen Prozesse 'Erkundung der zweidimensionalen Umgebung' und 'Nahrungssuche' sind damit in diesem Ansatz vollständig durch lokale Interaktionen realisiert.

Mit dem gleichen Ansatz werden in [*Steels 88a*] und [*Steels 88b*] einige Pfadplanungsprobleme gelöst. Ein simulierter Roboter bewegt sich in einer zweidimensionalen Welt mit beliebig vielen und beliebig komplexen Hindernissen.

Roboter, Hindernisse und Zielorte werden in eine zweidimensionale analoge Repräsentation eingetragen. Will der Roboter beispielsweise ein bestimmte Position erreichen, sendet der gewünschte Zielort eine Substanz in alle Richtungen aus, und der Roboter folgt anschließend dem Gradienten dieser Substanz in Richtung Ziel. Weil die Substanz nicht durch Hindernisse hindurch propagiert werden kann, ergibt sich ein kollisionsfreier Pfad an den Hindernissen vorbei, entsprechend dem Gradienten des Diffusionsfeldes. Die Form der Hindernisse spielt bei diesem Ansatz keine Rolle und muß vor einer Eintragung in die analoge Repräsentation nicht kategorisiert werden. Darüber hinaus modelliert Steels auch das 'Beiseiteschieben' von Hindernissen in ansonsten ausweglosen Situationen. Dies geschieht ebenfalls durch lokale Interaktionen zwischen Agent und Hindernissen.

Analoge Repräsentationen haben nach Steels insbesondere die folgenden Vorteile:

- Man benötigt keine komplexen Interpretationsprozesse, um Sensorinformationen in symbolische Repräsentationen zu überführen.

- Sie sind präziser als kategorisierte (propositionale) Repräsentationen.

- Analoge Repräsentationen können auf einfache Weise in 'aktive' Speicher abgebildet werden, z.B. auf ein Prozessorfeld eines Parallelrechners. Operationen auf analogen Repräsentationen sind daher parallel ausführbar.

- Die Andersartigkeit analoger Repräsentationen im Vergleich zu propositionalen Repräsentationen führt zu sehr unterschiedlichen Operatoren beim Problemlösen.

2.3.3 Verstehen von Sprache

Die Arbeit von [*Waltz + Boggess 79*] ist einer der ersten Ansätze zum Sprachverstehen, in dem piktorielle Repräsentationen verwendet werden. Um Schlüsse über räumliche Relationen, wie 'in' oder 'auf' ziehen können, wird in diesem Ansatz eine dreidimensionale Repräsentation als internes mentales Modell benutzt. In diese Repräsentation können typische Ausprägungen sprachlich beschriebener Objekte, z.B. von Möbeln eines bestimmten Raumes, als Menge von xyz-Koordinaten eingetragen werden.

Anschließend können neue räumliche Relationen abgeleitet werden, die vorher sprachlich nicht genannt worden sind, aber im internen Modell mit wenig Aufwand abgelesen werden können. Z.B. gilt die Relation 'in' in diesem Modell zwischen zwei Objekten genau dann, wenn die Menge der Koordinaten des einen Objektes in der Menge der Koordinaten des zweiten Objektes enthalten ist.

Waltz und Boggess sehen die piktorielle Repräsentation als Schnittstelle für sprachorientierte und für visuelle Prozesse an. Sie heben hervor, daß es aufwendiger wäre, Inferenzen über räumliche Relationen rein propositional zu berechnen, als ihr analoges Modell direkt zu testen. Ein gewisser Aufwand steckt dafür allerdings im Aufbau der piktoriellen Repräsentation.

[*Adorni + Di Manzo + Giunchiglia 84*] und [*Adorni and Di Manzo 83*] beschreiben ein System, welches sprachliche Äußerungen über räumliche Anordnungen, z.B. über die Möblierung eines Zimmers, als Eingabe akzeptiert und daraus eine zweidimensionale Visualisierung der beschriebenen Szene berechnet.

Diese Umsetzung einer möglicherweise sehr unpräzisen sprachlichen Beschreibung erfordert eine Reihe von Schlußfolgerungsschritten. Beispielsweise müssen typische Positionen für die Objekte unter den gegebenen Randbedingungen berechnet werden, und die Visualisierung muß physikalisch plausibel sein. Eine Lampe muß z.B. so auf einem Tisch positioniert werden, daß sie nicht herunterfällt, und es müssen möglicherweise nicht erwähnte Objekte mitbehandelt werden. Wird etwa ein Tisch in der sprachlichen Äußerung erwähnt, muß typischerweise davon ausgegangen werden, daß auch Stühle vorhanden sind, selbst wenn diese nicht explizit erwähnt wurden.

Darüber hinaus muß es möglich sein, die Visualisierung an neu hinzukommende sprachliche Information anzupassen, bzw. zu verändern. Das beschriebene System könnte auch als
Hörermodellierungskomponente in einem komplexeren sprachverstehenden KI-System Verwendung finden. Für diese Aufgabe wird von vielen Autoren eine Visualisierung in Form
einer piktoriellen Repräsentation des Beschriebenen für sinnvoll gehalten (siehe z.B. [*Novak
87*], [*Neumann + Novak 86*], [*Wahlster 88*]).

[*Habel 88*], [*Habel + Pribbenow 88*] und [*Habel 89*] sind ebenfalls von der Notwendigkeit
piktorieller Repräsentationen für viele Sprachverstehensprozesse überzeugt. Eine sehr große
Zahl von sprachlichen Ausdrücken bezieht sich auf räumliche Gebiete, z.B. 'Innenstadt', 'vor
dem Tisch', 'da', 'dort' 'Hamburg', 'weggehen', etc., und diese Gebiete müssen adäquat
repräsentiert werden.

Habel und Pribbenow gehen davon aus, daß beim Verstehen sprachlicher Äußerungen
über räumliche Anordnungen sogenannte 'gebietskonstituierende Prozesse' eine entscheidende Rolle spielen. Mit sprachlichen Angaben über Raum sind danach computerinterne
Vorstellungen über den denotierten Raum verbunden, die einerseits die Äußerung modellieren und anderseits auch die adäquate Ableitung von impliziter Information zulassen. Diese
Prozesse müssen z.B. auch das Generieren neuer Gebiete zulassen, welche vorher nicht im
Weltmodell als eigenständige Objekte vorhanden waren.

[*Habel + Pribbenow 88*] verdeutlichen, daß die Semantik von räumlichen Präpositionen
wie 'an' und 'bei' geeignet mithilfe von piktoriellen Repräsentationen ausgedrückt werden
kann. Beispielsweise kann die 'bei'-Umgebung einer Kirche auf einem Marktplatz folgendermaßen modelliert werden: Objekte, z.B. Häuser und die Kirche, werden in eine zweidimensionale räumliche Repräsentation eingetragen und die 'bei'-Umgebung wird mithilfe
von 'spreading-activation' Prozessen generiert, die von der Kirche ausgehen. Dies läßt auch
die Modellierung von Unschärfe zu.

[*Khenkhar 88*] und [*Khenkhar 90*] beschreibt einen Ansatz mit zweidimensionalen Zellmatrizen zur Modellierung von räumlichen Präpositionen. Räumliche Gebiete, z.B. eine
Straßenkreuzung, können in die Zellmatrizen als Menge von verbundenen Zellen eingetragen werden. Eine Relation zwischen zwei Objekten, die durch eine Präposition wie 'bei'
ausgedrückt werden kann, entspricht einem bestimmten, mithilfe von 'spreading-activation'
Prozessen generiertem Gebiet. Dabei können durch variierende Aktivierungswerte auch
Typikalitätsunterschiede zwischen verschiedenen Bereichen des Gebietes modelliert werden. Sprachliche Äußerungen können auf diese Weise in piktorielle Vorstellungen überführt
werden, und es kann in sprachlichen Beschreibungen implizite Information über räumliche
Beziehungen mithilfe der Zellmatrizen explizit gemacht werden.

Bei [*Schirra 89*] wird das Anwendungsgebiet von Präpositionen mithilfe von Potentialfeldern modelliert. In diesem Ansatz können in ähnlicher Weise wie im Modell von Khenkhar
verschiedene Typikalitäten erfaßt werden. Die Aktivitätsfelder von Khenkhar können als
diskrete Version von Potentialfeldern angesehen werden.

[*Pribbenow 90*] beschäftigt sich mit der Interaktion von piktoriellen Repräsentationen und abstrakten propositionalen Repräsentationen innerhalb eines hybriden Systems für Sprachverstehensprozesse. Auf der propositionalen Ebene wird regelhaftes Wissen beschrieben, z.B. über den Aufbau von Objekten, über Sortenbeziehungen und primitive räumliche Operatoren. Hierbei handelt es sich um qualitative Beschreibungen, die ungeeignet sind, z.B. komplexere Lagebeziehungen zu inferieren. Dies wird auf der piktoriellen Ebene behandelt, für die das regelhafte Wissen gewissermaßen als Randbedingung gilt, aus dem quantitative Information in einer piktoriellen Repräsentation generiert wird. Komplexe räumliche Beziehungen können unter vertretbarem Aufwand nur in der piktoriellen Repräsentation abgeleitet werden.

2.3.4 Zusammenfassung

Die Forschungen über computerinterne piktorieller Repräsentationen aus den Bereichen des Erkennens von Objekten, des raumzeitliches Schließens über raumzeitliche Relationen und naive Physik, und aus dem Bereich des Verstehens sprachlicher Äußerungen legen es nahe, einer piktoriellen Repräsentation eine zentrale Rolle bei der Repräsentation des Gegenständlichen einzuräumen.

Unter piktoriellen Repräsentationen wurden in diesen Arbeiten im Wesentlichen zweidimensionale räumliche Repräsentationen verstanden, in die Objekte bzw. Bestandteile der visuellen Welt eingetragen und verarbeitet werden können. Die meisten Operationen auf dieser Repräsentation sind lokal und erzielen globale Effekte durch lokale Interaktionen zwischen benachbarten Zellen der Repräsentation. Die piktorielle Repräsentation wird dabei als Kurzzeitspeicher verwendet, der bei Bedarf aus einem propositionalen Langzeitspeicher instantiiert wird. Als Hauptvorteil piktorieller Repräsentationen wird angesehen, daß sie im Vergleich zu alternativen Repräsentationen einfachere Algorithmen erlauben.

Es ist eine interessante und bisher nicht untersuchte Frage, ob computerinterne piktorielle Repräsentationen neben den bisher untersuchten Problemen auch Lernprozesse und die Verarbeitung zeitabhängiger Information unterstützen können und dabei weniger aufwendige Algorithmen ermöglichen als bei der Verwendung 'klassischer' propositionaler Repräsentationen. Diese Fragestellung wird in Kapitel 3 am Beispiel des Lernens von Bewegungskonzepten untersucht.

2.4 Theoretische Aspekte von Repräsentationen

In diesem Abschnitt werden einige der wichtigsten theoretische Erkenntnisse über Repräsentationen beschrieben. Mit dieser Aufzählung wird aber kein Anspruch auf Vollständigkeit erhoben, denn es ist nicht beabsichtigt, eine allgemeine Theorie über Repräsentation darzustellen. Vielmehr wurden die Arbeiten nach dem Kriterium ausgewählt, ob sie das Verständnis piktorieller Repräsentationen erleichtern, denn sie bilden die Basis für die in Kapitel 4 entwickelten Prinzipien piktorieller R-Systeme.

Zunächst wird in Abschnitt 2.4.1 die Metatheorie über allgemeine Repräsentationen von Palmer skizziert, und in Abschnitt 2.4.2 wird auf eine Kritik von Janlert an einigen Punkten der Theorie von Palmer eingegangen. Anschließend wird in Abschnitt 2.4.3 eine Erweiterung und Präzisierung wichtiger Teile der Palmerschen Theorie durch Rehkämper beschrieben. Dann werden die Begriffe *Ausdrucksstärke* von McDonell (Abschnitt 2.4.4) und *Lebendigkeit* von Levesque (Abschnitt 2.4.5) zur Charakterisierung von Repräsentationen beschrieben.

In den Abschnitten 2.4.6 bis 2.4.8 werden dann theoretische Arbeiten zusammengefaßt, die sich direkt mit piktoriellen Repräsentationen befassen: Sobers Ansatz zur Charakterisierung piktorieller Repräsentationen als eingeschränkte linguistische Repräsentationen, Slomans Definition piktorieller Repräsentationen, und schließlich Reichenbachs und Carnaps Arbeiten über die Eigenschaften von Geometrien und über die Anschaulichkeit der euklidischen Geometrie. Anschließend werden in Abschnitt 2.4.9 logikbasierte Ansätze diskutiert sowie deren Eignung als universelle Repräsentation.

2.4.1 Die Repräsentationstheorie von Palmer

Wie bereits in Kapitel 1 erwähnt und mit Beispielen belegt, herrscht weder in der KI noch in der kognitiven Psychologie oder in der Philosophie Einigkeit darüber, was genau unter einer Repräsentation zu verstehen ist. [*Palmer 78a*] brachte mit seiner Metatheorie über Repräsentationen eine gewisse Ordnung in die unterschiedlichen intuitiven Konzepte von Repräsentationen. Er motivierte seinen Ansatz folgendermaßen:

> This chapter was born of an ill-defined feeling that we, as cognitive psychologists, do not really understand our concept of representation. We propose them, talk about them, argue about them, and try to obtain evidence in support of them, but we do not understand them in any fundamental sense. ... In fact, without some metatheoretical framework of this sort, it is not clear that the theoretical and experimental enterprises are meaningful at all. ([*Palmer 78a*]: 259-260)

Definition eines Repräsentationssystems

Palmer geht in seiner Theorie über Repräsentationen von der Existenz zweier unterschiedlicher Welten aus: der *repräsentierten* Welt und der *repräsentierenden* Welt. Zu einem vollständig spezifizierten R-System gehören fünf Bestandteile:

1. Die repräsentierte Welt **U**,

2. die repräsentierende Welt **B**,

3. **W** entspricht denjenigen Aspekten der repräsentierten Welt, die modelliert werden,

4. **M** entspricht denjenigen Aspekten der repräsentierenden Welt, welche die Modellierung übernehmen,

5. die Angabe der Abbildung zwischen den zwei Welten.

Die Bedeutung der einzelnen Bestandteile wird anhand der Beispiele in Abbildung 2.1 aufgezeigt. Sie stammen aus [*Palmer 78a*].

In Abbildung 2.1 besteht die repräsentierte Welt **A** aus vier Rechtecken (a, b, c, d). Die repräsentierenden Welten **B**, **C** und **D** zeigen, daß verschiedene Aspekte der repräsentierten Welt durch den gleichen Aspekt der repräsentierenden Welt modelliert werden können. Welt **B** repräsentiert Höhe der Rechtecke (a, b, c, d) in **A** durch Länge der Linien (a', b', c', d'), Welt **C** repräsentiert Breite der Rechtecke der Welt durch Länge der Linien im Modell und **D** repräsentiert Flächengröße der Welt durch Länge der Linien im Modell. Diese Beispiele verdeutlichen, daß es nicht ausreicht, die repräsentierenden Welten allein zu analysieren, um etwas über ein R-System herauszufinden. Man muß zusätzlich etwas über die Abbildung von der repräsentierenden in die repräsentierte Welt wissen, um z.B. **B**, **C** und **D** unterscheiden zu können.

Die Welten **B**, **E**, **F**, **G** und **H** zeigen, daß derselbe Aspekt der repräsentierten Welt durch unterschiedliche Aspekte der repräsentierenden Welt modelliert werden kann. Die Relation 'höher als' der Rechtecke (a, b, c, d) wird jeweils durch unterschiedliche Eigenschaften der Elemente (a', b', c', d') in **B**, **E**, **F**, **G** und **H** modelliert. Die Welt **F** illustriert zusätzlich, daß bestimmte Aspekte der repräsentierenden Welt (hier die Form der Elemente) für das R-System irrelevant sein können.

Die Besonderheit der Welt **G** liegt darin, daß die repräsentierenden Elemente untereinander identisch sind, und daß zusätzliche Elemente (hier Pfeile) die abzubildende Relation ('höher als') modellieren. Relationen, welche jeweils zwischen zwei Rechtecken aus (a, b, c, d) gelten, werden direkt auf spezielle Objekte abgebildet.

In Welt **H** wird eine Relation zwischen den Rechtecken (a, b, c, d) auf Eigenschaften zwischen zusätzlichen Elementen der modellierenden Welt abgebildet; 'höher als' wird auf 'es gibt einen Pfad zwischen' (a', b', c', d') abgebildet.

In allen beschriebenen Beispielen wird implizit davon ausgegangen, daß Prozesse für das jeweilige R-System definiert sind, welche die modellierenden Relationen effektiv berechnen. Für Modelle, die auf der Informationsverarbeitungshypothese beruhen, erscheint diese Bemerkung fast trivial, denn eine Repräsentation bestimmter Informationen ist sinnlos, wenn es keine Prozesse gibt, welche die Information extrahieren können. Dennoch ist die Bedeutung der Prozesse oft unterschätzt worden. [*Freksa + Furbach + Dirlich 84*] und [*Furbach + Dirlich + Freksa 84*] erweitern deshalb das Palmersche Modell, indem sie der repräsentierten Welt **U** und der repräsentierenden Welt **B** jeweils eine *Referenz*welt hinzufügen, welche die zur Repräsentation gehörenden Prozesse explizit beschreibt. Die Referenzwelt kann dabei als Interpreter der dazugehörigen Welt angesehen werden.

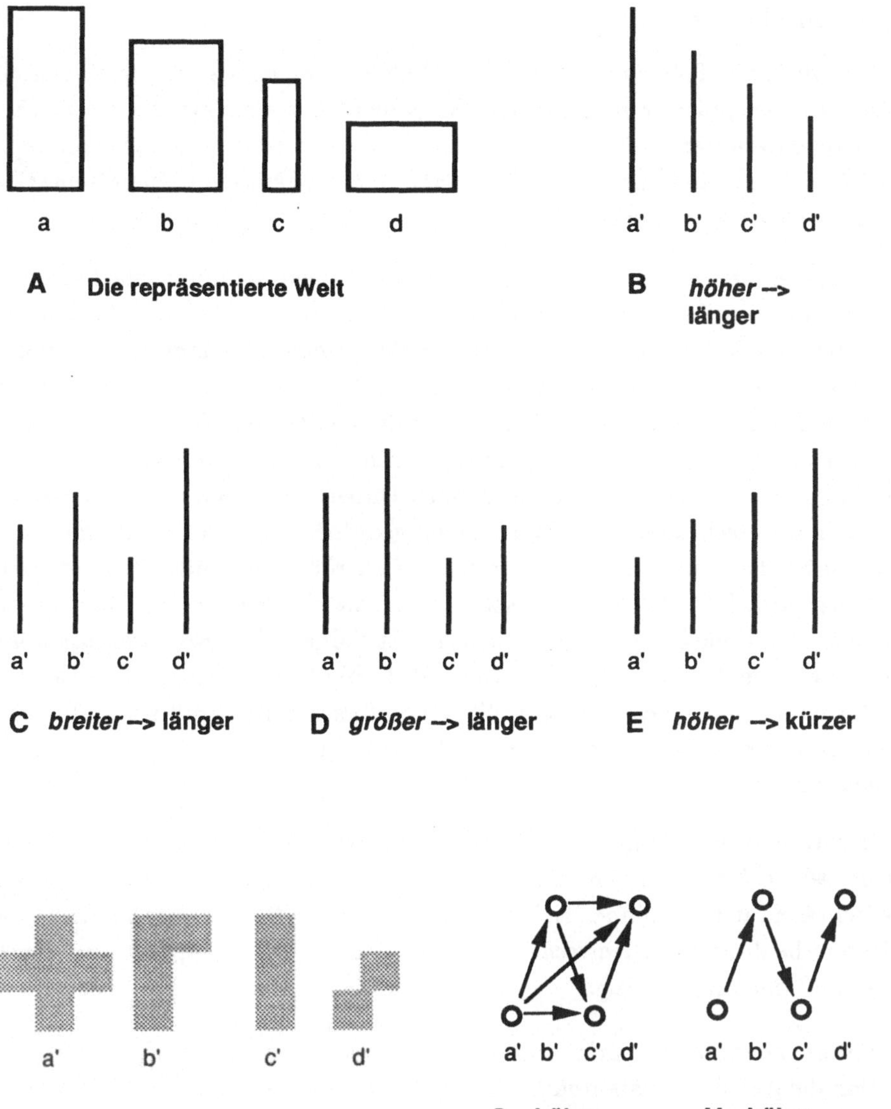

Abbildung 2.1: Beispiele von Repräsentationen bei [Palmer 78a]

Wichtige Eigenschaften

Mithilfe des Modells von R-Systemen gelingt es [*Palmer 78a*], einige wichtige Eigenschaften von Repräsentationen präziser zu definieren. Dies dient insbesondere der Unterscheidung verschiedenartiger Repräsentationen. Palmer unterscheidet grob drei Klassen von Repräsentationen: *nicht äquivalente* Repräsentationen, *informationsäquivalente* Repräsentation und *vollständig äquivalente* Repräsentationen.

- Zwei Repräsentationen sind dann *nicht äquivalent*, wenn sie unterschiedliche Aspekte bzw. Dimensionen der repräsentierten Welt modellieren. In anderen Worten, sie sind immer dann nicht äquivalent, wenn sich aus ihnen nicht dieselben Informationen ableiten lassen. Die Nichtäquivalenz kann unterschiedliche Gründe haben. Beispielsweise können einige Dimensionen nur in einer der beiden Repräsentationen vorhanden sein, oder die Repräsentationen können sich in der gleichen Dimension bezüglich der Auflösung unterscheiden. Außerdem können Dimensionen einer Repräsentation sich auch darin unterscheiden, ob sie funktionell geordnet sind oder nicht. Falls z.B. die Größe von Städten auf einer Landkarte durch die Größe von repräsentierenden Flecken modelliert wird, läßt sich automatisch ablesen, welche von zwei Städten größer ist. Wenn eine funktionelle Ordnung vorliegt, nennt Palmer diese Repräsentation *ordinal.* Wenn unterschiedliche Stadtgrößen aber z.B. farbkodiert werden, läßt sich ohne Zusatzinformation nur ablesen ob zwei Städte unterschiedlich groß sind, aber nicht in welcher Größenrelation sie sich befinden. Palmer nennt die Repräsentation in diesem Fall *nominal.*

- Zwei Repräsentationen sind *informationsäquivalent*, wenn sie dieselben Relationen über denselben Objekten der repräsentierten Welt modellieren. Informationsäquivalente Repräsentationen können sich erheblich unterscheiden. Palmer hält insbesondere die Unterscheidung in *intrinsische* und *extrinsische*, sowie in *direkte* und *abgeleitete* Repräsentationen für wichtig.

  - Palmer nennt eine Repräsentation *intrinsisch*, wenn eine repräsentierende Relation die gleichen inhärenten Eigenschaften besitzt, wie die von ihr repräsentierte Relation[12]. Die Welt **B** ist z.B. eine intrinsische Repräsentation, weil die Relation 'länger-als' die gleichen inhärenten Asymmetrie- und Transitivitätseigenschaften wie die repräsentierte Relation 'größer-als' hat. Eine Repräsentation ist *extrinsisch*, wenn sich die inhärente Struktur der repräsentierten Relation nicht in der repräsentierenden Relation wiederfinden läßt. In Welt **G** wird beispielsweise die Relation 'höher-als' der Welt **A** extrinsisch repräsentiert, weil deren Transitivität nicht automatisch repräsentiert wird, sondern zusätzliche Elemente erfordert. Generell kann eine repräsentierende Welt gleichzeitig bezüglich einiger Relationen extrinsisch und bezüglich anderer Relationen intrinsisch sein.

---

[12]Siehe dazu auch [*Freksa 88*].

Das Begriffspaar intrinsisch/extrinsisch kann ebenfalls Abhängigkeiten zwischen verschiedenen Dimensionen einer komplexen Repräsentation charakterisieren. Im Allgemeinen sind einzelne Dimensionen einer Repräsentation nicht voneinander unabhängig, z.B. sind die Fläche und die Höhe der Rechtecke in der Welt **A** voneinander abhängig. Eine adäquate Repräsentation muß Abhängigkeiten zwischen unterschiedlichen Dimensionen modellieren können, entweder extrinsisch, also durch zusätzliche Strukturen der repräsentierenden Welt, oder intrinsisch, also durch inhärente Eigenschaften der repräsentierenden Welt.

– Die Unterscheidung von Repräsentationen in *direkt* und *abgeleitet* bezieht sich auf die Prozesse, die auf den Repräsentationen arbeiten. Die Repräsentation einer Relation ist direkt, wenn sie nicht von anderen Relationen abhängt, anderenfalls ist die Relation abgeleitet. In Welt **G** kann die Relation 'ist-pfadverbunden' nicht direkt abgelesen werden, denn es muß zunächst die Relation 'ist-pfeilverbunden' ausgewertet werden.

• Palmer nennt zwei Repräsentationen *vollständig äquivalent*, wenn dieselben Informationen modelliert werden, und wenn zusätzlich alle Relationen auf die gleiche Weise modelliert werden. Vollständig äquivalente Repräsentationen können dennoch ein unterschiedliches Zeitverhalten haben, wenn z.B. Elementaroperationen in der einen Repräsentation seriell und in der anderen Repräsentation parallel ausgeführt werden.

Wichtige Folgerungen

Mithilfe der Definition zu einem R-Systems ordnet und präzisiert Palmer einige der in der Literatur diskutierten Begriffe (s.o.).

• Ein *konkreter Isomorphismus erster Ordnung* (siehe [*Shepard 78*]) liegt vor, wenn einstellige Relationen bzw. Eigenschaften der repräsentierten Welt auf physikalisch äquivalente einstellige Relationen der repräsentierenden Welt abgebildet werden, also z.B. die Eigenschaft 'ist-blau' durch etwas blaues repräsentiert wird.

• Ein *abstrakter Isomorphismus erster Ordnung* besteht dann, wenn wiederum einstellige Relationen auf einstellige Relationen abgebildet werden, aber die einstelligen Relationen nur funktional äquivalent sind. Palmer nennt als Beispiel ein Quadrat, welches durch etwas repräsentiert wird, was die Eigenschaft 'hat-vier-Seiten' und 'hat-vier-Ecken' besitzt.

• Bei einem *Isomorphismus zweiter Ordnung* werden zwei- und mehrstellige Relationen zwischen Objekten auf funktional äquivalente Relationen der repräsentierenden Welt abgebildet. Wenn z.B. in der repräsentierten Welt Objekt **A** größer ist als Objekt **B** und in der repräsentierenden Welt eine Relation existiert, welche diese 'größer' Beziehung abbildet, liegt eine Isomorphie zweiter Ordnung vor.

- Eine Repräsentation ist nach Palmer *propositional*, wenn Relationen der repräsentierten Welt durch relationale Elemente modelliert werden und die modellierenden relationalen Elemente in Relation zu Objektelementen stehen. Daraus folgt u.a., daß Relationen zwischen bestimmten Objekten nicht allein durch Betrachtung der Objekte selbst herausgefunden werden können, denn man muß zusätzlich zu den Objekten deren Relationen zu relationalen Elementen berücksichtigen.

  Dieser Sachverhalt wird deutlicher wenn man z.B. sprachliche Repräsentationen betrachtet, denn sie sind typische propositionale Repräsentationen. Beispielsweise spezifiziert der Satz 'der Ball ist unter dem Tisch' eine Relation zwischen den Objekten Ball und Tisch. Diese Relation kann aber nur verstanden werden aufgrund der syntaktischen Relation der beiden Objekte zu dem relationalen Element 'ist-unter'.

- Palmer ([*Palmer 78a*]) definiert außerdem *analoge* Repräsentationen, und er grenzt diese mithilfe der Begriffe *extrinsisch* und *intrinsisch* von propositionalen Repräsentationen ab:

  > Thus, whatever structure there is in a propositional representation exists solely by virtue of the extrinsic constraints placed on it by the thruth-preserving informational correspondence with the represented world. ([*Palmer 78a*]: 296)
  >
  > Thus, whatever structure is present in an analog representation exists by virtue of the inherent constraints within the representing world itself, without reference to the represented world. ([*Palmer 78a*]: 279)

Palmer nennt die Beziehung zwischen repräsentierter und repräsentierender Welt in analogen Repräsentationen einen *natürlichen Isomorphismus*, welcher in einer Hierarchie zwischen physikalischem (dem konkretesten) und funktionalem (dem abstraktesten) Isomorphismus liegt. Ein physikalischer Isomorphismus ist automatisch natürlich und funktional, ein natürlicher Isomorphismus ist automatisch funktional, aber ein funktionaler Isomorphismus muß keine der beiden anderen Eigenschaften besitzen.

Für die Erforschung kognitiver Repräsentationen folgert Palmer ([*Palmer 78a*]: 298), daß eine Unterscheidung von propositionalen und analogen Repräsentationen aufgrund psychologischer Experimente unmöglich ist, weil beide Formate informationsäquivalent sein können, und man deshalb 'in den Kopf' schauen müßte, um Unterschiede zwischen extrinsischen und intrinsischen Eigenschaften feststellen zu können.

Dieser Schlußfolgerung wird hier widersprochen, denn unterschiedliche aber informationsäquivalente Repräsentationen führen i.A. immer zu unterschiedlichen Algorithmen bei der Lösung bestimmter Aufgaben. Die Algorithmen haben dabei typischerweise sowohl unterscheidbares Zeitverhalten als auch unterscheidbares Fehlerverhalten. Beide Arten von Unterschieden sind durch psychologische Untersuchungen zugänglich.

2.4.2   Analoge und piktorielle Repräsentationen bei Janlert

Einer der Hauptkritikpunkte von [*Janlert 85*] an Palmers Modell gilt dessen Definition von *analogen* Repräsentationen, welche mit intrinsischen Methoden der Repräsentation assoziiert werden (siehe oben). Janlert zeigt anhand eines Beispiels (siehe Abbildung 2.2), daß es möglich ist, eine analoge Repräsentation zu verwenden, ohne daß diese intrinsisch genannt werden kann, weil keine hinreichende strukturelle Übereinstimmung (auch im Sinne Palmers) mit der modellierten Welt besteht. Unter analog versteht Janlert, daß keine relationalen Elemente existieren.

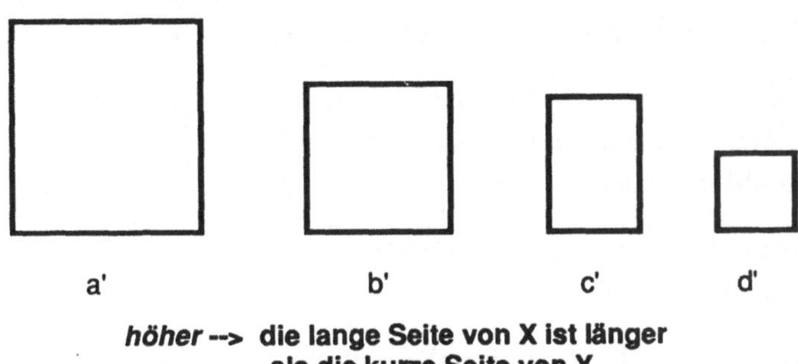

Abbildung 2.2: Eine analoge nicht intrinsische Repräsentation bei [*Janlert 85*]

In Abbildung 2.2 bilden (a', b', c', d') eine repräsentierende Welt für die Ursprungswelt in Abbildung 2.1. Die Relation 'höher-als' der Ursprungswelt wird durch die Relation 'die-lange-Seite-von-x-ist-länger-als-die-kurze-Seite-von-y' modelliert. Es handelt sich um eine analoge Repräsentation, denn es existieren keine relationalen Elemente, aber sie ist nicht intrinsisch, denn die repräsentierende Relation ist weder asymmetrisch noch transitiv.

Janlert schlägt deshalb vor, den Begriff intrinsisch zu modifizieren bzw. den Begriff *(virtuell) intrinsisch* zu verwenden. Er nennt eine Eigenschaft oder eine Relation (virtuell) intrinsisch repräsentiert, wenn diese repräsentiert ist, und wenn keine zusätzlichen Prozesse mit der Erhaltung der Eigenschaft oder Relation beschäftigt werden müssen.

[*Janlert 88*] stellt resümierend fest, daß z.Zt. keine ausreichende Theorie über piktorielle Repräsentationen existiert. Er hat folgende Erwartungen an eine solche Theorie:

> Such a theory should: allow and support interpretation in terms of effective
> computational structures and mechanisms; bring out the distinctive character
> of pictures; be rich in suggestions of how pictures can be cognitively exploited;
> and have a philosophical sound foundation. ([*Janlert 88*]: 150)

Janlert beschreibt die Bedeutung piktorieller Repräsentationen anhand folgender nicht genau voneinander abzugrenzender Punkte:

- **Selektion/Generierung von Hypothesen.** Beim Ableiten von Aussagen über geometrische Beziehungen können piktorielle Repräsentationen sowohl zum Eliminieren von einzelnen Hypothesen als auch zur Generierung neuer Hypothesen herangezogen werden (siehe [*Gelernter 63*] und Abschnitt 2.3).

- **Konsistenz/Kohärenzüberprüfungen.** Unterschiedliche sprachliche Beschreibungen können durch Visualisierung sowohl auf Konsistenz geprüft werden als auch darauf, ob sie inhaltlich zusammengehören.

- **Koreferenzüberprüfungen.** Ebenso können piktorielle Repräsentationen dazu benutzt werden, unterschiedliche Aussagen auf semantische Identität zu überprüfen.

- **Amalgation.** Verschiedene Beschreibungen können in einer piktoriellen Repräsentation zu einem Ganzen zusammengefügt werden, aus dem sich anschließend neue Information ablesen läßt.

- **Kalibrierung.** Hierunter versteht Janlert eine Art Feinabstimmung unterschiedlicher verbaler Beschreibungen.

- **Perspektivenwechsel.** Janlert sieht piktorielle Repräsentationen als Möglichkeit an, verbal beschriebene Probleme aus anderer Perspektive zu betrachten und dadurch gewisse Probleme besser lösen zu können.

- **Analoges Schließen.** Er sieht es darüberhinaus als wichtig an, daß piktorielle Repräsentationen analoge Schlüsse zulassen. Beispielsweise kann man sich die Ausbreitung von Licht durch die visuelle Vorstellung von sich ausbreitenden Wasserwellen erklären.

2.4.3 Typerhaltende Abbildungen bei Rehkämper

[*Rehkämper 90*] und [*Rehkämper 91*] formalisiert und präzisiert einige wichtige Teile des Ansatzes von Palmer. Rehkämper führt die folgenden Größen ein:

- Die Urwelt U,

- die Menge G der Gegenstände der Urwelt, die modelliert werden sollen,

- die Menge E der Eigenschaften der Gegenstände G,

- die Menge R der zu modellierenden Relationen zwischen den Gegenständen G,

- und die Menge O der Operationen, welche bezüglich (G, E, R) definiert sind.

Das Quadrupel $(G; E, R; O)$ definiert damit genau denjenigen Ausschnitt der Urwelt U, der durch eine entsprechende Repräsentation B modelliert werden soll. Die Repräsentation kann vollständig beschrieben werden durch die folgenden zwei Angaben:

- Ein entsprechendes Quadrupel $(G'; E', R'; O')$, welches die repräsentierende Welt B charakterisiert, und

- eine Abbildung **rep** $: G \cup E \cup R \cup O \longrightarrow G' \cup E' \cup R' \cup O'$.

Bestimmte Eigenschaften der Abbildung *rep* können zur Präzisierung einiger bislang unscharf verwendeter Begriffe herangezogen werden. Rehkämper spricht von einer *typerhaltenden* oder ontologisch neutralen Abbildung, wenn Objekte auf Objekte, Eigenschaften auf Eigenschaften, Relationen auf Relationen und Operationen auf Operationen abgebildet werden, also wenn:

$$rep : G \cup E \cup R \cup O \longrightarrow G' \cup E' \cup R' \cup O' = \begin{cases} rep_G : & \longrightarrow & G' \\ rep_E : & \longrightarrow & E' \\ rep_R : & \longrightarrow & R' \\ rep_O : & \longrightarrow & O' \end{cases}$$

Das Palmersche Beispiel G in Abbildung 2.1 zeigt eine nicht typerhaltende Abbildung, denn es wird eine Relation (höher-als) auf Objekte (Pfeile) der repräsentierenden Welt abgebildet. Es gilt also:

$$rep : R \longrightarrow R' \cup G'$$

Rehkämper setzt außerdem die Begriffe *analog* und *kontinuierlich* (bzw. *dicht*, siehe [*Goodman 68*]) sinnvoll zueinander in Beziehung. Kontinuierlich ist bei Rehkämper eine Eigenschaft von abgebildeten Dimensionen, wobei Dimensionen Mengen von Eigenschaften sind. Dimensionen können z.B. ungeordnet sein (Farbe), partiell geordnet sein, oder ihnen können z.B. die natürlichen oder die reellen Zahlen zugrunde liegen (z.B. bei Länge). Analog ist eine Eigenschaft der Abbildung **rep**. Ist diese Abbildung typerhaltend und gilt zusätzlich, daß eine zu modellierende Eigenschaft einer Dimension der Welt in eine gleichartige modellierende Eigenschaft einer Dimension der Repräsentation abgebildet wird, so ist die Abbildung analog. Eine diskrete Repräsentation der Zustände 'Fahren', 'Anhalten', 'Warten' und 'Anfahren' durch eine Verkehrsampel ist deshalb eine analoge Repräsentation (siehe [*Rehkämper 90*]). Diese Definition von analog verschärft die Palmersche Definition und führt beispielsweise dazu, daß das Beispiel von Janlert (siehe Abbildung 2.2) als nicht analog kategorisiert wird.

Für den oben diskutierten Isomorphismus erster Ordnung ist eine typerhaltende Abbildung der Dimensionen notwendige Voraussetzung, während für einen Isomorphismus zweiter Ordnung eine typerhaltende Abbildung nicht gefordert werden muß, da es dabei nur auf funktionale Zusammenhänge ankommt.

Die natürliche Isomorphie, welche bei Palmer zur Definition des Begriffes *analog* herangezogen wird, muß nach Rehkämper so verstanden werden, daß Typerhaltung gilt und die Abbildung **rep** zusätzliche Bedingungen erfüllen muß: Relationen müssen auf Relationen mit den gleichen Eigenschaften abgebildet werden, d.h. wenn z.B. für die modellierte

Relation Transitivität oder Assoziativität gilt, müssen diese Eigenschaften auch für die modellierende Relation gelten.

2.4.4 McDonells Begriff der Ausdrucksstärke

[*McDonell 83*] führt den Begriff der *relativen Ausdrucksstärke* (relative succinctness) von Repräsentationen ein, und er grenzt diesen Begriff ab sowohl von dem Begriff *Beladenheit* (repleteness), welcher von [*Goodman 68*] verwendet wurde, als auch vom Begriff der *Spezifität* (specificity) von Repräsentationen, der an einigen Stellen vorgeschlagen wurde, um piktorielle und propositionale Repräsentationen voneinander abzugrenzen.

System	Schema	Basis Label	konstituierende Eigenschaften	Bedeutung
A	I	(1)	grün	ruhig
		(2)	gelb	windig
		(3)	rot	stürmisch
B	I	(1)	grün + Quadrat	ruhig
		(2)	gelb + Halbkreis	windig
		(3)	rot + Dreieck	stürmisch
C	I	(1)	grün	ruhig
		(2)	gelb	windig
		(3)	rot	stürmisch
	II	(4)	Quadrat	anhaltend
		(5)	Halbkreis	schlechter
		(6)	Dreieck	besser
D	I	(1)	pink	ruhig
		(2)	rosa	leicht windig
		(3)	hellrot	sehr windig
		(4)	braun	stürmisch
E	I	(1)	pink + Quadrat	ruhig
		(2)	rosa + Halbkreis	leicht windig
		(3)	hellrot + Dreieck	sehr windig
		(4)	braun + Kreis	stürmisch

Abbildung 2.3: Verschiedene Symbolsysteme bei [*McDonell 83*]

In Abbildung 2.3 sind verschiedene Symbolsysteme gezeigt (**A** - **E**), die dazu geeignet sind, verschiedene Windbedingungen zu signalisieren. **A** und **B** haben jeweils drei verschiedene Signale, die drei unterschiedliche Windbedingungen denotieren: ruhig, windig und stürmisch. Sie unterscheiden sich allerdings in zwei wesentlichen Punkten: Symbolsystem **A** ist weniger *beladen* als Symbolsystem **B**, denn es hat weniger konstituierende Eigenschaften, nämlich nur drei im Gegensatz zu sechs in Symbolsystem **B**. Symbolsystem **A** ist *ausdrucksstärker* als System **B**, weil es weniger konstituierende Eigenschaften pro Basis Label besitzt; es besteht eine direkte Korrespondenz zwischen konstituierenden Eigenschaften (grün, gelb, rot) und den vom System denotierten Eigenschaften (ruhig, windig, stürmisch). In System **B** bilden dagegen Paare von konstituierenden Eigenschaften die drei Basis Label.

Die Eigenschaften *Beladenheit* und *Ausdrucksstärke* korrespondieren oft miteinander, bedeuten aber nicht das Gleiche, wie anhand von Symbolsystem **C** gezeigt werden kann. Die Symbolsysteme **B** und **C** sind gleichermaßen beladen (nach [*Goodman 68*]), denn sie besitzen die gleichen sechs konstituierenden Eigenschaften. Sie sind aber nicht gleichermaßen ausdrucksstark, denn Symbolsystem **B** hat zwei Eigenschaften pro Basis Label und Symbolsystem **C** hat besitzt nur eine Eigenschaft pro Basis Label, **C** ist also ausdrucksstärker als **B**.

Die *Syntaktische Spezifität* eines Symbolsystems hängt von der Anzahl der Labels pro Schema ab. Wenn ein Symbolsystem mehr Labels (im Mittel) pro Schema besitzt, dann ist es syntaktisch spezifischer. Symbolsystem **D** ist also syntaktisch spezifischer als **A**, **B** und **C** (I). Syntaktische Spezifität ist nicht gleichbedeutend mit Ausdrucksstärke, denn die Symbolsysteme **D** und **E** sind gleichermaßen syntaktisch spezifisch (4 Basislabels pro Schema), aber **D** ist ausdrucksstärker als **E**, denn es besitzt nur eine Eigenschaft pro Basislabel.

2.4.5 Levesques Begriff der Lebendigkeit

[*Levesque 86*] untersucht u.a., welchen Einfluß die Form einer Wissensbasis auf deren Leistungsfähigkeit hat. Anhand des folgenden Beispiels, in dem derselbe Inhalt in zwei unterschiedlichen Formaten ausgedrückt wird, führt Levesque den Begriff der *Lebendigkeit* (vividness) für Repräsentationen ein.

Wissensbasis 1:

1. Helmut trank exakt 7 Gläser Gin.
2. Oskar trank exakt 6 Gläser Gin.

Wissensbasis 2:

1. Oskar und Helmut tranken zusammen 13 Gläser Gin.
2. Helmut trank genau 1 Glas Gin mehr als Oskar.

Abbildung 2.4: Unterschiedliche Wissensbasen gleichen Inhalts bei [*Levesque 86*]

Die erste Wissensbasis in Abbildung 2.4 erklärt in einem atomaren Satz was Oskar getrunken hat unabhängig von anderen Sätzen der Wissensbasis. Die zweite Wissensbasis beschreibt ebenfalls was Oskar getrunken hat, aber die Information muß aus mehreren Teilen der Wissensbasis zusammengesucht werden. Falls man also an der Menge interessiert ist, die jede einzelne Person getrunken hat, liefert die erste Wissensbasis diese Information direkter als die zweite, denn in der zweiten bedarf es zusätzlicher Verarbeitungsschritte. Dieser wichtige Unterschied zwischen den beiden Wissensbasen präzisiert Levesque durch den Begriff Lebendigkeit.

Die zwei wesentlichen Eigenschaften einer lebendigen Wissensbasis sind:

1. Es gibt eine eins-zu-eins Abbildung zwischen einer bestimmten Klasse von Symbolen in der Wissensbasis und den Objekten der Welt, die modelliert wird.

2. Für jede einfache relevante Relation in der Welt gibt es eine Verbindung zwischen Symbolen der Wissensbasis mit der Eigenschaft: Die Relation gilt innerhalb einer Gruppe von Objekten in der Welt dann und nur dann, wenn die entsprechende Verbindung zwischen den korrespondierenden Symbolen der Wissensbasis existiert.

Die erste Wissensbasis über Oskar und Helmut ist demnach lebendig, weil die Repräsentationen der beiden Individuen direkt verbunden sind mit der Repräsentation über die jeweils getrunkenen Mengen. Die zweite Wissensbasis erfüllt dagegen dieses Kriterium nicht.

Levesque Definition von Lebendigkeit ist nicht sehr präzise. Deshalb ergänzt er die oben genannte Definition mit einigen Erläuterungen. Erstens, Lebendigkeit ist nicht korreliert mit Exaktheit, Präzision oder Eindeutigkeit, d.h. eine vage Aussage wie *Helmut hat etwas mit Oskar zu tun* kann durchaus Bestandteil einer lebendigen Wissensbasis sein. Zweitens, die Haupteigenschaft lebendiger Wissensbasen ist, daß sie bezüglich des von ihr modellierten Weltausschnittes analog (analogue) ist. Damit meint Levesque, daß man mit der Wissensbasis operieren kann als wäre es die Welt selber. Angenommen man möchte wissen, wie viele Schornsteine ein bestimmtes Schiff besitzt. Hat man ein Modell des Schiffes, kann man die Schornsteine des Modells zählen in ähnlicher Weise, wie man die Schornsteine des realen Schiffes zählen würde. Das Modell ist gewissermaßen analog zum Schiff und daher eine lebendige Repräsentation.

Levesque hält piktorielle Repräsentationen für eine der Hauptquellen für lebendig repräsentiertes Wissen. Die dafür entscheidende Eigenschaft piktorieller Repräsentationen besteht darin, daß sie nicht abgeschlossen sind bezüglich Disjunktionen. Obwohl piktorielle Repräsentationen unscharf und unpräzise sein können, können sie beispielsweise nicht die Aussage: *Helmuts Jacke ist weiß oder schwarz* repräsentieren. Die Form piktorieller Repräsentationen verbietet Disjunktionen und vermeidet damit die mit der Behandlung von Disjunktionen verbundenen aufwendigen Schlußprozesse[13].

Die letzte Aussage wird in Kapitel 4 etwas abgeschwächt, denn bestimmte eingeschränkte Disjunktionen sind auch in piktoriellen Repräsentationen möglich. Eine Aussage wie z.B. *Helmuts Jacke ist blau oder grau* kann piktoriell repräsentiert werden.

---

[13]Levesque ([*Levesque 86*]: 87) gibt ein Beispiel dafür, daß disjunktiv gegebene Aussagen zu prinzipiell unbehandelbarer kombinatorischer Explosion führen.

2.4.6 Eingeschränkte linguistische Repräsentationen nach Sober

Der Beitrag von [*Sober 76*] befaßt sich mit mentalen Repräsentationen mit dem Ziel, die Besonderheit von piktoriellen Repräsentationen herauszuarbeiten. Die wesentlichen Eigenschaften piktorieller Repräsentationen sind nach Sober:

- Piktorielle Repräsentationen sollten als *eingeschränkte* linguistische Repräsentationen angesehen werden. Denn einerseits läßt sich zu fast jeder Instanz piktorieller Repräsentation ein linguistisches Analogon formulieren, und andererseits gibt es nicht zu jeder linguistischen Repräsentation ein piktorielles Analogon. Nur einige syntaktische Eigenschaften linguistischer Repräsentationen lassen sich in piktoriellen Repräsentationen wiederfinden. Sober nennt insbesondere die folgenden Punkte:

  - Konkatenationen in piktoriellen Repräsentationen entsprechen ungefähr Konjunktionen in linguistischen Repräsentationen ([*Sober 76*]: 122). Zumindestens beinhaltet eine Konkatenation piktorieller Repräsentationen nach Sober immer eine logische Konjunktion.

  - Die 'enthalten-sein' Relation in piktoriellen Repräsentationen entspricht der Implikation in linguistischen Repräsentationen ([*Sober 76*]: 122).

  - Es existieren keine Negationen und keine Disjunktionen in piktoriellen Repräsentationen ([*Sober 76*]: 123). Es gibt z.B. keine piktorielle Repräsentation für einen 'nicht-Fluß' und auch kein piktorielles Analogon zu einer Aussage wie 'x ist eine Fliege oder ein Flugzeugträger'.

  In Kapitel 4 wird die Ansicht vertreten, daß Disjunktionen eingeschränkt möglich sind. Auch Negationen kann man in piktoriellen Repräsentationen als repräsentierbar ansehen, z.B. trifft auf ein Landschaftsbild die Aussage 'Dies ist kein Flugzeugträger' zu. Diese Aussage ist allerdings nur implizit in dem Landschaftsbild enthalten. Eine in Levesques Sinn *lebendige* Repräsentation von Negationen ist in piktoriellen Repräsentationen nicht möglich.

- Für jede piktorielle Repräsentation existiert ein einziger Betrachterstandpunkt, zu dem alle repräsentierten Objekte in Bezug gesetzt werden können. Für linguistische Repräsentationen gilt diese Einschränkung nicht. Mit ihnen können z.B. mithilfe indexikalischer Elemente auch räumliche Arrangements beschrieben werden, welche einem gemeinsamen Betrachterstandpunkt widersprechen. ([*Sober 76*]: 118)

- Es gibt linguistisch spezifizierbare Konzepte, welche nicht piktoriell repräsentierbar sind. Sober verwendet u.a. die Beispiele 'Dreieck' und 'Feuerwehrauto', welche in piktoriellen Repräsentationen immer eine bestimmte Kontur haben müssen, während in einer linguistischen Repräsentation die Kontur der Objekte unspezifiziert sein kann. ([*Sober 76*]: 126)

- Die im Vergleich zu linguistischen Repräsentationen höhere Spezifität piktorieller Repräsentationen führt Sober auf deren Nähe zur Wahrnehmung zurück. Linguistische Phänomene wie Negation und Disjunktion hält er für Artefakte, die keinen bedeutungsvollen Kategorien der Wahrnehmung entsprechen.

- Piktorielle Repräsentationen sind nach Sober allerdings nicht vollständig auf linguistische Repräsentationen zurückführbar, da sie analog (nicht diskret) sein können, während linguistische Repräsentationen immer diskret sind.

  Diese Einschätzung wird in dieser Arbeit nicht geteilt, denn zu jeder piktoriellen Repräsentation läßt sich eine informationsäquivalente propositionale Repräsentation finden. Die beiden Repräsentationen sind aber dann i.A. nicht berechnungsäquivalent, d.h. die Komplexität der Prozesse zur Berechnung identischer Information kann sich erheblich voneinander unterscheiden.

- Sober hält es ebenso wie Palmer für unwahrscheinlich, daß psychologische Experimente dazu geeignet sind, zwischen piktoriellen und linguistischen mentalen Repräsentationen zu unterscheiden. Denn falls die Nichtdiskretheit piktorieller Repräsentationen für das Mentale nur eine geringe oder keine Rolle spielt, was plausibel erscheint, dann läßt sich zu jeder Erklärung, welche piktorielle Repräsentationen postuliert, ein linguistisches Analogon finden.

Howells Einwände

[*Howell 76*] kritisiert an Sobers Thesen zu piktoriellen Repräsentationen insbesondere zwei Punkte.

Erstens hält er es für nicht zutreffend, daß piktorielle Repräsentationen notwendigerweise spezifisch im Sinne Sobers sein müssen, also z.B. immer eine bestimmte Form haben müssen. Er hält es z.B. für möglich, sich ein Feuerwehrauto in so großer Entfernung visuell vorzustellen, daß man nur noch einen unscharfen Farbfleck 'sieht', der keine bestimmte Form hat. Damit entspräche diese piktorielle Repräsentation dem Prädikat 'hat-Farbe-rot' ohne weitere Spezifizierung im Sinne Sobers. Howell stimmt Sober in einem anderen Aspekt der Spezifität zu, nämlich darin, daß Objekte in piktoriellen Repräsentationen immer einen bestimmten Ort innerhalb einer räumlichen Repräsentation einnehmen.

Zweitens kritisiert Howell Sobers Abbildungen der logischen Operationen Konjunktion, Disjunktion, Implikation und Negation auf piktorielle Repräsentationen. Er stellt fest, daß die Konkatenation piktorieller Repräsentationen nur in den seltensten Fällen der logischen Konjunktion entspricht. Einerseits, weil bei Konkatenation immer zusätzliche räumliche Relationen entstehen, und andererseits weil normalerweise bei der Konkatenation verschiedene Beobachterstandpunkte angepaßt werden müssen. Darüber hinaus hält Howell piktorielle Repräsentationen für möglich, die der logischen Negation entsprechen, z.B. entspricht das Bild eines leeren Zimmer ungefähr der Aussage: 'es sind keine Menschen, Tiere oder andere Lebewesen in diesem Raum' ([*Howell 76*]: 170). Nach Howell existieren ebenfalls piktorielle Disjunktionen. Er nennt das Beispiel einer Kiste, von der nicht zu erkennen ist, ob sie eine goldene oder eine silberne Farbe hat. Dieses entspricht seiner Meinung nach einer disjunktiven logischen Aussage.

2.4.7 Analoge Repräsentationen bei Sloman

[*Sloman 71*], [*Sloman 75*] und [*Sloman 78*] unterscheidet in seiner Theorie zwei grundsätzlich verschiedene Arten von Repräsentation[14]: sogenannte fregesche (fregean) Repräsentationen und analoge (analogical) Repräsentationen:

- **Fregesche Repräsentationen** werden nach Sloman oft auch als symbolisch, linguistisch, formal, propositional oder verbal bezeichnet. Sie haben folgende Eigenschaften:

  - Sie sind *anwendbar* (applicative), d.h. daß das, was ein komplexes Symbol repräsentiert, eine Funktion davon ist, was die Teile der komplexen Struktur repräsentieren.

  - Ein komplexes Symbol kann als Prozedur interpretiert werden zum Berechnen der Referenz des Symbols.

  - Darüber hinaus hat ein komplexes Symbol syntaktische Bestandteile, die i.A. nicht Teile dessen repräsentieren, was das komplexe Symbol repräsentiert.

  - Die Struktur des komplexen Symbols enthält im Allgemeinen keine Information über die Struktur des vom komplexen Symbol repräsentierten Gegenstandes.

- **Analoge Repräsentationen** werden nach Sloman oft auch ikonisch, nicht-verbal oder piktoriell genannt. Sie haben folgende Eigenschaften:

  - Sie sind nicht *anwendbar* im obigen Sinn.

  - Ein komplexes Symbol einer analogen Repräsentation kann nicht direkt dazu verwendet werden, seine Referenz zu berechnen.

  - Teile eines komplexen Symbols repräsentieren immer Teile dessen, was das komplexe Symbol als Ganzes repräsentiert, d.h. es existiert eine Korrespondenz zwischen syntaktischen Strukturen der Repräsentation und Strukturen der repräsentierten Domäne.

Aus den vier genannten Eigenschaften resultiert nach Sloman typischerweise, daß analoge Repräsentationen keine unmöglichen Objekte repräsentieren können, und daß

---

[14]Die Zusammenfassung der slomanschen Theorie in diesem Abschnitt ist teilweise in Anlehnung an die Zusammenfassung von [*Janlert 88*] geschrieben. Die janlertsche Zusammenfassung ist in persönlicher Interaktion mit Sloman entstanden und wird daher als geeignet angesehen.

kleine Änderungen in der Repräsentation kleinen Änderungen bei dem entsprechen, was die Repräsentation repräsentiert. Außerdem lassen sich Randbedingungen der repräsentierten Welt leicht in Randbedingungen der Repräsentation umsetzen. Nach Sloman folgt aus den genannten Eigenschaften ein ökonomisches Zeitverhalten der Prozesse auf analogen Repräsentationen, z.B. dadurch, daß der Suchraum für bestimmte Probleme geeignet eingeschränkt ist.

2.4.8 Intrinsische Eigenschaften von Geometrien

Einige Arbeiten in der Physik sind für die Beschäftigung mit unterschiedlichen Repräsentationen relevant. Typischerweise beschäftigt man sich in der Physik zwar mit konkurrierenden Theorien, d.h. mit Theorien, die unterschiedliche Aussagen über die physikalische Welt machen, es gibt aber auch Theorien, welche die gleichen Vorhersagen über die Welt zulassen. Diese Theorien unterscheiden sich nur in der Art der Berechnung der Vorhersagen. Sie repräsentieren gewissermaßen die gleiche Information, unterscheiden sich aber bezüglich der Repräsentation der physikalischen Welt und bezüglich der mathematischen Verfahren (Algorithmen). Beispielsweise kann die Schwerkraft auf unterschiedliche Art repräsentiert werden. Dabei spielt die Verwendung unterschiedlicher Geometrien zur Darstellung der Welt eine wichtige Rolle.

Darüber hinaus ist bei diesen Theorien die euklidische Geometrie wegen ihrer Anschaulichkeit von besonderem Interesse. Reichenbach hat präzisiert, warum er die euklidische Geometrie für besonders anschaulich hält. Die Begründung hat gewisse Ähnlichkeit mit der Begründung von piktoriellen Repräsentationen für die Kognitionswissenschaft.

Informationsäquivalente R-Systeme aus Geometrien und Kräften

Eine für die Auseinandersetzung mit piktoriellen Repräsentationen besonders interessante Rolle spielen die Diskussion über Vor- und Nachteile verschiedener Systeme aus Geometrien und Kräften, bei [*Reichenbach 28*] und [*Carnap 66*], welche sich mit der Eignung verschiedener Systeme zur Darstellung physikalischer Sachverhalte beschäftigen.

[*Reichenbach 28*] befaßt sich insbesondere mit der Deutung physikalischer Erkenntnisse, die sich auf den Raum beziehen. Seiner Ansicht nach besteht eine Theorie über physikalische Systeme (wie z.B. die Relativitätstheorie) aus drei Teilen:

1. Einer Geometrie **G**,

2. einer Menge von Kräften **F**,

3. einer Zuordnungsdefinition.

Die Zuordnungsdefinition ordnet Dingen der modellierten Realität Begriffe des Modells zu. Sie legt z.B. metrische Einheitsgrößen fest und definiert Kongruenzen, z.B. wann zwei

Längen als gleich lang angesehen werden ([*Reichenbach 28*]: 31-37). Das Paar (**G**, **F**) bildet zusammen das Modell der Realität, eine Geometrie oder eine Kraft hat allein keine Aussagefähigkeit über den modellierten Weltausschnitt.

> Wenn ein Maßstab an einer Raumstelle kürzer ist als an einer anderen, so deuten wir die Verkürzung als Wirkung einer Kraft. Darum hängt die Existenz einer Kraft von der Zuordnungsdefinition der Geometrie ab ([*Reichenbach 28*]: 46).
>
> Halten wir an der euklidischen Geometrie G fest, so bedeutet es noch keine objektive Aussage, wenn wir sagen, daß der Raum euklidisch sei; sondern eine Charakterisierung der Wirklichkeit liegt erst vor, wenn wir außer G auch das universelle Kraftfeld K angeben, welches bei dieser Geometrie existiert. ([*Reichenbach 28*]: 53)

[*Carnap 66*] wendet diesen Gedanken auf die Relativitätstheorie an und stellt fest:

> Für die nicht-euklidische Auffassung der Relativitätstheorie gibt es keine Schwerkraft im Sinne der elastischen und elektromagnetischen Kräfte. Die Gravitation als Kraft verschwindet aus der Physik und wird durch die geometrische Struktur eines vierdimensionalen Raum-Zeit-Systems ersetzt (167).

Reichenbach äußert sogar die Hypothese, daß jede universelle[15] Kraft in der Physik durch geeignete Umformung der Theorie zu eliminieren ist.

Weder Reichenbach noch Carnap geben präzise Kriterien an, nach denen man zwischen unterschiedlichen Systemen von Geometrien und Kräften das am besten geeignete auswählen kann. Reichenbach fordert eine möglichst natürliche Definition zu suchen, die den Vorzug logischer Einfachheit hat.

Die Struktur der Reichenbachschen und Carnapschen Vorstellungen über physikalische Modelle hat einige Gemeinsamkeiten mit der Palmerschen Definition von R-Systemen (siehe Abschnitt 2.4.1).

Die Zuordnungsdefinition bei Reichenbach entspricht ungefähr der Abbildung zwischen modellierter und modellierender Welt bei Palmer. Beides realisiert gewissermaßen die Verankerung des jeweiligen Modells in der Realität.

Außerdem besteht eine Entsprechung zwischen Geometrien bei Reichenbach und modellierenden Welten bei Palmer. Beide können bei geschickter Auswahl der Zuordnung bzw. der Abbildung gewisse Eigenschaften der modellierten Welt *intrinsisch* abbilden. Die nicht-euklidische Geometrie der Relativitätstheorie gestattet es, automatisch eine Menge von Phänomenen zu modellieren, welche bei anderer Wahl der Geometrie die explizite Einführung der Schwerkraft erfordert.

---

[15]Eine Kraft ist universell, wenn sie unabhängig von der Art der Materie ist, anderenfalls ist die Kraft differenziell.

Die Anschaulichkeit der euklidischen Geometrie

Obwohl Reichenbach die Suche nach der Geometrie des wirklichen Raumes für sinnlos erachtet und von der Relativität von Geometrie/Kraft-Systemen überzeugt ist, hält er die euklidische Geometrie dennoch für ausgezeichnet, weil bildhafte Vorstellungen euklidisch sind und damit die euklidische Geometrie besonders anschaulich sind.

Reichenbach hält insbesondere zwei Aspekte der Anschaulichkeit für charakteristisch:

- Die *bildhafte* Funktion. Er hält es für das Wesen der Anschauung, daß sie einerseits Gegenstände in eigentümlicher bildhafter Weise wiedergibt, und daß sie andererseits immer durch frühere Wahrnehmungsbilder bestimmt ist ([*Reichenbach 28*]: 59). Daher erachtet er es auch für denkbar, sich mithilfe entsprechender Erfahrungen zunächst Unanschauliches, wie z.B. nicht-euklidische Geometrien, zu veranschaulichen. Mit heutigen Informationsverarbeitungsbegriffen beschrieben erkennt Reichenbach das besondere Format anschaulicher bildhafter Repräsentationen und die direkte Ähnlichkeit mentaler Bilder mit früher wahrgenommenem.

- Die *normative* Funktion. Hierunter versteht Reichenbach, daß der Anschauung Bedingungen auferlegt sind. Seiner Ansicht nach werden aus Bildern keineswegs nur Erkenntnisse herausgenommen, sondern ebenfalls Erkenntnisse in sie hineingelegt ([*Reichenbach 28*]: 61-65). Er ist nicht der Meinung, daß anschauliche Schlüsse außerhalb des Rahmens der Logik liegen, er sagt aber, daß für anschauliches Vorstellen noch engere Gesetze gelten als für das logische Denken ([*Reichenbach 28*]: 65).

  Auch diese Ausführungen Reichenbachs sind noch weit entfernt von einer Präzisierung mithilfe informationsverarbeitender Modelle. Es läßt sich aber erkennen, daß er Phänomene untersucht und erkannt hat, die als Eingeschränktheit piktorieller Repräsentationen und als intrinsische Eigenschaften dieser Repräsentationen beschrieben werden können.

2.4.9 Logikbasierte Repräsentationen

Innerhalb des Forschungsgebietes der KI herrscht große Uneinigkeit über die Bedeutung der Logik und ihre Rolle für KI-Systeme. Der Stand der Diskussion ist besonders gut an einer Arbeit von McDermott ([*McDermott 87*]) und gleichzeitig veröffentlichten Reaktionen auf diese Arbeit ablesbar.

McDermotts begründet seine Abkehr von logikbasierten Repräsentationen und dazugehörigen Deduktionsverfahren hauptsächlich mit dem seiner Meinung nach fehlgeschlagenen Versuch, naive Physik bzw. Alltagswissen zu axiomatisieren (siehe [*Hayes 85a*] und Abschnitt 2.3). Für dieses Scheitern macht McDermott die Tatsache verantwortlich, daß die meisten interessanten Alltagsinferenzen keine deduktiven Inferenzen sind, sondern eher nichtmonoton, abduktiv oder statistisch sind. Darüber hinaus hält er es für erforderlich, sich mehr mit Performanztheorien von intelligentem Verhalten als mit Kompetenztheorien zu beschäftigen (siehe auch Abschnitt 1.4.2):

> You cannot start listing facts people know, expressed in logic or any other notation, without saying something about how you assume they will be used by a program, and hence what class of of inferences you are trying to account for. ([*McDermott 87*]: 157)

Die radikalste Äußerung zugunsten von logikbasierten Repräsentationen ist bei [*Kowalski 80*] zu finden:

> There is only one language suitable for representing information - whether declarative or procedural - and that is first-order predicate logic.

Die Reaktionen auf McDermotts Beitrag zeigen allerdings, daß die meisten Forscher die Prädikatenlogik erster Ordnung als beschränkt und nicht universell einsetzbar einschätzen. Zur Überwindung dieser Beschränkungen lassen sich grob zwei Arten von Reaktionen erkennen:

- Die Erweiterung der Prädikatenlogik erster Ordnung durch Berücksichtigung von Nichtmonotonien, Modalitäten, Kontext, etc. (hierzu existieren zahlreiche Veröffentlichungen; in der oben beschriebenen Diskussion vertreten z.B. [*McCarthy + Lifschitz 87*] diesen Standpunkt).

- Die völlige Abkehr von logikbasierten Formalismen und die Erforschung anderer Repräsentationen und Prozesse.

In diese zweite Gruppe gehört z.B. die Einschätzung von [*Hewitt 87*]. Hewitt hält Logik für ungeeignet, die wesentlichen Probleme bei der Repräsentation von Alltagswissen zu bewältigen. Er ergänzt McDermotts Aufzählung der Schwächen logischer Ansätze und betont insbesondere die Unfähigkeit logischer Repräsentationen, Inkonsistenzen in verschiedenen Teilen einer Wissensbasis zuzulassen, und er hebt die Nichtberücksichtigung des Kontextes bei Deduktionen hervor.
Hewitt faßt seinen Standpunkt folgendermaßen zusammen:

> In the *organization* is the power.

> Knowledge is usually not the most important factor in the power of an organization. Other attributes such as management skills and effective execution are usually more important. Furthermore, a weak organization can have a tremendous amount of knowledge provided to it and more available for asking. ([*Hewitt 87*]: 185)

In diesem Abschnitt kann und soll keine erschöpfende Rekonstruktion der Diskussion über die Nützlichkeit von Logik geführt werden. In der vorliegenden Arbeit wird allerdings eine bestimmte Position in dieser Debatte vertreten. Sie ist am ehesten mit der Einschätzung von Hewitt verträglich, denn es wird für bestimmte Teilprobleme eines intelligenten Systems die Nützlichkeit von nicht-logischen piktoriellen Repräsentation sowie dazugehörigen lokalen Prozessen erforscht. Die Hauptbegründung für diese Art der Repräsentation liegt in ihrer den speziellen Problemen angepaßten Organisation. Darüber hinaus wird für nicht-logische Methoden der Inferenz argumentiert (siehe auch [*Lindsay 88*]). Dies wendet sich gegen einen Alleinanspruch logikbasiertes Repräsentationen, schließt aber nicht aus, daß für andere Teilprobleme eines hybriden intelligenten Systems logik-ähnliche Repräsentationen gut geeignet sind.

Kapitel 3

Modellierung von Ereignissen

3.1   Einleitung

Angenommen, ein Außerirdischer gelangt zum ersten Mal zur Erde und landet mit seinem interstellaren Raumgleiter auf dem Dach eines hamburger Hochhauses an der vielbefahrenen Ost-Weststraße. Es ist dem Außerirdischen zwar aufgrund von Erzählungen und Photos bekannt, daß die Bewohner der Erde Fortbewegungsmittel aus Metall benutzen, er hat diese aber noch nie zuvor in Aktion gesehen. Beim Blick vom Hochhaus herunter auf mehrere große Kreuzungen erkennt er deshalb einzelne LKWs und PKWs, die Bedeutung und die Regularitäten von deren Bewegungen sind ihm allerdings zunächst unklar. Der Außerirdische beschließt, den Verkehr solange zu beobachten, bis er die Struktur und den Sinn einzelner Bewegungen einigermaßen verstanden hat, um später davon auf seinem Heimatplaneten zu berichten. Sein wachsendes Verständnis der unterschiedlichen Ereignisse des Verkehrs testet der Außerirdische daran, wie gut seine Vorhersagen über den weiteren Verlauf bestimmter Situationen sind. Als einzige Hilfe hat der Außerirdische einen zufällig anwesenden Hausmeister, der ihn mit den sprachlichen Bezeichnungen von Menschen vertraut macht, indem er auf einzelne Objektbewegungen deutet und die dazugehörigen sprachlichen Konzepte nennt.

Das beschriebene Szenario skizziert ein typisches Beispiel für das Verstehen von Objektbewegungen (hier in Straßenverkehrsszenen). Bedeutungstragende Objektbewegungen, welche sich dadurch auszeichnen, daß sie bestimmte Regularitäten in Raum und Zeit aufweisen, werden im folgenden auch *Ereignisse*[1] genannt. Da bedeutungstragende Ereignisse normalerweise auch Gegenstand von Kommunikation sind, existieren typischerweise zu allen Ereignissen auch sprachliche Konzepte. Deshalb können Ereignisse, die Objektbewegungen

---

[1] Nach [*Miller + Johnson-Laird 76*] sind Ereignisse bedeutungstragende Einheiten des vierdimensionalen Raum-Zeitkontinuums.

charakterisieren, geeignet mit Verben der Bewegung assoziiert werden. Typische Ereignisse in der Domäne der Straßenverkehrsszenen sind beispielsweise 'abbiegen', 'überqueren' und 'entlangfahren'. Mit entsprechenden Verben sind i.A. auch typische Agenten und Lokative einer Szene verbunden. 'Abbiegen' hat z.B. als Handlungsträger Fahrzeuge und als Lokativ typischerweise Kreuzungen bzw. Abzweigungen, während 'überqueren' vorwiegend von Fußgängern ausgeführt wird.

Formuliert man das Verstehen von Objektbewegungen und Ereignissen als Informationsverarbeitungsaufgabe eines universellen intelligenten Systems, lassen sich folgende wichtige Teilprobleme identifizieren:

- Das Lernen von Bewegungskonzepten aufgrund von Beobachtungen sowie das adäquate Abspeichern dieser Bewegungskonzepte. Für ein universelles und flexibles System muß gefordert werden, daß interne Repräsentationen das Ergebnis von Lernprozessen sind, oder zumindestens plausibel als das Ergebnis von Lernprozessen angesehen werden können. Lernen muß dabei immer im Hinblick auf bestimmte mit dem Gelernten zu lösende Probleme betrachtet werden. Die wichtigsten Aufgaben im Zusammenhang mit Bewegungskonzepten sind unter den nachfolgenden Punkten zusammengefaßt.

- Das Erkennen von Bewegungskonzepten wie 'einparken', 'überqueren', 'vorbeifahren', 'überholen', 'abbiegen', etc. in zeitveränderlichen Szenen. Voraussetzung dafür ist normalerweise, daß die einzelnen Objekte, die an den Handlungen teilnehmen, bereits erkannt sind.

- Das sprachliche Beschreiben von Objektbewegungen mit dem Ziel der Kommunikation. Diese Teilaufgabe eines intelligenten Systems ist deshalb von besonderem Interesse, weil hierbei visuell gegebene Information (z.B. die raumzeitlichen Koordinaten einzelner erkannter Objekte) in sprachlich orientierte Information transformiert werden muß.

- Das Vorhersagen von einzelnen oder typischen Objektbewegungen mithilfe gespeicherter Bewegungskonzepte, z.B. um perzeptuelle Prozesse zu vereinfachen und zu beschleunigen.

  Möglichst große Vorhersagekraft ist zur Steuerung von Wahrnehmungen und Handlungen unbedingt erforderlich angesichts der i.A. sehr komplexen Umwelt intelligenter Systeme. Perzeptuelle Prozesse sind von der Berechnung her so komplex, daß man keine reinen datengetriebenen Prozesse annehmen kann (siehe [*Tsotsos 90*]). Da fast immer einschränkende Vorinformation zur Verfügung steht, sollte diese Information auch zur Beschränkung und Beschleunigung visueller Prozesse ausgenutzt werden. Vorinformation kann für ein intelligentes System z.B. in Form von Vorerwartungen, Intentionen, raumzeitlichem Kontext oder sprachlicher Vorinformation vorliegen.

- Raumzeitliches Schließen über Objektbewegungen, z.B. zum Vorhersagen von außergewöhnlichen Situationen und Ereignissen.

Raumzeitliches Schließen ist eine besonders komplexe Variante des Vorhersagens von Objektbewegungen. Typischerweise gehört dazu ein Zusammenspiel von mehreren Ereignismodellen, um Schlüsse über die raumzeitliche Umgebung zu ziehen. Ein Beispiel aus der Domäne Straßenverkehr ist die Vorhersage eines Unfalls aufgrund des vorhergesagten typischen weiteren Verlaufs bereits angefangener Objektbewegungen.

Das Verstehen und Modellieren von Objektbewegungen ist nicht nur für Außerirdische[2] von gewissem Interesse, sondern generell eine wichtige Teilaufgabe für biologische und maschinelle intelligente Systeme. Beispielsweise muß ein autonomer Roboter adäquate Bewegungskonzepte haben von den Objekten der Welt, in der sich der Roboter bewegt. Nur dann kann er die typischerweise sehr große Komplexität bewältigen und z.B. eine flexible kollisionsfreie und den zeitlichen Randbedingungen genügende eigene Bewegungsplanung berechnen.

3.2 Motivation

In der Einleitung wurde bereits angedeutet, warum die Modellierung von Objektbewegungen eine wichtige Teilaufgabe für universelle intelligente Systeme ist und daher eine Erforschung rechtfertigt.

Zusätzlich resultiert die Motivation zur Erforschung dieses Themas aus einigen speziellen Erwägungen, die Gegenstand dieses Abschnittes sind.

Einerseits existieren Vorarbeiten in der KI, welche die Beschränkungen rein propositionaler Ereignismodelle erkennen lassen und die Erforschung piktorieller Repräsentationen zur Lösung von Teilproblemen rechtfertigen. Außerdem sind speziell Lernprozesse innerhalb piktorieller Repräsentation bisher nicht untersucht worden, und wichtige Aspekte kognitiver Konzeptbildung sowie Ergebnisse von Berechnungsmodellen sind Motivation für den speziell gewählten Lernansatz des beispielbasierten Lernens in piktoriellen Repräsentationen.

Darüber hinaus stellt die in Abbildung 3.5 dargestellte und im folgenden weiter spezifizierte Architektur für die Ereignismodellierung einen Ansatz dar, der verschiedene wichtige Aspekte aus den zahlreichen Experimenten zu mentalen und computerinternen Repräsentationen (siehe Abschnitt 2.2 und Abschnitt 2.3) in einem Modell vereint.

3.2.1 Propositionale Ereignismodelle

[Neumann + Novak 83], *[Neumann + Novak 86]*, *[Novak 87]* und *[Neumann 89]* beschreiben einen Ansatz zur Ereignisrepräsentation mithilfe propositionaler Ereignismodelle. Mit die-

---

[2]Versucht man beispielsweise ohne spezielle Vorkenntnisse die Bewegungen von Ameisen eines Ameisenhaufens zu verstehen, ist man auch als Mensch in einer Situation, die der des Außerirdischen sehr ähnlich ist. Auch Kinder sind oft in einer vergleichbaren Lage, sie sehen bestimmte Entitäten der Welt, bekommen zusätzliche Hinweise der Art: 'Dies ist ein X', und generieren daraus Konzepte.

ser Repräsentation können Ereignisse in Straßenverkehrsszenen erkannt werden und anschließend natürlichsprachlich beschrieben werden.

Der Transformationsprozeß von bildhafter quantitativer Information zu sprachlicher qualitativer Information zerfällt dabei in mehrere Schritte, die im Abbildung 3.1 dargestellt sind (siehe auch [*Neumann + Mohnhaupt 88*]).

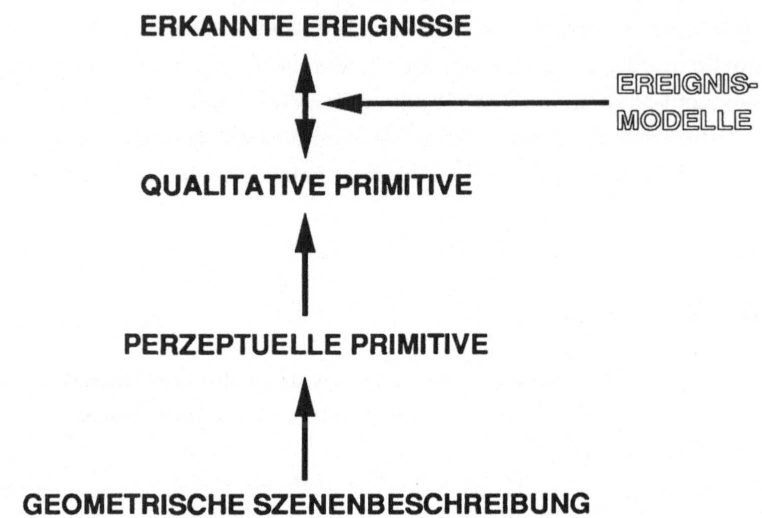

Abbildung 3.1: Repräsentationsebenen bei der propositionalen Ereigniserkennung

Die Eingabe, welche von [*Neumann + Novak 83*] *Geometrische Szenenbeschreibung* (GSB) genannt wird, besteht im Wesentlichen aus Daten über die raumzeitliche Lage der in der Szene enthaltenen Objekte im folgenden Format:

(LAGE [Objektbezeichner] [xyz-Koordinate] [Orient.-Vektor] [Zeitintervall])

Darüber hinaus existieren Einträge über das Aussehen von Objekten und deren Klassenzugehörigkeit. Abbildung 3.2 zeigt einen Ausschnitt einer geometrischen Szenenbeschreibung, der die raumzeitlichen Koordinaten eines Objekts charakterisiert.

Ereignismodelle werden in diesem Ansatz mit Verben der Bewegung, wie 'überholen', 'abbiegen', etc. assoziiert. Sie bestehen, wie in Abbildung 3.3 und in Abbildung 3.4 zu sehen ist, aus einem Kopf und einem Körper. Der Kopf beschreibt das Ereignis als Proposition und der Körper enthält Prämissen, die wahr sein müssen, damit das Ereignis als erkannt gilt. Der Körper besteht aus Elementarereignissen, die i.A. Objektvariable und Zeitvariable besitzen. Die Variablen müssen aufgrund der Einträge der GSB instantiiert werden, wobei Zeitvariablen einer speziellen Behandlung bedürfen (siehe [*Neumann + Novak 86*],

```
(VW1 (20 100 8) (4 1 0) 2 3)
(VW1 (40 105 8) (4 1 0) 3 4)
(LKW1 (160 50 15) (1 0 0) 13 14)
       ...
(GEBÄUDE1 (100 -60 70) (0 1 0) 26 27)
       ...
(GRÖSSE LKW1 GROSS)
       ...
```

Abbildung 3.2: Einträge in der GSB

(ÜBERHOLEN OBJ1 OBJ2 T1 T2)  (BEWEGEN OBJ1 T1 T2)
(BEWEGEN OBJ2 T1 T2)
(HINTER OBJ1 OBJ2 T1 T3)
(NEBEN OBJ1 OBJ2 T3 T4)
(VOR OBJ1 OBJ2 T4 T2)
(NÄHERN OBJ1 OBJ2 T1 T3)
(ENTFERNEN OBJ1 OBJ2 T4 T2)

Abbildung 3.3: Propositionales Ereignismodell für 'überholen'

(ABBIEGEN OBJ1 OBJ2 T1 T2)  (DREHEN OBJ1 T1 T2)
(PARALLEL OBJ1 OBJ2 T1 T3)
(AUF OBJ1 OBJ2 T1 T4)
(NICHT-AUF OBJ1 OBJ2 T4 T2)

Abbildung 3.4: Propositionales Ereignismodell für 'abbiegen'

[*Neumann 89*]). Der Körper eines Ereignisses charakterisiert gewissermaßen notwendige und hinreichende Bedingungen für die Gültigkeit des dazugehörigen Ereignisses.

Wenn alle Ereignisse in einer bestimmten gegebenen geometrischen Szenenbeschreibung erkannt worden sind, werden verschiedene nichttriviale Algorithmen angewendet, um eine kohärente Szenenbeschreibung in deutscher Sprache zu generieren. Darauf wird im Rahmen dieser Arbeit nicht weiter eingegangen, eine detaillierte Beschreibung der Transformationsschritte zur Generierung kohärenter sprachlicher Äußerungen ist bei [*Novak 87*] zu finden.

[*Andre + Bosch + Herzog + Rist 86*] präsentieren einen ähnlichen Ansatz zur propositionalen Ereigniserkennung, der zusätzlich das inkrementelle Erkennen von Ereignissen erlaubt, d.h. es können auch angefangene aber noch nicht vollendete Ereignisse erkannt werden. Die Autoren verwenden dabei endliche Automaten als Repräsentation und modellieren Teilerkennungen von Ereignissen als Teiltraversierung des Automatenübergangsdiagramms.

Nachteile propositionaler Ereignismodelle

Die oben beschriebenen Arbeiten von Neumann und Novak zeigen, daß propositionale Ereignismodelle für eine Ereigniserkennung in zeitveränderlichen Szenen und als Basisrepräsentation für das Generieren natürlichsprachliche Beschreibungen von beobachteten Szenen gut geeignet sind. Angesichts der in Abschnitt 3.1 beschriebenen generellen Anforderungen an Ereignismodelle haben propositionale Ereignismodelle dennoch die folgenden Schwächen:

- Das Vorhersagen von Objektbewegungen mithilfe von propositionalen Ereignismodellen ist unpräziser als nötig. Dies wird an einem Beispiel verdeutlicht.

Angenommen, ein kognitives System weiß durch Vorinformation oder durch den raum-zeitlichen Kontext, daß in einer beobachteten Szene ein Abbiegevorgang stattfinden wird, und möchte sein in Abbildung 3.4 beschriebenes propositionales Ereignismodell für eine Vorhersage ausnutzen. Die Vorhersage sollte dabei einem typischen zu er-wartenden Abbiegevorgang entsprechen, der mit den momentanen Randbedingungen der beobachteten Szene verträglich ist. Mit einer adäquaten Vorhersage können z.B. visuelle Prozesse gesteuert werden.

Eine Ausnutzung des qualitativen Prädikats '(ON PKW BIEBERSTRASSE T1 T4)' läßt keine quantitative Vorhersage zu. Zu diesem Prädikat existieren unendlich viele Einzelvorhersagen, welche nicht in typische oder weniger typische Vorhersagen unter-teilt werden können. Außerdem enthält das Prädikat keine Angaben über zu erwar-tendes Geschwindigkeitsverhalten. Darüber hinaus kann allein aufgrund des proposi-tionalen Ereignismodelles nicht garantiert werden, daß eine Vorhersage physikalisch plausibel ist. Selbst ein physikalisch unzusammenhängend auf der Bieberstraße sprin-gender PKW erfüllt das Prädikat (ON PKW BIEBERSTRASSE T1 T4).

- Die fehlende Berücksichtigung von typischen und weniger typischen Ereignissen der oben beschriebenen propositionalen Ereignismodelle verhindert eine verfeinerte Er-eigniserkennung. Eine Inferenz der Art: 'der PKW ist atypisch abgebogen' ist nicht möglich, weil Prädikate wie 'abbiegen' entweder gelten oder nicht gelten.

Eine Modellierung von typischen Ereignissen verhindert darüber hinaus, daß notwen-dige und hinreichend Bedingungen für Ereignisse definiert werden müssen. Dies ist ein Vorteil, denn es ist bekanntermaßen sehr schwierig und psychologisch unplausibel, notwendige und hinreichende Bedingungen zu finden.

- In [*Novak 87*] und in [*Neumann 89*] wird darauf hingewiesen, daß für eine adäquate Generierung von natürlichsprachlichen Beschreibungen von Szenen, der Erzähler eine Vorstellung davon entwickeln muß, was der Hörer bereits aufgrund der bisherigen Äußerungen über die Szene wissen kann. Novak und Neumann verwenden für die-sen Prozeß den Begriff der 'antizipierten Visualisierung'. Dazu gehört ebenfalls die Repräsentation von typischen und atypischen Beispielen. Dies bestätigt die Aussage der in Abschnitt 2.3 geschilderten Untersuchungen, daß für bestimmte Sprachverste-hensprozesse Visualisierungen, also piktorielle Repräsentationen, notwendig sind.

Einige der Schwächen bisheriger propositionaler Modelle lassen sich prinzipiell durch eine Verfeinerung der propositionalen Beschreibung beheben. Dabei bleibt aber offen, ob die auf den verfeinerten Modellen definierten Prozesse ein adäquates Komplexitätsverhal-ten besitzen. Die im letzten Kapitel geschilderten positiven Erfahrungen mit piktoriellen Repräsentationen der visuellen Welt sind der wesentliche Grund dafür, daß in diesem Kapi-tel die Eignung von piktoriellen Repräsentationen für die Behebung der oben geschilderten Schwächen untersucht wird.

3.2.2   Lernprozesse in analogen Repräsentationen

Weitere Motivation für die Untersuchungen von piktoriellen Repräsentationen in diesem Kapitel beruht auf der großen Bedeutung von Lernprozessen für universelle intelligente Systeme.

Im Allgemeinen kann eine Repräsentation bestimmter Information nur dann als adäquat angesehen werden, wenn die in ihr enthaltene Information das Ergebnis von Lernprozessen ist, oder zumindest plausibel gemacht werden kann, daß sie prinzipiell das Ergebnis von Lernprozessen sein kann. Interessante und bisher nicht untersuchte Fragen sind deshalb, wie Lernprozesse mit piktoriellen Repräsentationen modelliert werden können, und ob piktorielle Repräsentationen bestimmte Lernprozesse besser unterstützen als klassische Repräsentationen.

Die Zusammenfassung der verschiedenen Untersuchungen in der KI in Abschnitt 2.3 hat gezeigt, daß computerinterne piktorielle Repräsentationen bei der Lösung verschiedener Teilprobleme eines intelligenten Systems nützlich sind, u.a. bei Pfadplanungen, bei Problemen der naiven Physik und beim Verstehen von auf Raum bezogenen sprachlichen Äußerungen.

Geht man von der Nützlichkeit spezialisierter piktorieller Repräsentationen aus, muß zusätzlich geklärt werden, wie diese Repräsentation mit anderen Repräsentationen zusammenwirken, und in welcher Relation sie zu Langzeitrepräsentationen stehen. Denn die Annahme piktorieller Repräsentationen führt automatisch zu einem hybriden Repräsentationssystem, weil piktorielle Repräsentationen spezialisiert sind und für verschiedene abstrakte Prozesse nicht genutzt werden können. Daher muß es zusätzliche abstrakte Repräsentationen geben, welche mit piktoriellen Repräsentationen zusammenwirken (siehe auch [*Mohnhaupt 90b*]).

Darüber hinaus ist von speziellem Interesse, ob die oben beschriebenen propositionalen Ereignismodelle prinzipiell aus visuellen Eingaben gelernt werden können und welche Zwischenschritte dafür erforderlich sind. Die beschriebenen propositionalen Ereignismodelle sind bisher alle das Ergebnis mehr oder weniger plausibler Entwurfsprozesse der beteiligten Forscher. Ein mögliches Erlernen dieser Modelle aus visuellen Beobachtungen wurde bisher nicht untersucht und ist teilweise Gegenstand dieser Arbeit.

3.2.3   Beispielbasiertes Lernen

In der Literatur über maschinelles Lernen (siehe z.B. [*Michalski + Carbonell + Mitchell 83*], [*Michalski + Carbonell + Mitchell 86*]) werden verschiedene Lernverfahren diskutiert, z.B. die beiden Hauptströmungen *ähnlichkeitsbasiertes Lernen* und *erklärungsbasiertes Lernen*

Ein relativ wenig beachteter Ansatz ist das sogenannte *beispielbasierte Lernen*. Das Wort 'Beispiel' ist hierbei eine Übersetzung des englischen Wortes 'exemplar', welches besser noch mit 'typisches Beispiel' übersetzt ist. Während bei den meisten Verfahren Konzeptbildung durch Ableitung von Regeln geschieht, welche Regularitäten in den Daten ausdrücken, oder durch Berechnung von notwendigen und hinreichenden Bedingungen, werden beim beispielbasierten Lernen Konzepte lediglich als Sammlung von einzelnen mehr oder weniger typischen Instanzen aufgefaßt.

Berechnungsexperimente zu beispielbasierten Ansätzen sind bei [*Stanfill + Waltz 86*], [*Bradshaw 87*] und [*Kibler + Aha 87*] zu finden. Stanfill und Waltz beschreiben ein System welches, unbekannte Worte ausspricht, nachdem es sie parallel mit einer Vielzahl gespeicherter Beispielsworte auf Ähnlichkeit verglichen hat. Bradshaw präsentiert ein Erkennungssystem für gesprochene Worte. Unbekannte Worte werden mit gespeicherten typischen Beispielen verglichen, wobei der 'Matching'-Algorithmus Generalisierungen berechnen kann. Kibler und Aha untersuchen für beispielbasierte Verfahren, in wieweit eine drastische Reduktion der Beispielmenge und damit eine Reduktion des Speicheraufwandes zu einem Performanzverlust führt. Sie zeigen in der Domäne medizinischer Diagnosen, daß eine kleine Anzahl von typischen Beispielen in den meisten Fällen für eine adäquate Diagnose ausreicht.

Eine Zusammenfassung psychologischer Experimente zu beispielbasierter Konzeptbildung ist bei [*Smith + Medin 81*] zu finden. Smith und Medin untersuchen verschiedene Modelle zur kognitiven Konzeptbildung. Sie teilen die unterschiedlichen Ansätze in drei Klassen ein:

- Klassische Ansätze, in denen zusammenfassende Information aus einzelnen Beispielen abstrahiert wird, und möglichst notwendige und hinreichende Eigenschaften für die Zugehörigkeit zu Konzepten identifiziert werden,

- probabilistische Ansätze, die ebenfalls die Berechnung zusammenfassender Information einzelner Beispiele modellieren, dabei aber zulassen, daß einzelne Eigenschaften der zusammenfassenden Beschreibung mit Wahrscheinlichkeiten gewichtet sind, und

- beispielbasierte Ansätze, welche keine explizite Repräsentation zusammenfassender Information annehmen, sondern Konzepte als Sammlung getrennt beschriebener Beispiele auffassen.

In beispielbasierten Ansätzen existieren die Varianten 'Sammlung aller Beispiele' und 'Sammlung geeigneter typischer Beispiele'. Smith und Medin bezeichnen typische Beispiele in Anlehnung an [*Rosch + Mervis + Gray + Johnson + Boyes-Bream 76*] auch als *Prototypen* (siehe auch Abschnitt 2.2). Prototypen repräsentieren zentrale Eigenschaften unterschiedlicher Beispiele und sind selbst als Einzelbeispiel realisierbar. Es gibt typischerweise mehrere Prototypen für ein Konzept.

[*Smith + Medin 81*] halten insbesondere den beispielbasierten Ansatz für kognitiv erheblich plausibler (siehe dazu auch [*Hintzman 86*]) als klassische Ansätze, sehen aber auch in probabilistischen Ansätzen eine gewisse Plausibilität.

Zusammenfassend läßt sich feststellen, daß sowohl Berechnungsexperimente als auch Untersuchungen zur kognitiven Adäquatheit beispielbasierten Ansätzen eine gewisse Berechtigung verleihen, ohne daß sie als alleingültige Modelle angesehen werden können. Die verschiedenen Untersuchungen motivieren und rechtfertigen damit, einen beispielbasierten Ansatz in piktoriellen Repräsentationen zu untersuchen.

3.2.4 Integration empirischer und theoretischer Ergebnisse

Die in diesem Kapitel vorgeschlagene Architektur ist auch von den verschiedenen Ergebnissen der in Abschnitt 2.2 und Abschnitt 2.3 detailliert beschriebenen Arbeiten motiviert. Diese Arbeiten haben piktorielle Repräsentationen gemeinsam. Diese werden einerseits bei Computerexperimenten genutzt, andererseits bei den psychologischen Experimenten als Erklärung postuliert.

Es liegt nahe, einer piktoriellen Kurzzeitrepräsentation eine zentrale Rolle bei der Repräsentation und Verarbeitung des Gegenständlichen in universellen intelligenten Systemen einzuräumen und gleichzeitig zu untersuchen, wie piktorielle Repräsentationen mit angenommenen propositionalen Langzeitrepräsentationen interagieren können.

Eine zweite wichtige Gemeinsamkeit der beschriebenen Arbeiten ist die Verwendung einfacher lokaler Prozesse, welche auf den piktoriellen Repräsentationen arbeiten. Die Möglichkeit, lokale Operationen anwenden zu können, resultiert aus der Eigenschaft piktorieller Repräsentationen, die repräsentierte Information geeignet zu organisieren.

Einige der lokalen Operationen realisieren eine Sorte von Inferenzen, die sich sehr stark von 'klassischen' logikbasierten Deduktionsverfahren unterscheidet. Diese Art Inferenzen wird in einigen Arbeiten (z.B. [*Lindsay 88*]) als *der* entscheidende Vorteil piktorieller Repräsentationen bezeichnet (siehe auch Abschnitt 2.4.9). Daher sollen in diesem Kapitel auch Inferenzen in piktoriellen Repräsentationen untersucht werden, hier am Beispiel von Inferenzen mit Ereignismodellen.

Der in diesem Kapitel vorgestellte raumzeitliche Puffer ist eine Erweiterung des ausschließlich räumlichen Puffers von [*Kosslyn 80*]. Der raumzeitliche Puffer erlaubt es, auch zeitabhängige Phänomene modellieren zu können. Weitere in diesem Kapitel integrierte Ergebnisse des Kapitels 2 sollen hier nicht im Einzelnen wiederholt werden, Hinweise werden an den entsprechenden Stellen im Text gegeben.

3.3 Repräsentationen und Prozesse

Es zeigt sich, daß für eine Berechnungstheorie zur Modellierung raumzeitlicher Ereignisse sogenannte *perzeptuellen Primitive* die entscheidende Rolle spielen. Als perzeptuelle Primitive werden hier Größen wie Ort und Geschwindigkeit von Objekten, Abstände zwischen Objekten, relative Orientierungen, relative Geschwindigkeiten etc. bezeichnet. Perzeptuelle Primitive bilden gewissermaßen ein Alphabet von Basisgrößen für die Ereignismodellierung. Diese überschaubare Menge von Größen kann allein aufgrund perzeptueller Information robust berechnet werden, und sie eignet sich dazu, z.B. Ereignisse wie 'einparken', 'abbiegen' oder 'überholen' in Straßenverkehrsszenen zu modellieren. Beim 'abbiegen' spielt beispielsweise die Geschwindigkeit eines Fahrzeugs, sein Abstand zum Kantstein und seine relative Orientierung zum Kantstein eine entscheidende Rolle.

Sowohl mit der Berechnungstheorie als auch mit den in diesem Kapitel vorgeschlagenen Repräsentationen und Prozessen wird nicht der Anspruch erhoben, eine der Verarbeitung des menschlichen kognitiven Systems entsprechenden Theorie zu formulieren. Dennoch werden die Überlegungen mit den vorhandenen psychologischen Erkenntnissen (siehe Kapitel 2) motiviert. Über die Repräsentation und Verarbeitung von Ereignissen existieren aber zu wenig psychologische Erkenntnisse, um eine ausreichend abgesicherte Informationsverarbeitungstheorie zu entwickeln. Wenn aber zu bestimmten Eigenschaften des in diesem Kapitel vorgestellten Modells psychologische Ergebnisse bekannt sind, werden die Bezüge dazu an entsprechender Stelle diskutiert.

Das zentrale Problem bei der Umsetzung der Berechnungstheorie in adäquate Repräsentationen und Algorithmen besteht darin, daß in einer typischen Szene mit mehreren bewegten und vielen statischen Objekten die Anzahl der zu berechnenden perzeptuellen Primitive sehr groß ist. Man kann deshalb i.A. nicht davon ausgehen, daß alle möglichen Primitive gleichzeitig mit den perzeptuellen Prozessen berechnet werden können. Darüber hinaus ist bei Lernprozessen nach der Beobachtung einiger weniger Beispiele zunächst nicht klar, welche perzeptuellen Primitive entscheidend sind.

Eine Lösung dieses Problems besteht darin, sich von den zeitlichen Randbedingungen der komplexen Eingaben abzukoppeln, indem Objektbewegungen zunächst so detailliert gespeichert werden, daß sie bei Bedarf für systeminterne Simulationen reproduziert werden können. Daher wird hier ein Ansatz verfolgt, der zunächst nur elementare Information über Orte und Geschwindigkeiten von bewegten Objekten speichert. Diese Information ist einfach zu extrahieren und vollständig, denn sie erlaubt es, komplette Bewegungsverläufe zu einem späteren Zeitpunkt intern zu simulieren und dann bisher nicht berechnete perzeptuelle Primitive zu extrahieren.

Systeminterne Simulationen sind darüber hinaus auch für die Lösung anderer wichtiger Probleme vorteilhaft. Sie werden zum Lernen von Bewegungskonzepten, zum Vorhersagen von angefangenen Bewegungsverläufen und für Prozesse des raumzeitlichen Schließens genutzt.

Ein entscheidender Beitrag des in diesem Kapitel untersuchten Ansatzes besteht darin, daß interne Simulationen in einer piktoriellen Repräsentation ausgeführt werden. Daraus resultiert ein wesentlicher Komplexitätsvorteil. Er besteht darin, daß in der piktoriellen Repräsentation, dem sogenannten *'raumzeitlichen Puffer'*, Lern- Vorhersage- und Schließprozesse als einfache lokale Operationen ausgedrückt werden können, und daß physikalische Randbedingungen in Eigenschaften der Repräsentation übersetzt werden können und daher keinen zusätzlichen Berechnungsaufwand erfordern.

Die piktorielle Repräsentation wird komplementiert durch eine propositionale Ereignisrepräsentation, welche wie in anderen bekannten Ansätzen (siehe z.B. *[Neumann + Novak 86]*, *[Andre + Bosch + Herzog + Rist 86]*, *[Neumann 89]*) für eine effiziente Ereigniserkennung ausgenutzt wird. Die propositionale Ereignisrepräsentation dient hier auch als Teil einer Langzeitrepräsentation, an welche zusätzliche Information zum Instantiieren des als Kurzzeitrepräsentation verwendeten raumzeitlichen Puffers gekoppelt ist.

Die in diesem Kapitel untersuchte Architektur bei der Ereignisrepräsentation ist in Abbildung 3.5 zusammengefaßt (siehe auch [*Mohnhaupt 90a*], [*Mohnhaupt + Neumann 91*]). In den Kästen auf der linken Seite der Abbildung sind die verwendeten Repräsentationen zu sehen, und auf der rechten Seite sieht man die Aufgaben, die mit den entsprechenden Repräsentationen gelöst werden. Die wichtigsten Komponenten innerhalb dieser Arbeit sind fett gedruckt:

1. Der piktorielle raumzeitliche Puffer, eine analoge und quantitative Kurzzeitrepräsentation zum Lernen von Objektbewegungen, für Vorhersagen bzw. Visualisierungen und für Prozesse des raumzeitlichen Schließens. Die Operationen im raumzeitlichen Puffer sind hauptsächlich einfache lokale Aktivierungs- und Inhibitionsprozesse.

2. Propositionale Ereignismodelle für eine Ereigniserkennung und für Langzeitspeicherung. Die Operationen auf den propositionalen Modellen sind logik-ähnliche Deduktionen. Außerdem ist mit den propositionalen Modellen Information assoziiert, die es erlaubt, bei Bedarf einen raumzeitlichen Puffer zu instantiieren.

Die weiteren Abschnitte dieses Kapitels behandeln die folgenden Themen: In Abschnitt 3.4 wird eine Berechnungstheorie für die Ereignismodellierung beschrieben. Abschnitt 3.5 befaßt sich mit dem Lernen von Objektbewegungen in der piktoriellen Repräsentation und mit der Berechnung von geometrieunabhängigen generischen Ereignismodellen. In Abschnitt 3.6 wird beschrieben, wie gelernte Bewegungskonzepte für das Vorhersagen einzelner Bewegungsverläufe und für wichtige Prozesse des raumzeitlichen Schließens ausgenutzt werden, und wie eine propositionale Langzeitrepräsentation von Ereignissen und eine piktorielle Kurzzeitrepräsentation von Ereignissen zusammenwirken. In Abschnitt 3.7 wird dargestellt, wie bei einer zweistufigen Ereigniserkennung mithilfe einer hybriden Ereignisrepräsentation zwischen typischen und atypischen Ereignissen unterschieden werden kann. Der Abschnitt 3.8 dient schließlich einer Zusammenfassung der wesentlichen Ergebnisse dieses Kapitels.

3.4   Berechnungstheorie

Unter Berücksichtigung der in Abschnitt 3.1 formulierten generellen Ziele einer Modellierung von Ereignissen soll in diesem Abschnitt untersucht werden, welche Informationen für das Lernen von Ereignissen und eine adäquate Ereignismodellierung relevant sind. Diese Überlegungen sind unabhängig davon, wie die Information repräsentiert wird und welche Algorithmen im Einzelnen verwendet werden, um die Aufgaben im Zusammenhang mit Ereignismodellen zu lösen (siehe auch Abschnitt 1.4.2).

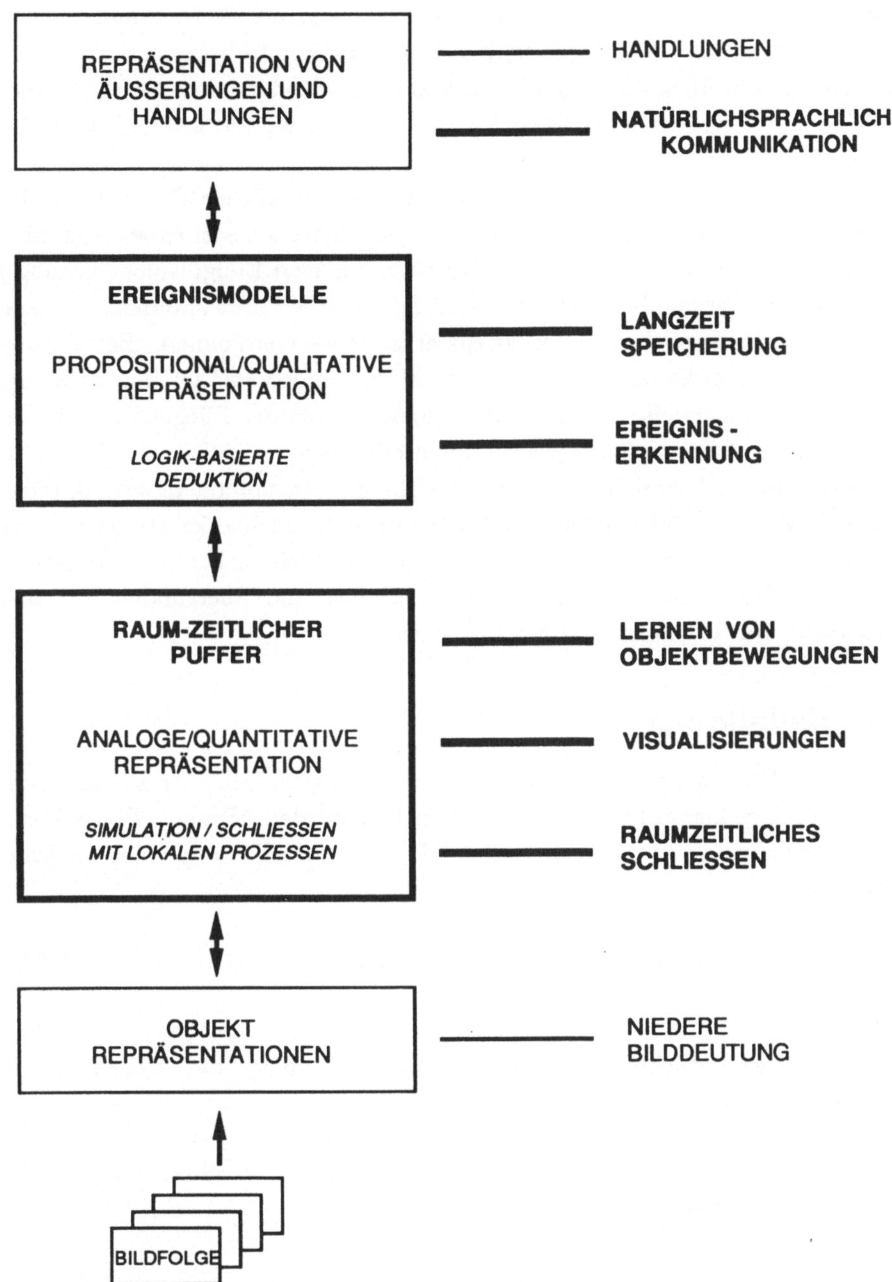

Abbildung 3.5: Objektbewegungen: Repräsentationen und Prozesse

Im folgenden werden nur solche Ereignisse diskutiert, die sich anhand perzeptueller Information definieren lassen. Ereignisse, bei denen bestimmte Vorerwartungen oder umfangreiches Weltwissen über die betrachtete Szene entscheidend sind, z.B. 'weiterfahren-obwohl-die-Ampel-rot-anzeigt' oder 'bremsen-weil-eine-Ölspur-vermutet-wird', werden hier nicht behandelt[3].

Darüber hinaus wird davon ausgegangen, daß die raumzeitlichen Position einzelner Objekte einer Szene bekannt sind, z.B. in Form einer geometrischen Szenenbeschreibung (siehe Abschnitt 3.2), und daß diese Information die Basis für eine Ereignismodellierung bildet. Mit dieser Annahme werden die relativ seltenen Spezialfälle ausgeklammert, in denen Objekte erst aufgrund ihres zeitlichen Verhaltens erkannt werden können. Beispielsweise erkennt man eine im Raum herumfliegende Fliege oft nur an den ruckartigen Richtungswechseln. Man kann normalerweise während des Fluges Details der Fliegenform, die zu einer rein räumlichen Identifizierung nötig wären, nicht erkennen.

Die in diesem Kapitel modellierte Sorte von Ereignissen kommt in sehr unterschiedlichen Situationen vor, z.B.: 'überholen' und 'abbiegen' in Straßenverkehrsszenen, 'zuspielen' und 'Doppelpaß' in Fußballszenen, 'landen', 'starten' und 'einparken' in Flughafenszenen, 'abschleppen' und 'Stapellauf' in Hafenszenen, 'überholen' und 'überrunden' in Dauerlaufszenen, 'Pirouette' und 'Rittberger' in Eislaufszenen, usw.

3.4.1 Modellbildung

Gesucht wird eine Basismenge von deskriptiven Eigenschaften, mit der alle möglichen Ereignisse dieser Ereignisklasse hinreichend beschrieben werden können. Diese Menge von Eigenschaften, gewissermaßen das Alphabet der Ereignismodellierung, sollte verschiedenen Kriterien genügen:

- Die Eigenschaften sollten robust und effizient aus den Daten (z.B. einer GSB) berechenbar sein.

- Sie sollten die wesentlichen Information explizit machen und damit nachfolgende Prozesse vereinfachen.

- Die Menge sollte vollständig sein, d.h. es sollte prinzipiell möglich sein, jedes Ereignis damit zu charakterisieren.

- Sie sollte kompakt sein und deshalb aus weitgehend voneinander unabhängigen Elementen bestehen. Unabhängigkeit ist hierbei relativ zu den Kosten der Berechnung zu sehen, d.h. zwei Primitive sind voneinander unabhängig, wenn sie in der zur Verfügung stehenden Zeit nicht voneinander abgeleitet werden können.

---

[3]Eine Modellierung von Vorerwartungen im Zusammenhang mit bestimmten Ereignissen wird bei [*Retz-Schmidt 85*] beschrieben.

Entscheidende Information für eine Charakterisierung raumzeitlicher Ereignisse liefern sogenannte **perzeptuelle Primitive**. Perzeptuelle Primitive sind Basisgrößen zur Beschreibung von Positionen und Positionsänderungen von Objekten sowie zur Beschreibung von raumzeitlichen Objektkonfigurationen. Die Bedeutung dieser Größen für die Ereignismodellierung wird im Rahmen dieser Arbeit als unmittelbar plausibel angesehen. Eine Ableitung der Primitive aus noch elementarerer Information ist nicht Gegenstand der Untersuchungen. Die Menge der perzeptuellen Primitive umfaßt:

1. Ort (xy)

2. Orientierung (o)

3. Geschwindigkeitsrichtung (r)

4. Geschwindigkeitsbetrag (b)

5. Orientierungsänderung (do)

6. Geschwindigkeitsrichtungsänderung (dr)

7. Geschwindigkeitsbetragsänderung (db)

8. Abstand (*rel-xy*)

9. Orientierung relativ zu einer Referenzorientierung (*rel-o*)

10. Geschwindigkeitsrichtung relativ zu einer Referenzgeschwindigkeit (*rel-r*)

11. Geschwindigkeitsbetrag relativ zu einer Referenzgeschwindigkeit (*rel-b*)

12. Orientierungsänderung relativ zu einer Referenzorientierung (*rel-do*)

13. Geschwindigkeitsrichtungsänderung relativ zu einer Referenzrichtungsänderung (*rel-dr*)

14. Geschwindigkeitsbetragsänderung relativ zu einer Referenzgeschwindigkeit (*rel-db*)

Die perzeptuellen Primitive zerfallen in zwei Klassen: **Basisprimitive** (Nr. 1 bis 7 der Liste) sind rein objektbezogene Größen, und **abgeleitete Primitive** (Nr. 8 bis 14 der Liste) sind Größen, die Relationen zwischen Objekten beschreiben. Für die Berechnung der abgeleiteten Primitive ist die Berechnung der Basisprimitive Voraussetzung. Beispielsweise kann man den Abstand zweier Objekte nur dann bestimmen, wenn deren Position bekannt ist.

Ein bestimmtes Ereignismodell läßt sich jeweils durch eine Untermenge der perzeptuellen Primitive charakterisieren, nämlich genau mit denjenigen Primitiven, die Invarianzen über verschiedene Instanzen dieses Ereignisses aufweisen.

Je nach dem, ob Basisprimitive oder abgeleitete Primitive ein bestimmtes Ereignis charakterisieren, kann man verschiedene Sorten von Ereignissen unterscheiden:

- Ereignisse, bei denen Basisprimitive - z.B. die Art der Bewegung - eine entscheidende Rolle spielen. 'Anfahren' in Straßenverkehrsszenen gehört in diese Kategorie, weil es dabei im wesentlichen auf das Beschleunigungsverhalten aus der Ruhelage ankommt und weniger auf Relationen zu anderen Objekten. 'Pirouetten' und 'Rittberger' beim Eislaufen sind ebenfalls durch die Form der Bewegungen charakterisiert, es kommt z.B. nicht darauf an, wo dieses Ereignis stattfindet und wo sich andere Objekte befinden.

- Ereignisse, die hauptsächlich durch abgeleitete Primitive bestimmt sind. Beispielsweise spielt beim 'abschleppen' in Hafenszenen der räumliche Abstand zwischen dem Schlepper und dem abgeschlepptem Boot eine wichtige Rolle, und beim 'nebeneinanderherfahren' in Straßenverkehrsszenen kommt es ebenfalls wesentlich auf die Relation der zwei bezeichneten Objekte an, auf deren Abstand und deren relative Orientierung.

Nicht alle Ereignisse fallen genau in eine der beiden Klassen, es existieren auch Zwischenformen. Beispielsweise kommt es beim 'abbiegen' in Straßenverkehrsszenen sowohl auf eine Relation zwischen Objekten, dem Abstand zwischen PKW und Kantstein an, als auch auf die Geschwindigkeit des PKW, eine rein objektbezogene Größe.

3.4.2 Lernen

Für das Lernen der mithilfe perzeptueller Primitive zu konstituierenden Ereignismodelle besteht eine entscheidende Frage darin, wann die perzeptuellen Primitive von einem intelligenten System berechnet werden sollten. Es treten zwei zeitliche Probleme auf:

1. Die Anzahl zu berechnender abgeleiteter Primitive in einer komplexen Szene ist so groß, daß nicht davon ausgegangen werden kann, daß sie alle simultan mit der aufgenommenen perzeptuellen Information berechnet werden können. Angenommen, eine Straßenverkehrsszene enthält etwa 30 interessante Objekte (z.B. PKWs, Häuser, Kantsteine, Bäume, Straßen, Fußgänger, LKWs, etc.). Die Anzahl zu berechnender abgeleiteter Primitive ergibt sich aus der Anzahl der Objektpaare multipliziert mit der Anzahl der Primitive, d.h. in der hier angenommenen Szene sind 3045 raumzeitliche Relationen zu berechnen[4].

   Ein im folgenden beschrittener Ausweg aus diesem Zeitproblem liegt darin, zunächst nur Basisprimitive der Szene zu berechnen mit dem Ziel, die Szene später bei Bedarf rekonstruieren zu können und dann bisher nicht berechnete abgeleitete Primitive extrahieren zu können.

---

[4]Diese Zahl entspricht sogar nur einer unteren Schranke bei der angenommenen Szene, denn zusätzlich können Primitive bedeutsam sein, die sich auf mehrere Objekte beziehen, z.B. die Orientierung eines Objektes relativ zur Orientierung der Verbindungslinie zweier anderer Objekte.

2. Ereignisinstanzen, welche Grundlage für einen Lernprozeß sind, können zeitlich sehr weit auseinanderliegen. Beispielsweise können zwei verschiedene Instanzen des Ereignismodells 'zuspielen' in Fußballszenen an zwei verschiedenen Tagen und Orten beobachtet werden.

Auch aus diesem Grund ist es nicht ökonomisch, beim Beobachten der ersten Ereignisinstanz alle möglichen perzeptuellen Primitive zu berechnen und dann auf weitere Instanzen zu warten, um invariante Ereigniseigenschaften herauszufinden. Besser ist es, zunächst nur Basisprimitive über Ereignisinstanzen zu speichern, sie später zu rekonstruieren und erst dann abgeleitete Primitive zu berechnen, wenn genügend Instanzen für einen Abstraktionsprozeß vorliegen.

Die Speicherung der Basisprimitive reicht zunächst aus, weil sie prinzipiell eine vollständige Rekonstruktion der wahrgenommenen raumzeitlichen Ereignisse zulassen. Aus Angaben über Ort und Geschwindigkeit aller Objekte einer Szene zu allen Zeitpunkten kann der raumzeitliche Ablauf komplett rekonstruiert werden, und es können die in diesen Angaben implizit gespeicherten abgeleiteten Primitive berechnet werden.

In den abgeleiteten Primitiven allein wäre die zur vollständigen Rekonstruktion nötige Information nicht notwendigerweise enthalten. Beispielsweise ist aus einer Angabe über relative Geschwindigkeiten die Absolutgeschwindigkeit nicht mehr rekonstruierbar.

Das Vorgehen, zunächst nur Basisprimitive zu speichern, entspricht intuitiv auch kognitiven Strategien bei der Klassifizierung unbekannter raumzeitlicher Bewegungen. Angenommen man betrachtet zum ersten Mal den Tanz einer Biene. Ohne weitere Hinweise ist es zweckmäßig, sich den raumzeitlichen Verlauf eines Tanzes so gut wie möglich zu merken, und sich dafür die Spur des Tanzes und die Geschwindigkeit beim Fliegen einzuprägen.

Erst wenn man mehrere Tänze beobachtet hat, kann man Lernprozesse zur Konzeptbildung anstoßen und von den einzelnen Bewegungen abstrahieren. Dies erfordert, vergangene Bewegungen möglichst gut zu reproduzieren, um sie mit anderen Bewegungen vergleichen zu können. Gleich beim Betrachten der ersten Instanz eines Tanzes arbiträre Relationen zu anderen Objekten zu berechnen und zu speichern widerspricht dem Ökonomieprinzip der kleinsten Verpflichtung (siehe [*Marr 82*]).

Leider existieren noch keine psychologischen Untersuchungen, welche diese hauptsächlich introspektiv motivierten Einsichten objektiv stützen.

3.5 Lernen von Bewegungskonzepten

Im folgenden wird das Lernen von Bewegungskonzepten anhand von Objektbewegungen in Straßenverkehrsszenen erforscht. Diese Domäne wurde sowohl aus pragmatischen Gründen ausgesucht als auch deshalb, weil sich an ihr die meisten Probleme der in Abschnitt 3.4 aufgezählten Domänen beispielhaft und mit geringem Verlust an Allgemeinheit untersuchen lassen.

Es wird davon ausgegangen, daß ein Beobachter unterschiedliche Straßenverkehrsszenen beobachtet und allgemeine Kenntnisse über die in Straßenverkehrsszenen beteiligten Objekte hat, aber nicht über spezielle Bewegungskonzepte verfügt.

Als Eingabe werden eine Vielzahl von Bewegungstrajektorien angenommen, welche Bestandteile von unterschiedlichen Ereignissen sind und die aus gegenwärtigen und vergangenen Beobachtungen resultieren. Eine ideale Ausgabe der verschiedenen Lernprozesse sind kompakte Ereignisbeschreibungen der verschiedenen Ereignisklassen, z.B. 'überholen'-Ereignisse, 'abbiegen'-Ereignisse, 'überqueren'-Ereignisse', 'vorbeifahren'-Ereignisse, 'entlanggehen'-Ereignisse, usw. Die gelernten Repräsentationen sollten Erkennungs- und Vorhersageprozesse, sowie raumzeitliches Schließen und die Kommunikation über Ereignisse unterstützen (siehe auch Abschnitt 3.1).

Es wird weiterhin angenommen, daß raumzeitliche Positionen und Identität einzelner Objekte als Ergebnisse einer niederen Bilddeutung gegeben sind, und daß der stationäre Hintergrund der Szene bereits analysiert ist, oder mithilfe des raumzeitlichen Kontextes erschlossen worden ist.

Weil davon ausgegangen wird, daß bisher kein Vorwissen über die Ereignisse bekannt ist, werden zunächst nur die perzeptuellen Basisprimitive Ort und Änderung des Ortes (Geschwindigkeit) einer Objekttrajektorie gespeichert. Es wird dabei eine piktorielle Repräsentation verwendet, welche analog bezüglich der Basisprimitive zu dem beobachteten Weltausschnitt ist, und damit eine reichhaltige und dicht an Wahrnehmungsergebnissen orientierte Repräsentation realisiert. Erst nach der Ansammlung von vielen Ereignissen werden in diesem Ansatz weitere Abstraktionen berechnet.

Ausgehend von einzelnen Beispielen in einer konkreten geometrischen Umgebung werden mehrere Lernschritte beschrieben bis hin zu qualitativen propositionalen Ereignisbeschreibungen, die unabhängig von einer bestimmten Geometrie sind. Die einzelnen Schritte zerfallen in:

- Ansammlung von Beispielen (Abschnitt 3.5.1),

- Berechnen von Generalisierungen und Prototypen (Abschnitt 3.5.2),

- Berechnung von generischen Ereignismodellen (Abschnitt 3.5.3) und

- Schritte zu propositionalen Ereignisbeschreibungen (Abschnitt 3.5.4).

Da der Schwerpunkt dieser Arbeit auf der Untersuchung piktorieller Repräsentationen liegt, werden zu den Algorithmen, die innerhalb des raumzeitlichen Puffers ablaufen, eine Reihe von Berechnungsexperimenten gezeigt. Sie untermauern die entworfenen Konzepte und stützen die Hypothese, daß piktorielle Repräsentationen zur Lösung verschiedener Aufgaben gut geeignet sind.

Die ersten zwei Lernschritte, Anhäufung von Einzelbeispielen und Berechnung von Generalisierungen, realisieren ein beispielbasiertes Lernverfahren (siehe Abschnitt 3.2). Der hier

verfolgte Ansatz unterscheidet sich von anderen beispielbasierten Ansätzen (siehe [*Kibler +
Aha 87*], [*Bradshaw 87*], [*Stanfill + Waltz 86*]), weil hier beispielbasiertes Lernen innerhalb
einer piktoriellen Repräsentation erforscht wird, während die anderen Arbeiten beispielbasierte Lernverfahren in propositionalen Repräsentationen untersuchen.

3.5.1   Anhäufung einzelner Beispiele

Für die Anhäufung einzelner Beispiele wird ein 'raumzeitlicher Puffer' ausgenutzt, eine
Erweiterung des räumlichen Puffer von [*Kosslyn 80*] (siehe Abschnitt 2.3.2). Das Anhäufen
ist dabei eine von mehreren Aufgaben[5], welche mithilfe des Puffers gelöst werden können.

Der Puffer ist ein vierdimensionales Anhäufungsfeld **C** (**x**, **y**, **r**, **b**), das einen bestimmten Ausschnitt der xy-Ebene der beobachteten Szene bedeckt[6]. Für jedes xy-Paar existieren
Zählerzellen für alle möglichen Geschwindigkeitsbeträge b und Geschwindigkeitsrichtungen
r.

In Bild 3.6 ist als Beispiel der Puffer dargestellt, der für die im folgenden beschriebenen
Berechnungsexperimente verwendet wurde. Im diesem Puffer gibt es 50x50 Zählerzellen für
xy-Positionen, pro xy-Zelle je 8 Zählerzellen für Geschwindigkeitsrichtungen r (von 0 bis 315
Grad in 45-Grad Quantisierungen), und je 11 Zellen für b, den Betrag der Geschwindigkeit
(0 bis 66 km/h in Quantisierungen von 6km/h Schritten).

Ein Vektor S_i (**x**, **y**, **r**, **b**) beschreibt den Bewegungszustand eines Objekts zu einer bestimmten Zeit[7]. Ein beliebiges **S** einer Objekttrajektorie besteht aus Größen, welche durch
den Beobachter einer Szene wahrgenommen werden können, und für dessen Wahrnehmung
kein apriori Wissen über Ereignisse erforderlich ist.

Jede beobachtete oder aus der Erinnerung eingetragene Objekttrajektorie hinterläßt im
raumzeitlichen Puffer durch Inkrementierung der einzelnen Zähler eine Spur 'getroffener'
Zählerzellen. Wenn mehrere Objekttrajektorien gespeichert werden, werden auch mehrere
(möglicherweise dieselben) Zellen inkrementiert, ohne daß zwischen verschiedenen Objekten
unterschieden wird. Dieselben Zellen werden von zwei verschiedenen Trajektorien aber nur
dann getroffen, wenn sie sich an demselben Ort mit derselben Geschwindigkeit (in Betrag
und Richtung) treffen.

Nach der Beobachtung bzw. Eintragung vieler Objekttrajektorien besteht der raumzeitliche Puffer aus Gebieten mit unterschiedliche hohen Zählerständen. Er repräsentiert
ein Typikalitätsfeld, ohne daß weitere Berechnungen nötig sind. Hohe Zählerstände entsprechen in diesem Typikalitätsfeld Erfahrungen, welche durch viele Beispiele gestützt ist.

---

[5]In [*Mohnhaupt 87*] und [*Mohnhaupt + Neumann 89a*] wurde der Puffer 'Trajektorienanhäufungsfeld'
(TAF) genannt, weil er zu diesem Zeitpunkt nur für diese eine Aufgabe ausgenutzt wurde.

[6]In der Domäne Straßenverkehrsszenen wird hier von Bewegungen in z-Richtung abstrahiert.

[7]Dieser Ansatz unterscheidet sich von Ansätzen über die Speicherung physikalischer Zustände zur Kontrolle dynamischer Systeme (siehe [*Michie + Chambers 68*], [*Connell + Utgoff 87*]). Der Hauptunterschied
ist, daß die hier genutzte Repräsentation so organisiert ist, daß mögliche Vorhersagen nur in lokaler Nachbarschaft eines Zustandsvektors gefunden werden können (siehe auch Abschnitt 3.6). Dies erlaubt lokale
Vorhersage- und Lernprozesse.

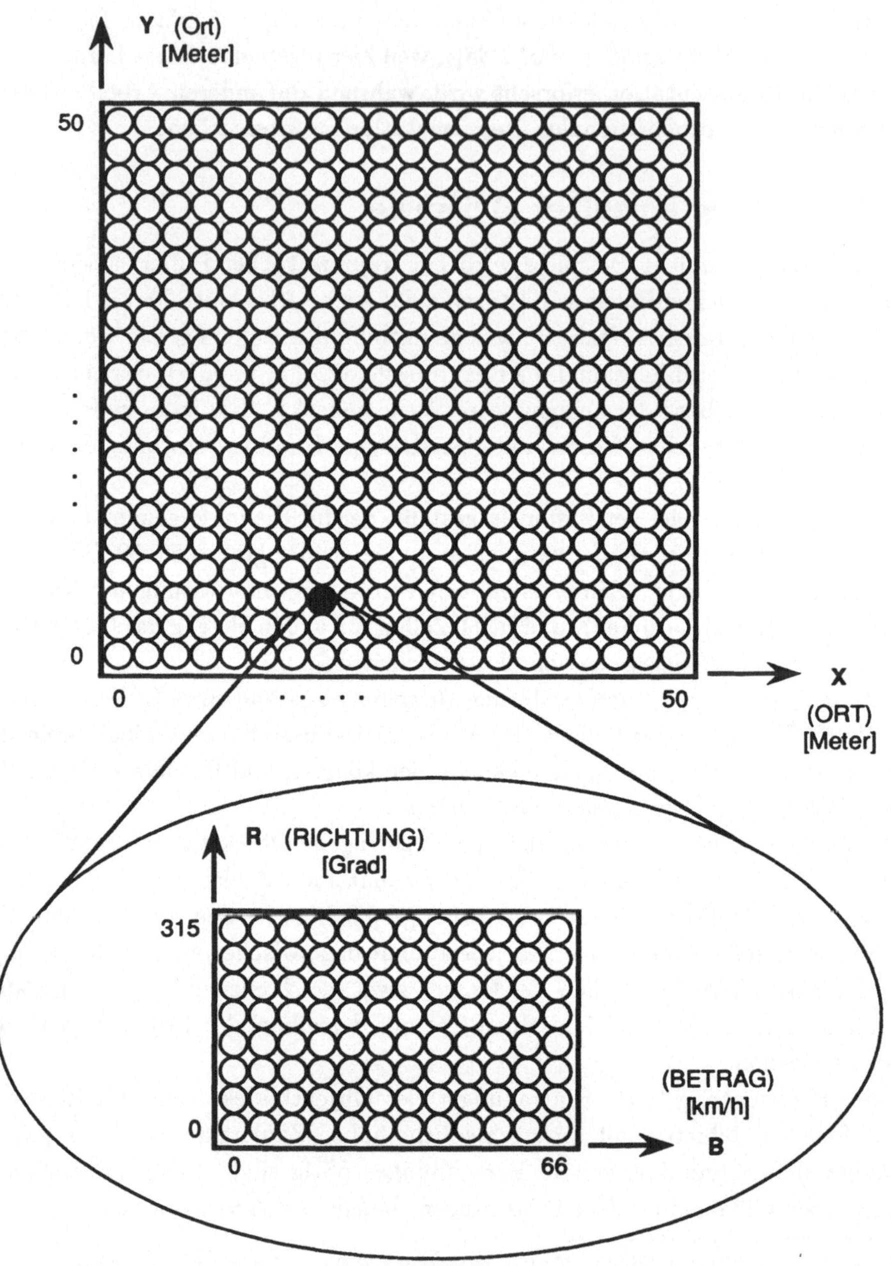

Abbildung 3.6: Raumzeitlicher Puffer im Trajektorienanhäufungsmodus

Alle Eintragungen im Zählerfeld resultieren aus beobachteten Einzelbeispielen, auch bei unterschiedlich hohen Zählerständen.

Bevor zur Anhäufung einzelner Beispiele experimentelle Ergebnisse gezeigt werden, werden zunächst zwei weitere Verarbeitungsschritte beschrieben.

3.5.2 Generalisierungen und Prototypen

Zwei Überlegungen führen zu den nächsten Schritten:

- Man kann i.A. nicht davon ausgehen, daß ein System beobachtete Beispiele für alle denkbaren Situationen zur Verfügung hat, daher werden Generalisierungen von den Beobachtungen benötigt.

- Es gibt Situationen, in denen nur sehr typische Beispiele benötigt werden und in denen von einzelnen weniger wichtigen Beobachtungen abstrahiert werden muß, z.B. für verschiedene Aufgaben des raumzeitliches Schließens (siehe Abschnitt 3.6). Eine explizite Repräsentation des Typischen ist deshalb vorteilhaft. Es kann u.a. auch für eine kompakte und effiziente Langzeitspeicherung von Ereignismodellen ausgenutzt werden.

Generalisierungen

Ein naheliegender Generalisierungsschritt auf dieser Verarbeitungsebene besteht darin, von den beobachteten Beispielen auf ähnliche Trajektorien zu schließen. Dies reflektiert die Annahme, daß eine bestimmte beobachtete Trajektorie prinzipiell auch mit etwas anderem Orts- und Geschwindigkeitsverlauf hätte beobachtet werden können.

Die piktorielle Repräsentation und deren analoge Abbildung von Orts- und Geschwindigkeitsverhalten erlaubt es, diesen Generalisierungsschritt als lokale Operation auszudrücken. Der formulierte Ähnlichkeitsbegriff entspricht im Ortsbereich dem euklidischen Abstand in der piktoriellen Repräsentation. Die Generalisierung wird durch Propagation der Zählerwerte in die lokale Nachbarschaft in allen vier Dimensionen[8] realisiert.

Die **Generalisierungsoperation** ersetzt jede Zählerzelle des raumzeitlichen Puffers durch das gewichtete Mittel aller Nachbarn senkrecht zur Bewegungsrichtung. Zellen in Bewegungsrichtung tragen proportional zur positiven Differenz bei. Anschaulich beschrieben behält eine Trajektorie ihre Form und wird leicht nach links und rechts verschoben. Dabei werden auch abweichende Geschwindigkeitsbeträge entlang der Trajektorie zugelassen. Eine einmalige Anwendung der Generalisierungsoperation erreicht jeweils die direkten Nachbarn einer Zählerzelle. Die Generalisierungsoperation kann als Spezialfall eines nichtparametrischen Lernens über einem diskretisierten Argumentbereich angesehen werden, das von Parzen entwickelt wurde (siehe [*Nagel 88*]).

---

[8]Die in unterschiedlichen Dimensionen unterschiedlich grobe Geschwindigkeitsquantisierung der hier beschriebenen Implementation erfordert dimensionsabhängige Propagationsparameter.

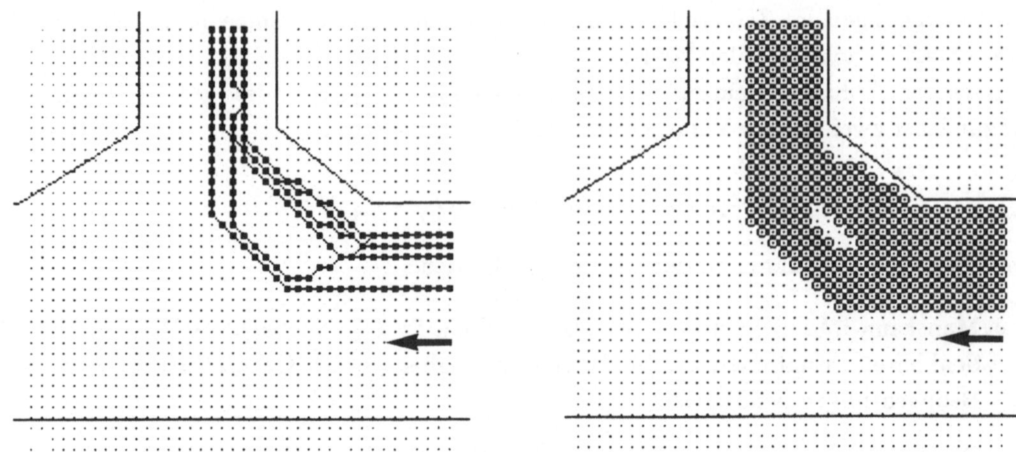

Abbildung 3.7: Puffer mit Abbiegetrajektorien vor und nach Generalisierung

Die Auswirkungen der Generalisierungsoperation sind in Abbildung 3.7 zu sehen[9]. Das linke Bild der Abbildung zeigt eine Kreuzung aus der Vogelperspektive. Dünne schwarze Linien markieren die Kantsteine der Straße und die kleinen schwarzen Punkte deuten die Positionen der Rasterpunkte des Puffers an. Statische Objekte sind hier und in allen weiteren Experimenten wie in Kosslyns Modell (siehe [*Kosslyn 80*]) als Menge von zusammenhängenden Zellen im Puffer eingetragen. Acht mithilfe eines Trajektorieneditors simulierte Abbiegetrajektorien sind als Ketten kleiner schwarzer Quadrate gezeigt, welche jeweils den Massenmittelpunkt des abbiegenden Fahrzeugs repräsentieren. Die von einer Trajektorie getroffenen Zählerzellen des Puffers wurden inkrementiert.

Das rechte Bild zeigt die Aktivierungen der Puffers nach zweimaliger Anwendung der Generalisierungsoperation. Spuren von Aktivierungswerten sind als Ketten offener Kreise markiert, ohne daß in dieser Abbildung zwischen verschieden hohen Aktivierungswerten unterschieden wird. Information über die beobachteten Objektbewegungen wurde in die lokale Nachbarschaft propagiert. Gleiches gilt auch für die Nachbarschaften bezüglich des Betrages der Geschwindigkeit. Dieser Effekt wirkt sich im Puffer aus, er ist in Abbildung 3.7 nicht sichtbar, weil es sich dabei um eine Projektion der Pufferinformation auf die xy-Dimensionen handelt.

Nach Anwendung der Generalisierungsoperation kann im Puffer nicht mehr unterschieden werden zwischen Aktivierungswerten, die auf direkten Beobachtungen beruhen und solchen, die durch Generalisierung entstanden sind.

---

[9]Diese und die weiteren in diesem Kapitel gezeigten experimentellen Ergebnisse zeigen Resultate der Implementation eines raumzeitlichen Puffers und darauf definierter lokaler Prozesse. Die Implementation wurde auf einer SYMBOLICS 3640 in Zeta-LISP programmiert. Es sind jeweils Bildschirmkopien abgebildet, die zwei der vier Dimensionen der Puffers (xy) sowie eingetragene Aktivierungswerte zeigen.

Prototypen

Ein weiterer sinnvoller Verarbeitungsschritt besteht darin, die Pufferrepräsentation so zu transformieren, daß sie in eine prototypische und kompaktere Beschreibung überführt werden kann. Diese Beschreibung darf nur die wesentliche Information über die repräsentierten Objektbewegungen enthalten, und sie muß von unwesentlicher Information abstrahieren.

Die in einem Puffer repräsentierte Häufigkeitsverteilung markiert Typizität einzelner beobachteter oder generalisierter Trajektorien mithilfe der Höhe der Aktivierungswerte von Zählerzellen. Spuren entlang lokaler Maxima spielen deshalb im raumzeitlichen Puffer eine besondere Rolle. Sie bilden ein Muster typischer Trajektorien, welches lokal maximal durch beobachtete Beispiele gestützt ist. Dieses Muster wird im folgenden **Skelett** eines Puffers genannt.

Einzelne Trajektorien des Skeletts werden als **Prototypen** bezeichnet, wegen zahlreicher Übereinstimmungen mit dem in der Literatur verwendeten Begriff, sowohl bei den Untersuchungen zur vertikalen Kategorisierung von [*Rosch + Mervis + Gray + Johnson + Boyes-Bream 76*] als auch bei [*Smith + Medin 81*] in den Untersuchungen zu beispielbasierten Ansätzen.

Prototypen repräsentieren das Zentrum einer Kategorie (hier eines bestimmten Ereignisses) und nicht deren Variabilität, und jeder Prototyp kann gleichzeitig Instanz einer Objektbewegung sein. Dabei müssen Prototypen nicht einem beobachteten Einzelbeispiel direkt entsprechen (siehe Abschnitt 2.2.7 und Abschnitt 3.2.3), denn ihre Form kann das Ergebnis lokaler Generalisierungsoperationen sein. Die Anzahl und die Form der Prototypen hängt von der Beispielmenge ab. Ein Skelett kann im Extremfall, bei weitgehender Homogenität der Beispiele, nur einen einzelnen Prototypen enthalten.

Die für einen weiteren Abstraktionsschritt sinnvolle Anzahl der Prototypen eines Skeletts von einem Ereignismodell hängt von der zu lösenden Aufgabe ab, für die der Puffer genutzt werden soll. Für einige Aufgaben, z.B. für präzise Vorhersagen, sind Details erforderlich, für andere Aufgaben, z.B. für eine undetaillierte sprachliche Beschreibung einer beobachteten Szene, ist lediglich eine Grobsicht auf die im Puffer enthaltene Information entscheidend. Die Grobsicht auf einen Puffer muß nur die Hauptmaxima der Häufigkeitsverteilung enthalten, Nebenmaxima mit geringeren Aktivierungswerten sollten bei der Berechnung einer Grobsicht auf die Pufferinformation unterdrückt werden.

Die piktorielle Repräsentation erlaubt es, diese Funktionalität ebenfalls als einfache lokale Operation zu realisieren. Die Operation wird im folgenden **Konvergenzoperation** genannt. Die Anwendung dieser Operation resultiert in einer Betonung typischer Pufferinformation dadurch, daß hohe Zählerwerte hervorgehoben und niedrigere Zählerwerte unterdrückt werden.

Jede Zelle inkrementiert bei der Konvergenzoperation alle diejenigen Zellen, die zu ihr hinführen, proportional zu ihrem eigenen Aktivierungswert. Dadurch werden Spuren mit

hohen Zählerständen im Vergleich zu Spuren mit niedrigeren Zählerständen weiter erhöht.
Der Effekt der Konvergenzoperation wird anhand von Beispielen demonstriert.

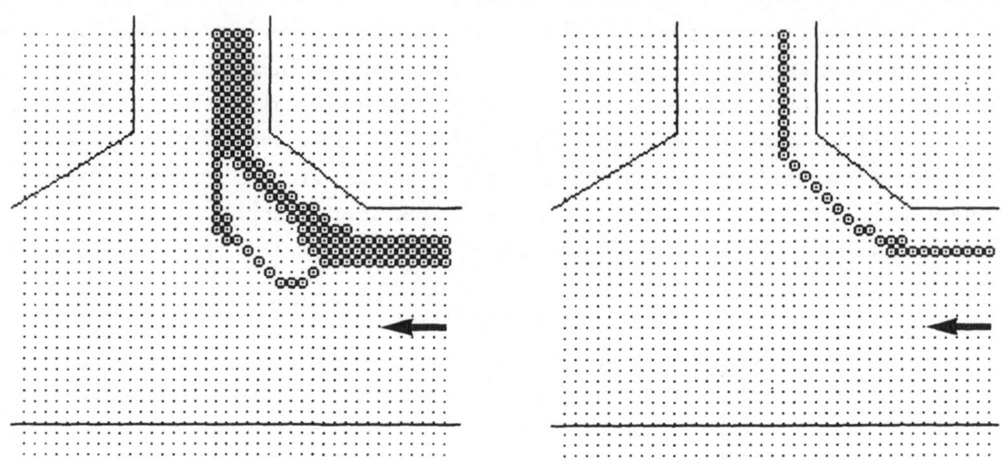

Abbildung 3.8: Skelette nach verschiedenen Graden der Konvergenz

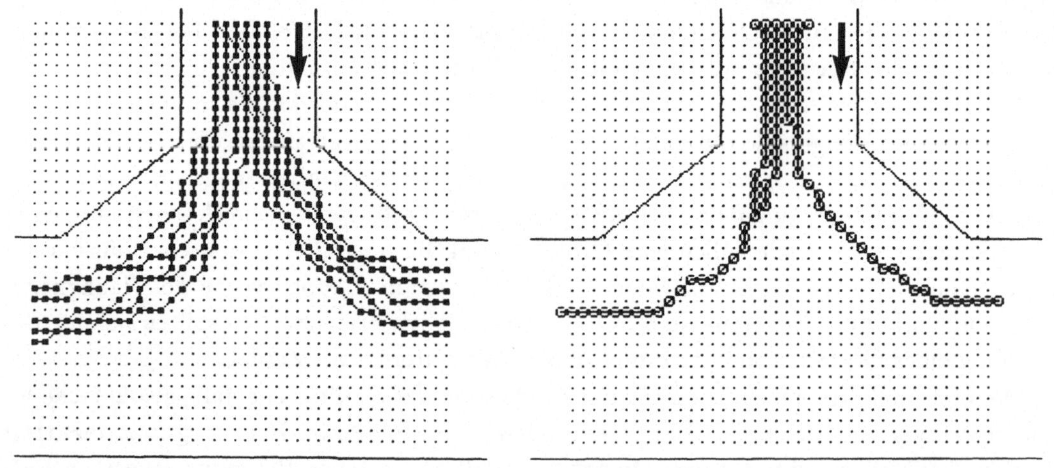

Abbildung 3.9: Beispielmenge und Skelett nach Anwendung lokaler Operationen

Die Abbildung 3.8 zeigt die xy-Projektion zweier verschiedener Skelette der Beispielmenge von Abbiegetrajektorien aus Abbildung 3.7. Zunächst wurde die Generalisierungsoperation angewandt und danach verschiedene Grade der Konvergenzoperation. In der

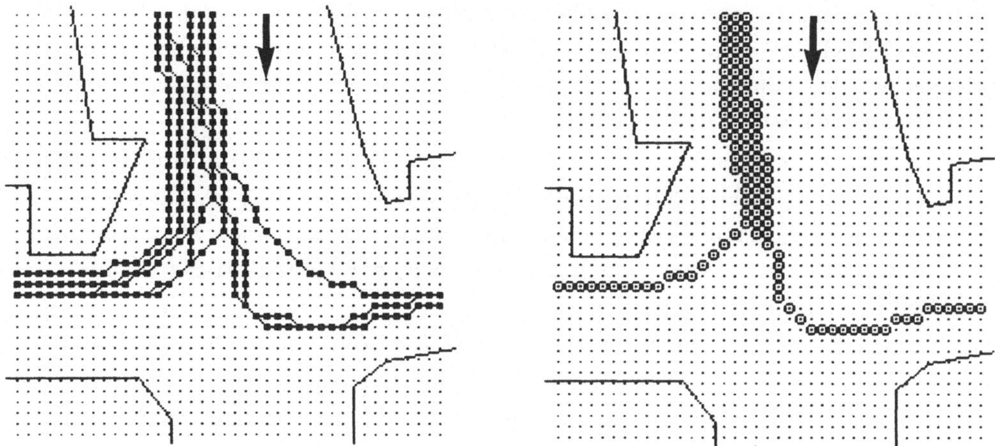

Abbildung 3.10: Eine andere Beispielmenge und Skelett

linken Abbildung besteht das Skelett noch aus mehreren relativen Maxima, während in der rechten Abbildung nur ein Prototyp übrig geblieben ist, alle anderen Prototypen wurden durch die Konvergenzoperation eliminiert. Diese Abbildung zeigt gewissermaßen die gröbste Sicht auf die Beispielmenge aus Abbildung 3.7.

In Abbildung 3.9 und in Abbildung 3.10 sind auf der linken Seite jeweils zwei unterschiedliche Beispielmengen von Abbiegetrajektorien unterschiedlicher Kreuzungen abgebildet, und die rechte Seite zeigt jeweils das berechnete Skelett als Menge von Prototypen nach Anwendung von Generalisierungs- und Konvergenzoperationen. Das Skelett enthält in beiden Fällen nur typische Abbiegetrajektorien bezogen auf die Beispielmenge. Es gibt jeweils zwei konzeptuelle Einheiten, welche 'Linksabbiegen' und 'Rechtsabbiegen' auf den jeweiligen Kreuzungen entsprechen. Die Prototypen eignen sich für eine kompakte und abstrakte Repräsentation der jeweiligen Beispielmengen.

Speicherung von Einzelbeispielen und Prototypen

Das Speichern von Einzelbeispielen ist immer dann erforderlich, wenn Elemente einer Beispielmenge zeitlich getrennt sind, z.B. wenn zwei Abbiegetrajektorien an unterschiedlichen Tagen beobachtet werden. Es wäre unnötig aufwendig, wegen eines Beispiels den gesamten Puffer abzuspeichern. Darüber hinaus wird aus Effizienzgründen und aufgrund psychologischer Evidenz davon ausgegangen (siehe Abbildung 3.5), daß dem System nur ein raumzeitlicher Puffer zur Verfügung steht, welcher aufgabenabhängig mit unterschiedlichen Informationen gefüllt werden kann. Daher müssen einzelne Beispiele so abgespeichert werden können, daß sie bei Bedarf ohne Informationsverlust wieder in den raumzeitlichen Puffer eingetragen werden können.

Die Speicherung der oben beschriebenen Prototypen dient der kompakten Ereignisbeschreibung. Auch sie müssen so gespeichert werden, daß sie bei Bedarf in den Puffer eingetragen werden können, z.B. um Schlüsse über typisches Verhalten von Objekten zu ziehen (siehe Abschnitt 3.6).

Da hier ein beispielbasierter Lernansatz gewählt wurde, sind Prototypen als Einzelbeispiel realisierbar. Deshalb kann sowohl für Prototypen als auch für Einzelbeispiele die gleiche Art der Speicherung vorgesehen werden. Prototypen können aber von Einzelbeispielen unterschieden werden, weil sie im Langzeitspeicher unterschiedlich behandelt werden (siehe Abbildung 3.21).

Eine kompakte Beispiel- und Prototypbeschreibung kann dadurch realisiert werden, daß Anfangspunkt und Anfangsgeschwindigkeit in der entsprechenden Szenengeometrie spezifiziert werden und das Beispiel bzw. der Prototyp als Abfolge von raumzeitlichen Formelementen ausgehend vom Anfangspunkt definiert wird.

Die inhärente Zeitstruktur einer Ereignisinstanz ist damit in der Repräsentation reflektiert, auf bestimmte Teilelemente einer Instanz kann nur über das Vorgängerelement zugegriffen werden.

Eine einfache Möglichkeit einer sequentiellen Beispiel- und Prototyprepräsentation besteht in der Verwendung eines erweiterter Kettenkodes. Kettenkodes wurden ursprünglich für die Repräsentation 2-dimensionaler Formen vorgeschlagen (siehe z.B. [*Ballard + Brown 82*]).

Der Kettenkode repräsentiert eine Instanz bzw. einen Prototyp als Folge von Geradenstücken, welche in 45-Grad Schritten quantisiert sind. Damit existieren acht verschiedenen Geradenrichtungen, die mit den Zahlen von 1 bis 8 kodiert werden. Die Zahl 1 steht für 'Nord', die 2 steht für 'Nord-Ost', usw. im Uhrzeigersinn. Eine Geschwindigkeitserhöhung oder -verringerung von einem Element zum nächsten wird durch einen positiven oder negativen Index kodiert. Es können dadurch keine physikalisch unplausiblen Geschwindigkeitssprünge repräsentiert werden. Der oft erhobene Vorwurf unplausibler Sequentialität der Kettenkodebeschreibung für statische Formen gilt gerade nicht für die Modellierung zeitlicher Abläufe.

Die Abbildung 3.11 zeigt als Beispiel die Kettenkoderepräsentation des Skeletts auf der rechten Seite von Abbildung 3.8. Das Skelett besteht in diesem Fall aus zwei Prototypen.

Die in diesem Kapitel häufige Nähe der vorgeschlagenen Repräsentationen zu Erklärungsmodellen für psychologische Untersuchungen gilt für die Kettenkoderepräsentation nur bezüglich einzelner Aspekte. Die Erkenntnisse über kognitive Repräsentationen raumzeitlicher Formen lassen zwar eine Vielzahl von möglichen Modellen zu, dennoch sind einige Aspekte einer Kettenkoderepräsentation mit Sicherheit nicht kognitiv adäquat und eher technisch motiviert. Dies gilt z.B. für die verwendete Art der Richtungsquantisierung und für die Modellierung einer Kurve als Folge von Geradenstücken.

Von anderen Aspekten, z.B. der inhärenten Sequentialität der Repräsentation, kann eher erwartet werden, daß sie auch in kognitiven Repräsentationen vorzufinden sind. Die

Prototyp-1
Anfangskoordinaten: 39/19
Anfangsgeschwindigkeit: 5 (entspricht 24 km/h)
Pfad: 7,7,7,7,7,7-,7,7,7,8,8,7,8,8,8,8,8,8,8,1,1+,1+,1,1,1,1,1,1,1,1,1,1,

Prototyp-2
Anfangskoordinaten: 39/19
Anfangsgeschwindigkeit: 5 (entspricht 24 km/h)
Pfad: 7,7,7,7,7-,7,7,8,7,7,8,7,8,8,8,8,8,8,8,1,1+,1+,1,1,1,1,1,1,1,1,1,1

Abbildung 3.11: Kettenkoderepräsentation zweier Prototypen eines Skeletts

inhärente Sequentialität einer Bewegungsrepräsentation kann z.B. die Ergebnisse von [*Freyd 83*] und das postulierte Repräsentationsmoment erklären (siehe dazu auch Abschnitt 2.2, insbesondere die Versuche über die Extrapolation von Bewegungen). Wenn man ein Bild einer Objektbewegung sieht, entspricht dies Bild einem bestimmten Bestandteil der Gesamtbewegung, beispielsweise einem bestimmten Segment der Kettenkoderepräsentation. Dieses Segment steht in direkter Verbindung mit seinem Nachfolger, dem nächsten zu erwartenden Abschnitt der Bewegung. Es hat aber keine direkte Verbindung zu seinem Vorgänger. Diese Tatsache kann erklären, daß bei Wiedererkennungstests das Bild einer Bewegung zwar oft mit dem nächsten zu erwartenden Bild verwechselt wird, aber nur sehr selten mit dem Vorgängerbild verwechselt wird[10] (siehe Abschnitt 2.2).

Vergessen von alten Beispielen

Ein typisches Problem vieler Lernverfahren besteht darin, daß zwei verschiedene Beispiele immer gleichgewichtet werden, unabhängig davon, wie aktuell oder alt diese Beispiele sind. Insbesondere in Domänen, in denen interne Modelle aufgrund einer großen Anzahl von Beispielen gebildet werden können, sind die besten und flexibelsten Modelle diejenigen, die eine aktuelle Beispielmenge reflektieren und ältere Beispiele weniger gewichten bzw. ganz vergessen.

Beispielsweise wird in der Domäne Straßenverkehrsszenen eine Beispielmenge von Abbiegetrajektorien im Winter wegen geänderter Straßenverhältnisse andere Regularitäten (z.B. geringere Geschwindigkeit) aufweisen als im Sommer. Ein Lernverfahren, welches neue Bei-

---

[10]Die tieferliegende Ursache für diese Ergebnisse besteht vermutlich darin, daß Menschen Prädiktionen entlang der Zeitachse erheblich öfter benötigen, als Prädiktionen entgegen der Zeitrichtung. Die Eigenschaften der Repräsentation reflektieren lediglich diese Anforderung nach langen Anpassungsprozessen mithilfe inhärenter Eigenschaften.

spiele höher gewichtet als ältere Beispiele wird in solchen Situationen eher ein adäquates Modell herausbilden können als ein Lernverfahren, das alle Beispiele gleichgewichtet.

Eine interessante Eigenschaft der piktoriellen Repräsentation von Häufigkeitsverteilung im raumzeitlichen Puffer liegt darin, daß eine einfache lokale Operation sicherstellen kann, daß ältere Beispiele schrittweise vergessen werden und neuere Beispiele damit relativ höher bewertet werden.

Eine **Vergessensoperation** wird folgendermaßen definiert: Immer wenn neue Beispiele in ein Anhäufungsfeld des Puffers eingetragen werden, dekrementiert jede Zählerzelle ihren Aktivitätswert um einen konstanten Betrag, welcher klein ist im Vergleich zum Inkrement beim Eintrag einer neuen Trajektorie.

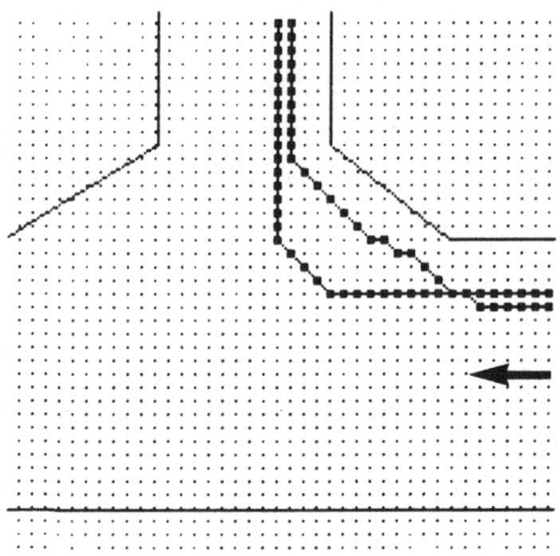

Abbildung 3.12: Beispielmenge

In Abbildung 3.13 wird der Effekt dieser lokalen 'Vergessens'-operation gezeigt. Es sind zwei Skelette zu sehen, die auf der gleichen Beispielmenge (siehe Abbildung 3.12) und den gleichen lokalen Generalisierungs- und Konvergenzoperationen beruhen. Der Unterschied besteht darin, das die Beispiele in unterschiedlicher Reihenfolge eingegeben wurden und daher im Puffer nach Alter unterschiedlich gewichtet sind. Im linken Beispiel wurden Abbiegetrajektorien, welche dichter am Kantstein entlangführen, zuletzt eingetragen und dominieren damit das Modell. Im rechten Beispiel wurden dagegen Trajektorien mit größerem Bogen zuletzt eingetragen. Sie tragen daher mehr zum Modell bei, als die Trajektorien mit geringerem Abstand zum Kantstein.

Für die lokale Vergessensoperation lassen sich unterschiedliche Funktionalitäten realisieren, je nach Berechnung des Dekrements. Wird bei jedem Eintrag einer neuen Trajektorie das Zählerfeld um einen konstanten Betrag dekrementiert, werden Einzelgänger schneller vergessen als Trajektorien, die auf mehreren Beispielen beruhen. Dekrementiert man

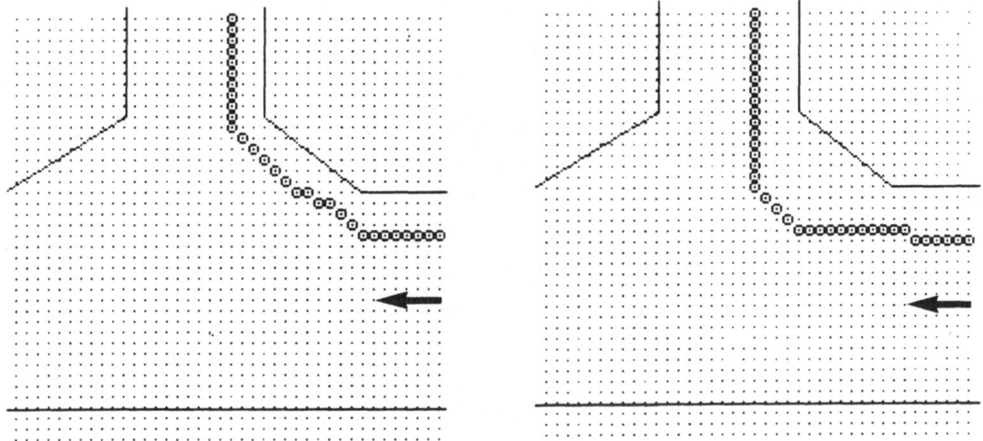

Abbildung 3.13: Vergessen alter Beispiele

Zählerzellen bei jedem Neueintrag proportional zum Aktivierungswert einer Zelle, werden dagegen alle Beispiele eines bestimmten Alters gleich schnell vergessen.

Das Verhältnis zwischen Dekrement pro Zelle und Inkrement beim Neueintrag von Trajektorien bestimmt die Größe der aktuellen Beispielmenge, denn es legt fest, nach jeweils wieviel Neueinträgen eine alte Trajektorie vollständig vergessen ist.

3.5.3 Generische Modelle

Die im letzten Abschnitt beschriebenen Resultate der Anhäufung und Verarbeitung einzelner Beispiele von Objektbewegungen sind weitgehend geometriespezifisch, weil sie auf Beispielen einer bestimmten Szenengeometrie beruhen. Ein natürlicher nächster Schritt zur Berechnung generischer Modelle besteht darin, Ereigniseigenschaften zu berechnen, welche unabhängig von bestimmten Szenengeometrien sind.

Erst generische Modelle kombinieren Information aus unterschiedlichen Situationen und erlauben es, auch Vorhersagen für unbekannte Geometrien zu berechnen, für die keine direkten Beispiele vorliegen. Dies ist ein wichtiger Generalisierungsschritt, denn ein intelligentes System kann angesichts der komplexen Umwelt nicht davon ausgehen, direkte Erfahrungen für jede mögliche Situation zu haben. Diese Art der Generalisierung kann auch als Berechnung von Analogien angesehen werden.

Die zentrale Idee für die Berechnung generischer Modelle liegt darin, im ersten Schritt die Menge der in Abschnitt 3.4 beschriebenen abgeleiteten perzeptuellen Primitive sowie fehlende Basisprimitive zu berechnen. Die Berechnung wird situationsabhängig entweder für verschiedene Einzelbeispiele oder für Prototypen unterschiedlicher Geometrien durchgeführt. In einem zweiten Schritt werden dann invariante Ereigniseigenschaften aus der Menge der perzeptuellen Primitive als Basis für eine generische Ereignisbeschreibung ausgewählt.

Der erste Schritt, die Berechnung perzeptueller Primitive, findet innerhalb des raumzeitlichen Puffers statt, während der zweite Schritt, die Berechnung der invarianten Ereigniseigenschaften, außerhalb des Puffers geschieht.

Die generische Ereignisbeschreibung kann insbesondere dazu genutzt werden, Erfahrungen aus einer bestimmten geometrischen Umgebung auf eine andere Umgebung zu übertragen und dort sinnvolle Vorhersagen zu berechnen. Wenn man also beispielsweise die invarianten perzeptuellen Primitive von 'abbiegen'-Ereignissen kennt, kann prototypische 'abbiegen'-Information einer beobachteten Kreuzung auf eine bisher nicht beobachtete Kreuzung übertragen werden. Die invarianten Eigenschaften müssen dafür an die vorliegende neue Geometrie angepaßt werden. Auch diese Transformation kann geeignet im raumzeitlichen Puffer mit lokalen Operationen durchgeführt werden.

Berechnung perzeptueller Primitive

Die für die Berechnung der in Abschnitt 3.4 aufgezählten perzeptuellen Primitive notwendige Information ist implizit im raumzeitlichen Puffer enthalten, wenn statische Objekte und Beispieltrajektorien bzw. Prototypen eingetragen sind.

Es gibt eine sinnvolle Reihenfolge für die Berechnung und den Vergleich von perzeptuellen Primitiven verschiedener Ereignisinstanzen. Primitive mit niedrigerer Ordnung sollten zuerst ausgewertet werden, d.h. beispielsweise sollte die Geschwindigkeit verschiedener Objektbewegungsinstanzen vor der Beschleunigung der Instanzen verglichen werden. Wenn die Geschwindigkeit invariant ist, folgt automatisch Invarianz für die Beschleunigung. Deren Berechnung ist damit nicht mehr informativ und diese Größe sollte daher für eine kompakte Ereignisbeschreibung nicht herangezogen werden.

Für die Berechnung der fehlenden Basisprimitive (z.B. Beschleunigung) ist es erforderlich, die Geschwindigkeit der Beispieltrajektorie oder des Prototyps zu verfolgen und daraus die Beschleunigung abzuleiten. Für die Berechnung der abgeleiteten perzeptuellen Primitive (z.B. relative Orientierung zwischen zwei Objekten) müssen jeweils Relationen zwischen zwei Objekten berechnet werden.

Die Repräsentation einer Szene im raumzeitlichen Puffer erlaubt es, auch für diese Berechnungen einfache lokale Operationen zu verwenden. Ein isotroper vom Bezugsobjekt ausgehender Propagationsprozeß in der xy-Ebene realisiert diese Funktionalität.

In Abbildung 3.14 sind zwei Beispiele skizziert, einerseits für die Berechnung der relativen Orientierung zwischen Objekten (links) und andererseits für die Berechnung des Abstandes zwischen zwei Objekten (rechts).

Auf der linken Seite von Abbildung 3.14 wird die relative Orientierung von Objekt 2 und Objekt 3 zu Objekt 1 berechnet. Objekt 1 sendet dazu Information über die eigene Orientierung in alle Richtungen. Alle im Puffer eingetragenen Objekte empfangen diese

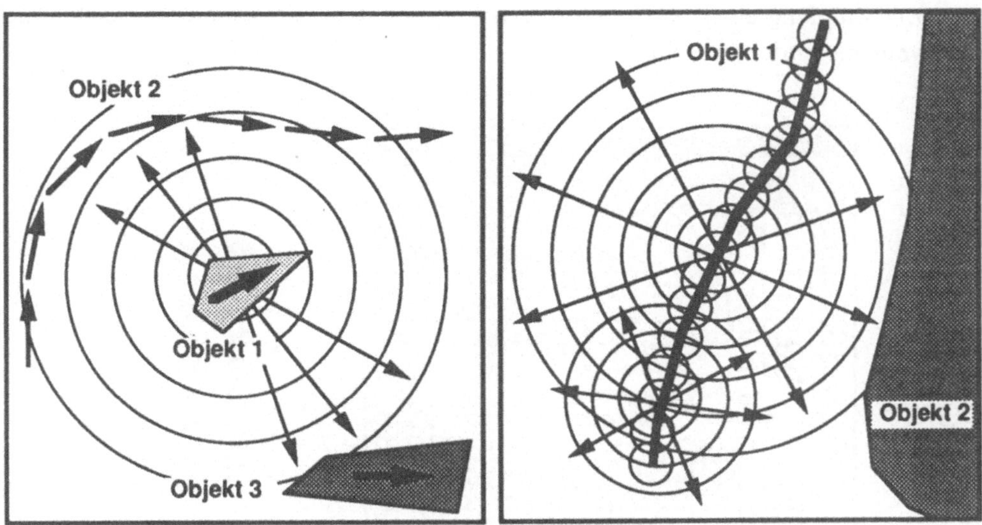

Abbildung 3.14: Relative Orientierung und Abstand

Information und berechnen lokal die Orientierungsdifferenz zu Objekt 1. Das isotrope Senden von Informationen im raumzeitlichen Puffer entspricht im Reaktions-Diffusionsmodell von [*Steels 90*] (siehe auch Abschnitt 2.3) dem Senden einer Welle mit einer bestimmten Wellenlänge, welche die zu sendende Variable kodiert.

Auf der rechten Seite von Abbildung 3.14 wird der Abstand zwischen Objekt 1 und Objekt 2 berechnet. Von allen Zellen, die Objekt 1 modellieren, wird zu einem bestimmten Zeitpunkt in alle Richtungen eine Welle gesendet. Sobald diese Information die Zellen von Objekt 2 erreicht, kann dort jeweils lokal der Abstand zu Objekt 1 berechnet werden. Der Abstand kann prinzipiell auf zwei Arten berechnet werden:

1. Mithilfe der Zeitdifferenz zwischen ausgesendeter Information und empfangener Information. Hierzu muß sichergestellt werden, daß im Puffer in alle Richtungen gleich schnell propagiert wird, und daß das empfangende Objekt den Absendungszeitpunkt kennt, z.B. durch übergeordnete Prozesse.

2. Dadurch, daß bei jedem Propagationsschritt die propagierte Aktivierung um einen konstanten Betrag erniedrigt wird. Damit kann das empfangende Objekt an der Höhe des Aktivierungswerts die Entfernung ablesen.

Für die gezeigten Experimente wurde die zweite Lösung favorisiert, weil dabei auf eine globale Kontrolle verzichtet werden kann. Es muß lediglich sichergestellt werden, daß bei Propagationsprozessen das aussendende Objekt immer mit demselben Aktivierungswert beginnt. Der Empfang einer bestimmten Aktivierung entspricht dann immer dem gleichen Abstand vom aussendenden Objekt.

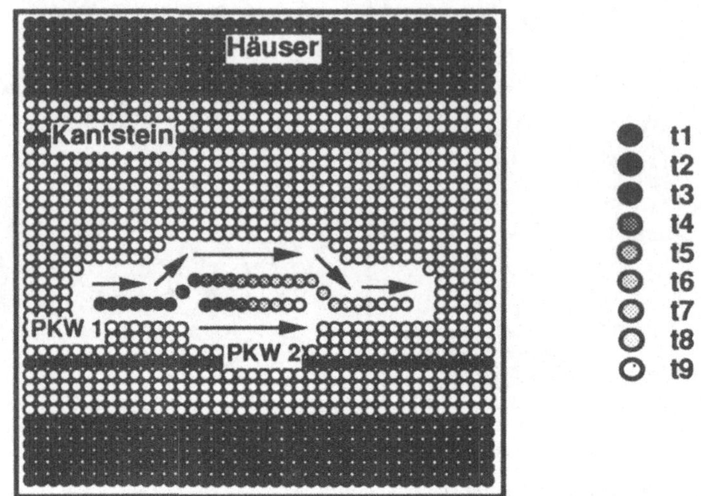

Abbildung 3.15: Relative Geschwindigkeit

Die Berechnung von abgeleiteten Primitiven zwischen bewegten Objekten ist aufwendiger und wird in Abbildung 3.15 am Beispiel der relativen Orientierung zwischen zwei sich überholenden PKWs skizziert.

Eine Straßenszene mit Häusern, Kantsteinen und zwei PKWs ist in einen 50x50 Puffer eingetragen. Die Massenpunkte der PKWs haben unterschiedliche Grauwerte, die unterschiedliche Zeitpunkte beim Ablauf des Überholvorganges kodieren. Zur Bestimmung der relativen Orientierungen muß der Überholvorgang im Puffer simuliert werden. Die Simulation der PKWs startet zum Zeitpunkt t1 (schwarze Kreise). PKW 1 fährt dabei dreimal so schnell wie PKW 2, was durch jeweils drei Kreise mit gleichen Grauwert pro Zeitpunkt bei PKW 1 gegenüber einem Kreis pro Zeitpunkt bei PKW 2 kodiert ist.

Zu jedem Zeitpunkt muß die relative Orientierung der beiden PKWs mithilfe des bereits beschriebenen lokalen Propagationsprozesses berechnet werden (siehe auch Abbildung 3.14 (links)). Angenommen, PKW 2 ist das Referenzobjekt für die Berechnungen der Primitive. Dann verfügt PKW 2 nach Ablauf der Simulation über einen Verlauf der relativen Orientierungen zwischen PKW 1 und PKW 2 über der Zeit.

Die Algorithmen zur Berechnung perzeptueller Primitive im raumzeitlichen Puffer haben folgende interessante Eigenschaften:

- Der Aufwand zur Berechnung von abgeleiteten perzeptuellen Primitiven ist weitgehend unabhängig von der Komplexität der Szene und unabhängig von der Anzahl der Objekte der Szene. Ein Propagationsprozeß erreicht alle in der Pufferrepräsentation eingetragenen Objekte. Diese Objekte können lokal das jeweilige abgeleitete perzeptuelle Primitiv berechnen.

- Bei einer Auswertung der berechneten Primitive ergibt sich eine natürliche Heuristik durch die Nähe von Objekten im raumzeitlichen Puffer. Objekte, die vom Propagationsprozeß als erstes erreicht werden, sind räumlich näher und werden daher als erstes betrachtet. Dies reflektiert die Annahme, daß typischerweise Objekte mit geringem Abstand eher in einem inhaltlichen Zusammenhang stehen, als Objekte, die weiter voneinander entfernt sind.

- Der Berechnungsaufwand ist proportional zum Abstand zwischen zwei Objekten, er hängt nicht von geometrischen Eigenschaften der Objekte ab.

Bestimmung invarianter perzeptueller Primitive

Nach der Berechnung aller perzeptuellen Primitive für zwei oder mehrere Ereignisprototypen aus unterschiedlichen geometrischen Umgebungen liegen folgende Informationen vor und bilden die Eingabe zur Bestimmung von invarianten perzeptuellen Primitiven:

Für jedes Objekt jeder geometrischen Umgebung ist der Verlauf der Basisprimitive als Funktion der Zeit bekannt, und für jedes Objektpaar jeder geometrischen Umgebung ist außerdem der Verlauf der abgeleiteten Primitive als Funktion der Zeit bekannt.

Als Kandidaten für Invarianzen kommen nur Primitive von Objekten bzw. Objektpaaren in Betracht, die in allen zugrundeliegenden geometrischen Umgebungen vorhanden sind.

Der Vergleichsprozeß findet außerhalb des raumzeitlichen Puffers statt und ist deshalb an dieser Stelle nicht Gegenstand von Berechnungsexperimenten. Dennoch wird davon ausgegangen, daß die entscheidende Information zur Berechnung invarianter Ereigniseigenschaften durch die lokalen Ausbreitungsprozesse im Puffer explizit gemacht ist, und daß deshalb die Bestimmung der Invarianten mit Methoden zur Berechnung des Abstandes von zweidimensionalen Funktionen durchführbar ist.

Als Beispiel werden in Abbildung 3.16 die Verläufe von zwei perzeptuellen Primitiven für fünf verschiedene simulierte 'überholen'-Ereignisse an verschiedenen Stellen einer Szene gezeigt (*rel-b* für die überholenden PKWs, *rel-xy* für den überholenden PKW und einen dritten PKW). Wählt man z.B. jeweils die Fläche zwischen den einzelnen Kurven als Ähnlichkeitskriterium und einen bestimmten nicht zu überschreitenden Wert als Schwellwert für 'Invarianz', kann *rel-b*[11] als invariant für die Beispielmenge bestimmt werden und das

---

[11]In den hier zugrunde gelegten Überholbeispielen überholt jeweils ein schneller PKW einen langsam fahrenden PKW auf einer engen Straße. Daraus resultiert ein 'vorsichtiges' Überholen, in dessen Verlauf die relative Geschwindigkeit der PKWs zeitweise abnimmt. Eine andere Beispielmenge (z.B. überholen auf einer Landstraße) wird i.A. zu einem anderen Verlauf der relativen Geschwindigkeit führen.

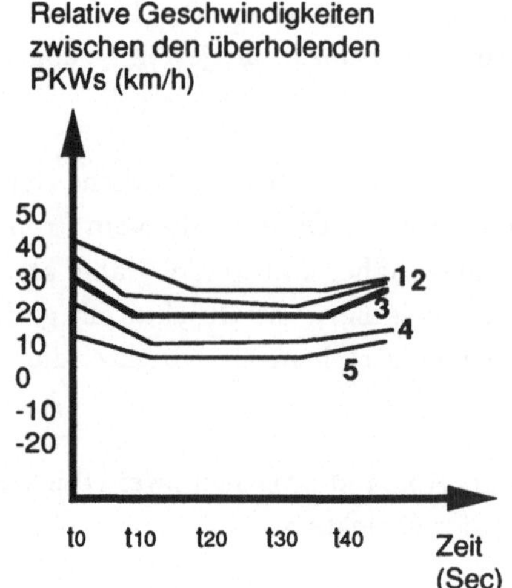

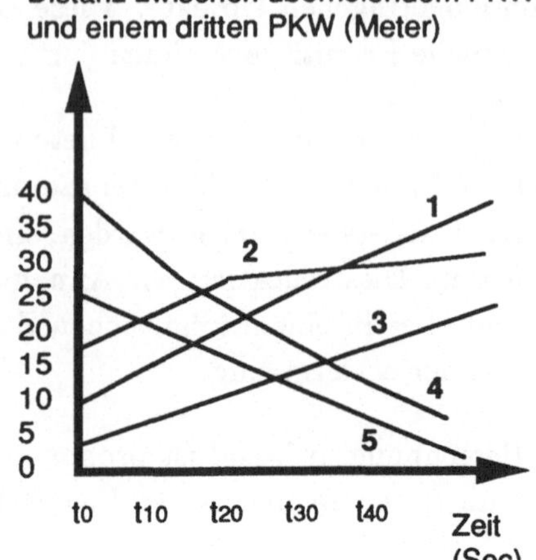

Abbildung 3.16: Auswertung von perzeptuellen Primitiven

Ereignis 3 als typischer Vertreter ausgewählt werden. Das Primitiv *rel-xy* kann als nicht invariant zurückgewiesen werden.

Im folgenden werden anhand der Beispiele 'abbiegen' und 'überholen' aus der Auswertung perzeptueller Primitive resultierende generische Ereignismodelle beschrieben, und es wird aufgezeigt, wie generische Information ausgenutzt werden kann, um Erfahrung aus einer beobachteten geometrischen Umgebung auf eine neue geometrische Umgebung zu übertragen, für die keine Erfahrung vorliegt. Die Anpassung generischer Information an eine spezielle Szenengeometrie ist ein Prozeß, der geeignet im raumzeitlichen Puffer mithilfe lokaler Ausbreitungsprozesse durchgeführt werden kann. Dies wird anhand experimenteller Ergebnisse belegt.

Beispiel 'abbiegen'

Angenommen, die zwei in Abbildung 3.17 gezeigten Beispielmengen werden zur Berechnung eines generischen 'Abbiege'-Modells herangezogen. Als Objekte der Szene sind jeweils die abbiegenden Pkws, die Kantsteine mit Orientierungen und die zwei Straßen der Kreuzung im raumzeitlichen Puffer eingetragen.

Einige der abgeleiteten Primitive sind aufgrund fehlender Referenzgeschwindigkeiten in diesen Szenen nicht relevant (*rel-r, rel-b, rel-dr, rel-db*). Geschwindigkeitsrichtung (r) und Orientierung (o) fallen zusammen, da hier bei abbiegenden PKWs zwischen diesen Größen nicht unterschieden wird. Deshalb wird auch nicht zwischen dr und do unterschieden.

Ort (xy), Orientierung (o) und Geschwindigkeitsbetrag (b) sind jeweils gegeben. Orien-

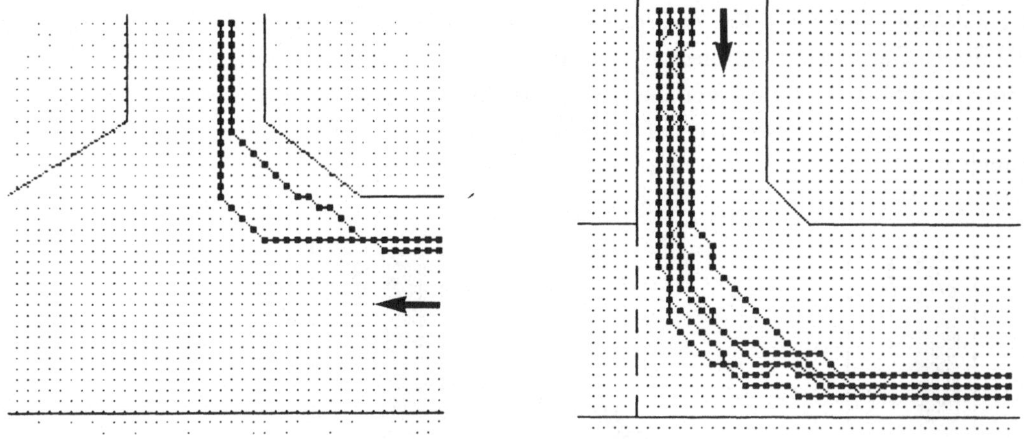

Abbildung 3.17: Basismengen für generisches Ereignismodell

tierungsänderung (*do*), Geschwindigkeitsbetragsänderung (*db*), Abstand (*rel-xy*), Orientierungen relativ zu einer Referenzorientierung (*rel-o*) und Orientierungsänderungen relativ zur Referenzorientierung (*rel-do*) werden mithilfe der oben beschriebenen lokalen Propagationsprozesse berechnet.

Eine Analyse der verschiedenen perzeptuellen Primitive zeigt, daß die folgenden Primitive weitgehend invariant über verschiedene typische Ereignisinstanzen unterschiedlicher Geometrien sind, und daß sie deshalb zur generischen Beschreibung von 'abbiege'Ereignissen herangezogen werden können:

- Betrag der Geschwindigkeit *b*,

- Relative Orientierung zwischen PKW und Kantstein *ro* und

- Distanz zwischen PKW und Kantstein *rel-xy*.

Die invarianten Primitive liegen in Abhängigkeit von der Zeit vor. Der Verlauf der Geschwindigkeit besteht typischerweise aus einem verzögerten Anteil am Anfang des 'abbiegen'-Ereignisses, einem langsamen Teil in der Kurve und einem beschleunigtem Teil am Ende eines Ereignisses. Die Orientierung des PKWs ist weitgehend parallel zum Kantstein während des gesamten Ereignisses, und der Abstand zwischen PKW und Kantstein hat ebenfalls einen typischen Verlauf über verschiedene Instanzen.

Zu jedem vollständigen Ereignismodell gehören zusätzlich zu den dynamischen Eigenschaften, die mit invarianten perzeptuellen Primitiven charakterisiert werden, einige Eigenschaften der statischen Szenenumgebung. Dazu gehört z.B. die Eigenschaft, daß die Verkehrsbewegungen auf Straßen stattfinden. Beim 'abbiegen' ist außerdem wichtig, daß

der Kantstein zu Beginn des Ereignisses zu einer anderen Straße gehört, als am Ende des
Ereignisses. Damit kann 'abbiegen' von 'um-die-Kurve-fahren' unterschieden werden.

Im Abbildung 3.18 wird demonstriert, wie die Kenntnis der invarianten perzeptuellen
Primitive dazu genutzt werden kann, Erfahrungen die an einer bestimmten Kreuzung ge-
sammelt worden sind, auf eine neue Kreuzung zu übertragen.

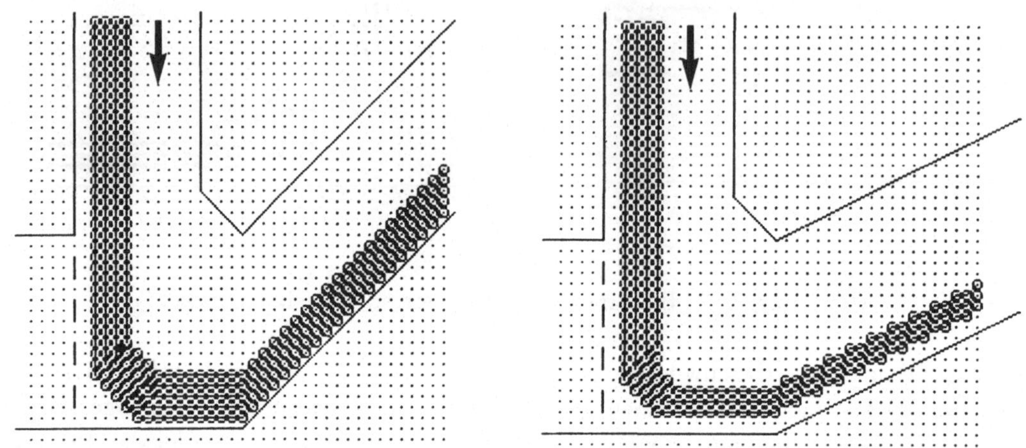

Abbildung 3.18: Übertragenes 'Abbiege'-Modell

Die auf der rechten Seite von Abbildung 3.17 gezeigte Beispielmenge wurde als Eingabe genommen, um die vorher bestimmten invarianten Primitive zu berechnen. Diese
Information wurde anschließend auf die in Abbildung 3.18 gezeigten Kreuzungsgeometrien
übertragen.

Das generische Modell $(b(t), ro(t), rel\text{-}xy(t))$ muß an die Geometrie der Kreuzung, auf
die es angewendet werden soll, angepaßt werden. Dazu muß ein dem generischen Modell
entsprechendes Skelett in den raumzeitlichen Puffer eingetragen werden. Diese Anpassung wird ebenfalls mithilfe lokaler Propagationsprozesse berechnet. Dies wird anhand des
Beispiels in Abbildung 3.18 beschrieben. Zunächst wird das generische Primitiv $rel\text{-}xy$ angepaßt. Dazu wird vom Kantstein der Kreuzung aus ein Abstandsfeld generiert, ähnlich wie
bei der Berechnung des Primitivs $rel\text{-}xy$. Der Unterschied besteht darin, daß hierbei nicht
nur eine Welle propagiert wird, sondern daß ein Gradientenfeld aufgebaut wird. Danach
hat jeder xy-Punkt der Straße einen Eintrag, der dessen kürzesten Abstand zum Kantstein
repräsentiert. Der Abstandsverlauf des generischen Modells kann jetzt von t_0 ausgehend
und mit dem Anfangsabstand beginnend in den Puffer eingetragen werden. Die anderen
Größen des generischen Modells (b, ro) werden simultan mit dem Verfolgen der generischen
Abstandswerte eingetragen, durch Aktivierung der entsprechenden Zählerzellen im Puffer.

Der beschriebene Anpassungsalgorithmus führt zu den Skeletten in Abbildung 3.18. Information aus einer bestimmten geometrischen Umgebung wurde auf eine andere Umgebung transformiert durch Übertragung generischer Ereigniseigenschaften. Der Transformationsprozeß realisiert gewissermaßen einen Analogieschluß.

Beispiel 'überholen'

Überholvorgänge in Straßenverkehrsszenen gehören im Gegensatz zu Abbiegevorgängen zu denjenigen Ereignissen, die bei typischen Beispielmengen keine geometriespezifischen Generalisierungen zulassen. Denn Situationen, in denen 'überholen'-Beispiele immer an derselben xy-Position stattfinden, sind eher atypisch.

Daher ergibt sich nach der Sammlung einiger Beispiele normalerweise kein ortsspezifisches Typikalitätsfeld, wie es für Abbiegevorgängen an einer bestimmten Kreuzung gezeigt wurde. Es ist deshalb erforderlich, für 'Überholvorgänge' direkt ortsunabhängige perzeptueller Primitive zu berechnen.

Nach Auswertung der perzeptuellen Primitive zeigt sich, daß folgende Größen weitgehend invariant für verschiedenen Ereignisinstanzen sind und deshalb für ein generisches Modell herangezogen werden können:

- Der Abstand zwischen den beiden PKWs (rel-xy),

- Die relative Orientierung der PKWs (rel-o),

- Der relative Geschwindigkeitsbetrag (rel-b).

Ein typischer Verlauf dieser drei perzeptuellen Primitive für verschiedene 'überholen'-Ereignisse ist in Abbildung 3.19 zu sehen. Wie bereits am Beispiel 'abbiegen' geschildert, kann das generische Modell dazu benutzt werden, mithilfe lokaler Prozesse im raumzeitlichen Puffer an beliebigen Stellen von Straßen typische 'überholen'-Ereignisse zu generieren und z.B. für Vorhersagen zu benutzen.

3.5.4   Zu propositionale Beschreibungen

In Abschnitt 3.2 wurden propositionale Ereignismodelle beschrieben, die sich für eine effiziente Ereigniserkennung eignen. Diese Modelle wurden von [*Neumann + Novak 86*] entworfen, ohne zu untersuchen, ob diese Modelle als das Ergebnis von Lernprozessen angesehen werden können.

Es ist eine interessante Frage, ob die in diesem Kapitel bisher beschriebenen Abstraktionsschritte von der Sammlung einzelner Objektbewegungen zu generischen Ereignismodellen auch diejenige Information explizit machen, die von Neumann und Novak als geeignet für propositionale Ereignisbeschreibungen angesehen wird.

Im folgenden wird skizziert, wie die in diesem Kapitel beschriebenen generischen Ereignismodelle (siehe z.B. Abbildung 3.19) als Basis für eine Berechnung von propositionalen

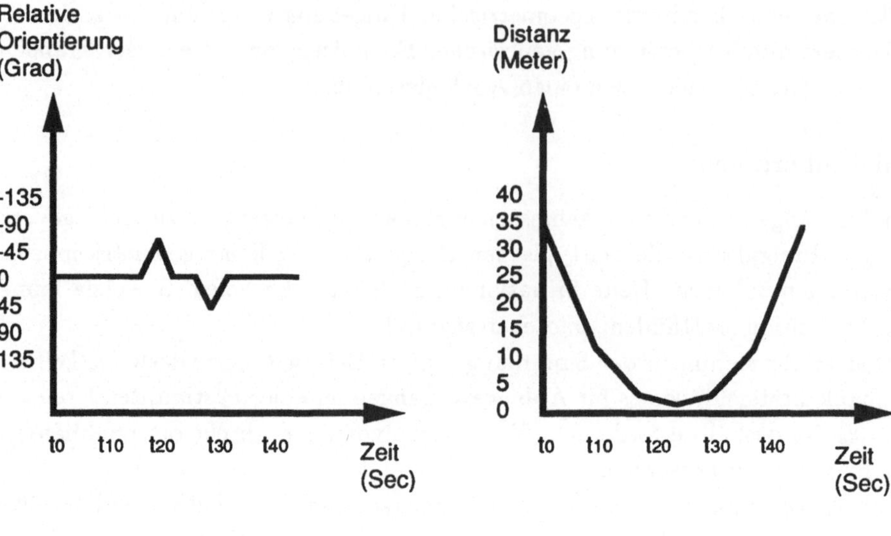

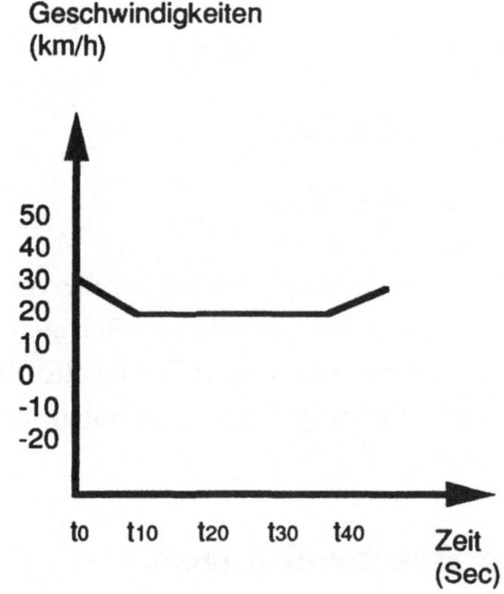

Abbildung 3.19: Invariante perzeptuelle Primitive für 'überholen'

Beschreibungen genutzt werden können. Dieser Abstraktionsschritt beinhaltet einige nicht-triviale Schritte zur Entdeckung von Konstantheiten, die im Rahmen dieses Kapitels nicht untersucht werden. Dennoch soll hier skizziert werden, daß generische Ereignisbeschreibungen ein plausibler Ausgangspunkt für die Berechnung von propositionalen Beschreibungen sind.

Abbildung 3.20 beschreibt die wesentliche Idee, die darin besteht, die quantitativen generischen Modelle in bedeutungsvolle qualitative Regionen einzuteilen. Nimmt man beispielsweise als Segmentierungskriterium signifikante Extremwerte der Funktionen der Zeit, entsteht die in der Abbildung gezeigte Einteilung. Sie entspricht ungefähr den Bedeutungen der sprachlichen Konstrukte 'hinter', 'neben', 'vor', 'langsamer', 'schneller, 'nähern' und 'entfernen', die auch in ähnlicher Form von [*Neumann + Novak 86*] verwendet werden. Einige Prädikate lassen sich nur unter gleichzeitiger Berücksichtigung mehrerer Primitive bilden. Beispielsweise können 'hinter', 'neben' und 'vor' nur aus relativer Orientierung und gleichzeitiger Berücksichtigung der Distanz geschlossen werden[12].

Es ist ein komplexes und hier nicht gelöstes Problem, einen detaillierten Prädikationsalgorithmus zu entwerfen. Dies erfordert u.a. auch einen Vergleich mit anderen in bestimmten Situationen denkbaren Ereignissen. Es müssen die Prädikate ausgewählt werden, die möglichst informativ sind. Außerdem ist auf dieser Verarbeitungsebene Vorwissen über Konzepte wesentlich. Es kann daher nicht erwartet werden, daß eine adäquate Segementierung der generischen Ereignismodelle von einem datengetriebenen Prozeß geleistet werden kann.

Dennoch zeigen die Überlegungen, daß die in diesem Kapitel beschriebenen generische Ereignisbeschreibungen für weitere Verarbeitungsprozesse adäquate Information explizit machen und daher eine plausible Ausgangsbasis für die Berechnung qualitativer propositionaler Ereignisbeschreibungen bilden.

3.6　Vorhersagen und raumzeitliches Schließen

In diesem Abschnitt wird untersucht, wie die im vorherigen Abschnitt beschriebenen gelernten Ereignismodelle für verschiedene wichtige Aufgaben des raumzeitlichen Schließens ausgenutzt werden können. Als Repräsentation für die verschiedenen Schließprozesse wird ausschließlich die piktorielle raumzeitliche Pufferrepräsentation verwendet. Es zeigt sich, daß die Ausnutzung dieser Repräsentation zu wenig aufwendigen Algorithmen führt, weil die Repräsentation die Verwendung von einfachen lokalen Operationen für Schließprozesse erlaubt.

In Abschnitt 3.6.1 werden verschiedene Möglichkeiten der Instantiierung eines raumzeitlichen Puffers aus dem Langzeitspeicher untersucht, und in Abschnitt 3.6.2 wird beschrie-

---

[12]Die Berechnung der Semantik der rein räumlichen Präpositionen, z.B. von 'hinter', erfordert darüber hinaus eine Segmentation im Ortsbereich und kann nicht nur auf der Basis von Ereignissen bestimmt werden.

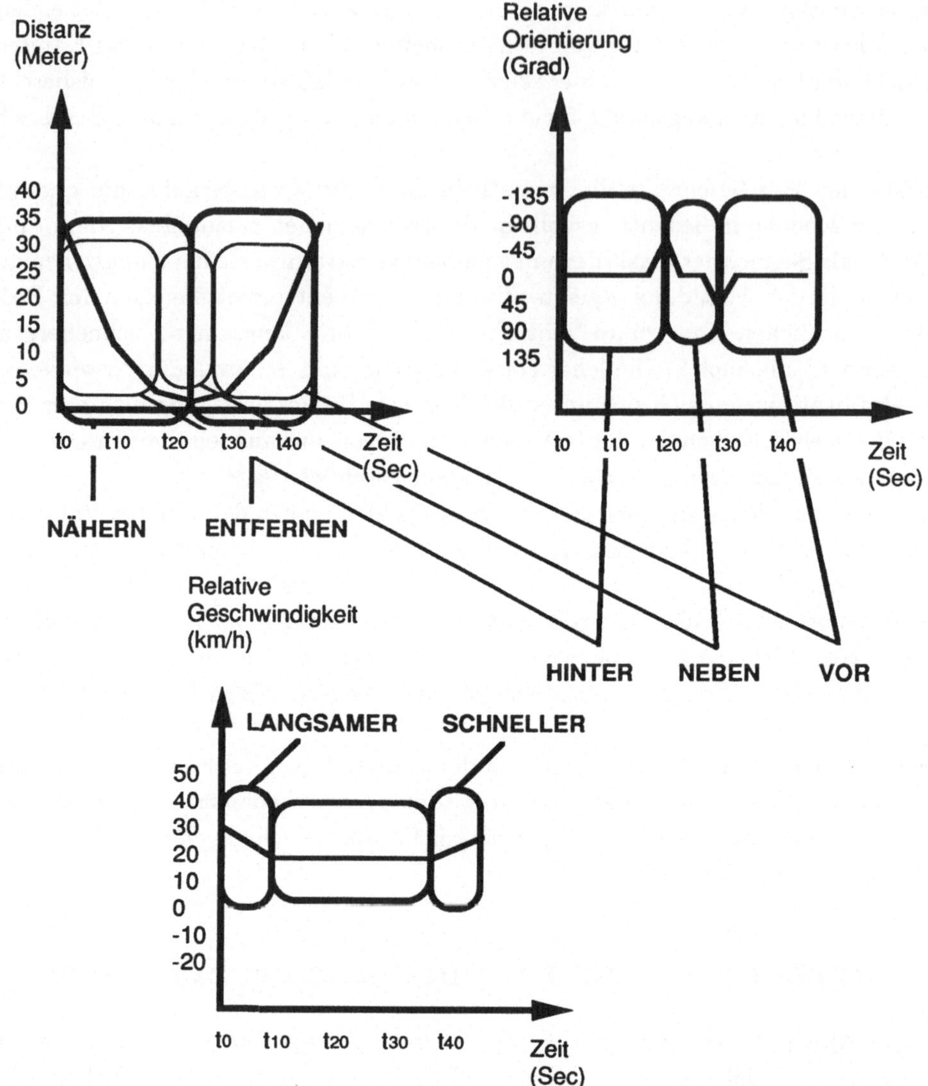

Abbildung 3.20: Prädikation des generischen Ereignismodells für 'überholen'

ben, wie mithilfe instantiierter Ereignismodelle Vorhersagen über eine Szene berechnet werden können. Abschnitt 3.6.3 befaßt sich mit dem Ausnutzen von berechneten Vorhersagen und in Abschnitt 3.6.4 wird dann demonstriert, wie Ereignismodelle an einschränkende Randbedingungen angepaßt werden können. Einschränkende Randbedingungen liegen typischerweise aufgrund aktueller visueller Daten vor.

3.6.1 Instantiierung des raumzeitlichen Puffers

Der raumzeitliche Puffer wird bei Bedarf mit Informationen aus dem Langzeitspeicher gefüllt. Situationen, in denen nur gerade eingetragene Beobachtungen benutzt werden und nicht auf Einträge des Langzeitspeicher zurückgegriffen werden muß, sind eher selten. Abhängig vom aktuellen Wissensstand des Systems enthält der Langzeitspeicher unterschiedlich spezifisches Wissen über Ereignisse in der folgenden Form:

- Information über Ereignisinstanzen aus einer bestimmten geometrischen Umgebung, für die bisher keine Abstraktionen oder Generalisierungen berechnet wurden. Ereignisinstanzen dieser Art können direkt in den Puffer eingetragen werden, weil sie in den Dimensionen des Puffers vorliegen.

- Information über ein Ereignisskelett mit einem oder mehreren Prototypen. Sie sind spezifisch für eine bestimmte geometrische Umgebung. Einzelne Prototypen können ebenfalls direkt in den Puffer eingetragen werden, da ihre Dimensionen mit denen des Puffers identisch sind.

  Bei einigen Aufgaben wird nach der Eintragung von Prototypen in den Puffer durch die Generalisierungsoperation dafür gesorgt, daß die Zählerstände in die lokale Nachbarschaft propagiert werden und dadurch wieder eine Häufigkeitsverteilung entsteht. Dann können auch diejenigen Trajektorien behandelt bzw. vorhergesagt werden, die den Prototypen ähneln.

- Information über generische Ereignisinformation (siehe Abschnitt 3.5). Beispielsweise enthält ein generisches Modell für 'abbiegen' Information über die perzeptuellen Primitive Abstand zum Kantstein (*rel-xy*), Orientierung relativ zum Kantstein (*rel-o*) und Geschwindigkeitsbetrag (*b*). Diese Dimensionen liegen jeweils in Abhängigkeit von der Zeit vor.

  Diese Information kann nicht direkt in den raumzeitlichen Puffer eingetragen werden, denn sie muß erst an jede spezifische Geometrie angepaßt werden. Dazu müssen die Dimensionen des generischen Modells in die Pufferdimensionen (x, y, b, r) unter Berücksichtigung der spezifischen Geometrie transformiert werden. Ein Prototyp für die vorliegende Geometrie wird durch lokale Ausbreitungsprozesse generiert. Diese Prozesse sind den Prozessen zur Berechnung der perzeptuellen Primitive sehr ähnlich. Allerdings gehen die Propagationsprozesse bei der Umsetzung von abgeleiteten

Hybrides Ereignismodell　　"ABBIEGEN "

PROPOSITIONALE BESCHREIBUNG:	INFORMATION UM PUFFER ZU FÜLLEN:
(TURN-OFF OBJ1 OBJ2 T1 T2)　 　⟷　 (TURN OBJ1 T1 T2) (PARALLEL OBJ1 OBJ2 T1 T3) (ON OBJ1 OBJ2 T1 T4) (NOT-ON OBJ1 OBJ2 T4 T2)	**a. Generisches Modell:** 　　DIMENSIONEN: 　　　　*REL-XY, REL-O, B;* 　　　als Funktionen der Zeit **b. Prototypen:** 　　DIMENSIONEN: 　　　　*X,Y,B,R* 　　PFAD:　- Startpunkt (X_0,Y_0,B_0,R_0) 　　　　　- Pfadelemente 　　　　　(Kettenkode) **c. Einzelne Beispiele:** 　　DIMENSIONEN: 　　　　*X,Y,B,R;* 　　PFAD:　...

Abbildung 3.21: Ereignismodell für 'abbiegen' im Langzeitspeicher

Primitiven eines generischen Modells von den Referenzobjekten aus. Bei der Umsetzung von einigen Basisprimitiven, z.B. einem bestimmten Beschleunigungsverhalten, muß eine Bezugsgröße, hier eine Geschwindigkeit, als Startpunkt gewählt werden.

Beispielsweise wurde für die Umsetzung des generischen Modells für 'abbiegen' (siehe Abbildung 3.18) vom Kantstein ausgehend ein Abstandsfeld generiert und dann der prototypischer Ereignisverlauf durch Verfolgung der dem generischen Modell entsprechenden Abstandswerte eingetragen. Gleichzeitig werden die dem generischen Modelle entsprechenden Orientierungs- und Geschwindigkeitswerte berücksichtigt (siehe auch Abschnitt 3.5.4).

- Eine propositionale Ereignisbeschreibung, wie sie z.B. von [*Neumann + Novak 86*] beschrieben wird (siehe auch Abschnitt 3.2). Diese Beschreibung dient ausschließlich einer Ereigniserkennung und ist Ausgangspunkt für sprachliche Beschreibungen.

Bei einer Instantiierung des raumzeitlichen Puffers werden außerdem Informationen eingetragen, die aus Ergebnissen perzeptueller Prozesse resultieren oder die statische Umgebung betreffen. Wenn der Puffer z.B. mit Ereignismodellen gefüllt wird, im Rahmen von Vorhersageprozessen für die gegenwärtig vom System betrachtete Szene, werden die statischen Bestandteile der Szene, wie Häuser, Kantsteine, Hindernisse, etc., eingetragen.

In Abbildung 3.21 ist als Beispiel ein Ereignismodell des Langzeitspeichers für 'abbiegen' mit den verschiedenen möglichen Einträgen abgebildet. Die Einträge unter a, b und c schließen sich dabei nicht gegenseitig aus, denn ein System kann z.B. gleichzeitig über ein generisches Ereignismodell und über spezifische Prototypen verfügen. Das generische Modell wird in Situationen angewendet, für die das System keine direkten Erfahrungen hat, und die geometriespezifischen Prototypen werden dann angewendet, wenn z.B. Vorhersagen für diese spezielle Geometrie erforderlich sind.

3.6.2 Vorhersagen von Trajektorien

Das Berechnen von Trajektorien mithilfe von instantiierten Ereignismodellen im raumzeitlichen Puffer wird in verschiedenen Situationen benötigt. Generell stattet es ein System mit Vorhersagekraft aus, die für eine Bewältigung und Komplexitätsreduktion vieler Probleme unverzichtbar ist. Beispielsweise erlauben adäquate Vorhersagen von angefangenen Objektbewegungen, die weitere Szenenanalyse drastisch einzuschränken und sich auf wesentliche Bestandteile zu beschränken (siehe [*Mohnhaupt + Fleet 88*], [*Mohnhaupt + Neumann 89b*], [*Mohnhaupt + Neumann 90b*]). Außerdem ermöglichen Vorhersagen über den typischen weiteren Verlauf von beobachteten Objektbewegungen Schlüsse über unerwartete Ereignisse. Es kann z.B. gefolgert werden, daß zwei PKWs zusammenstoßen, wenn sie sich weiter so fortbewegen wie bisher.

Im folgenden wird der Vorhersage- bzw. Visualisierungsalgorithmus beschrieben unter der Voraussetzung, daß eine Häufigkeitsverteilung oder einzelne Beispiele im raumzeitlichen Puffer geladen sind.

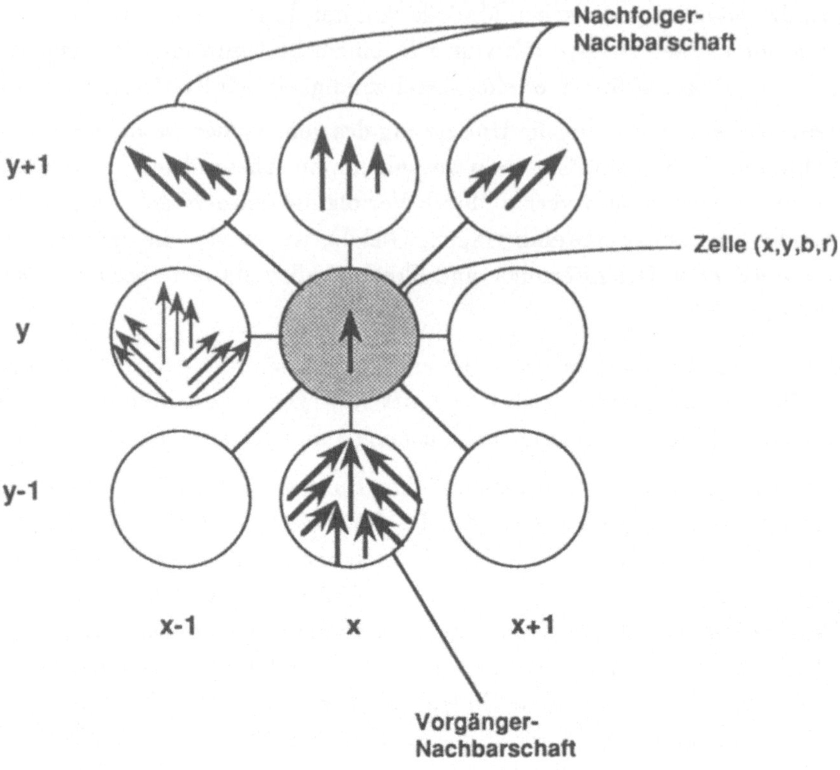

Abbildung 3.22: Lokaler Vorhersagealgorithmus

Der Ausgangspunkt für Vorhersagen ist typischerweise ein gerade beobachtetes Objekt mit bestimmten Ort- und Geschwindigkeitswerten im Puffer. Bei einer gegebenen Startzelle besteht ein naheliegender Vorhersagealgorithmus für eine typische Trajektorie darin, in der 4-dimensionalen Nachbarschaft einer Zelle nach dem Nachbarn mit dem höchsten Aktivierungswert zu suchen. Durch die im Puffer enthaltende Geschwindigkeitsinformation sind nicht alle xy-Nachbarn einer Zelle auch Kandidaten für die Suche nach dem höchsten Aktivierungswert. Dieser Sachverhalt ist in Abbildung 3.22 skizziert. Die Zelle mit den Koordinaten (x, y) ist in dieser Abbildung die aktuelle Zelle, von der aus eine Vorhersage berechnet wird. Der xy-Wert der Zelle ist durch ihre Position kodiert, die Geschwindigkeitsrichtung r ist durch die Richtung des Pfeiles kodiert, und der Geschwindigkeitsbetrag b ist durch die Länge des Pfeiles kodiert. Aufgrund physikalischer Plausibilität (Glattheit der Bewegung) kommen als Nachfolger der Zelle neun Kandidaten in Betracht. Sie bilden die sogenannte Nachfolgernachbarschaft und beinhalten drei verschiedene xy-Positionen mit jeweils drei verschiedenen Geschwindigkeitsbeträgen. Dies ist in der Abbildung durch drei verschieden lange Pfeile kodiert.

Die in Abbildung 3.22 ebenfalls definierte Vorgängernachbarschaft ist im Zusammenhang mit Vorhersagen ohne Bedeutung, sie wird aber in Abschnitt 3.6.4 für die Anpassung von Ereignismodellen an Randbedingungen benötigt.

Es existieren zwei verschiedene Varianten des Vorhersagealgorithmus:

1. Vorhersage derjenigen Objektbewegung, die aufgrund des Ereignismodells besonders typisch ist.

2. Vorhersage aller Objektbewegungen, die oberhalb einer gewissen Typizität liegen.

Die unterschiedlichen Versionen des Vorhersagealgorithmus werden anhand von experimentellen Beispielen demonstriert. In Abbildung 3.23 sind jeweils auf der linken Seite einzelne Vorhersagen für Abbiegeereignisse im raumzeitlichen Puffer zu sehen (Ketten von offenen Kreisen). Die Vorhersagen gehen von verschiedenen Startpunkten aus (schwarze Kreise). Die Geometrie der Kreuzung ist mit schwarzen Linien markiert. Auf der rechten Seite sind Vorhersagen berechnet worden, die alle oberhalb einer bestimmten Typizität liegen. Diese Vorhersagen bilden gewissermaßen einen Suchraum, in dem das angefangene Abbiegeereignis mit großer Sicherheit zu erwarten ist.

Die jeweils verwendeten Ereignismodelle stammen aus simulierten und mit lokalen Generalisierungs- und Konvergenzprozessen bearbeiteten Beispieltrajektorien. Das Ereignismodell der oberen Hälfte von Abbildung 3.23 resultiert aus den Beispielen, die in Abbildung 3.9 gezeigt sind, das Ereignismodell der unteren Hälfte resultiert aus den Beispielen, die in Abbildung 3.10 gezeigt sind.

Es ist eine wesentliche Eigenschaft der im piktoriellen raumzeitlichen Puffer berechneten Vorhersagen, daß sie automatisch ohne weitere Berechnungsprozesse physikalisch plausibel sind, weil sie auf beobachteten und verarbeiteten Beispielen beruhen, und weil die Repräsentation analog bezüglich des raumzeitlichen Verlaufs der Objektbewegungen ist.

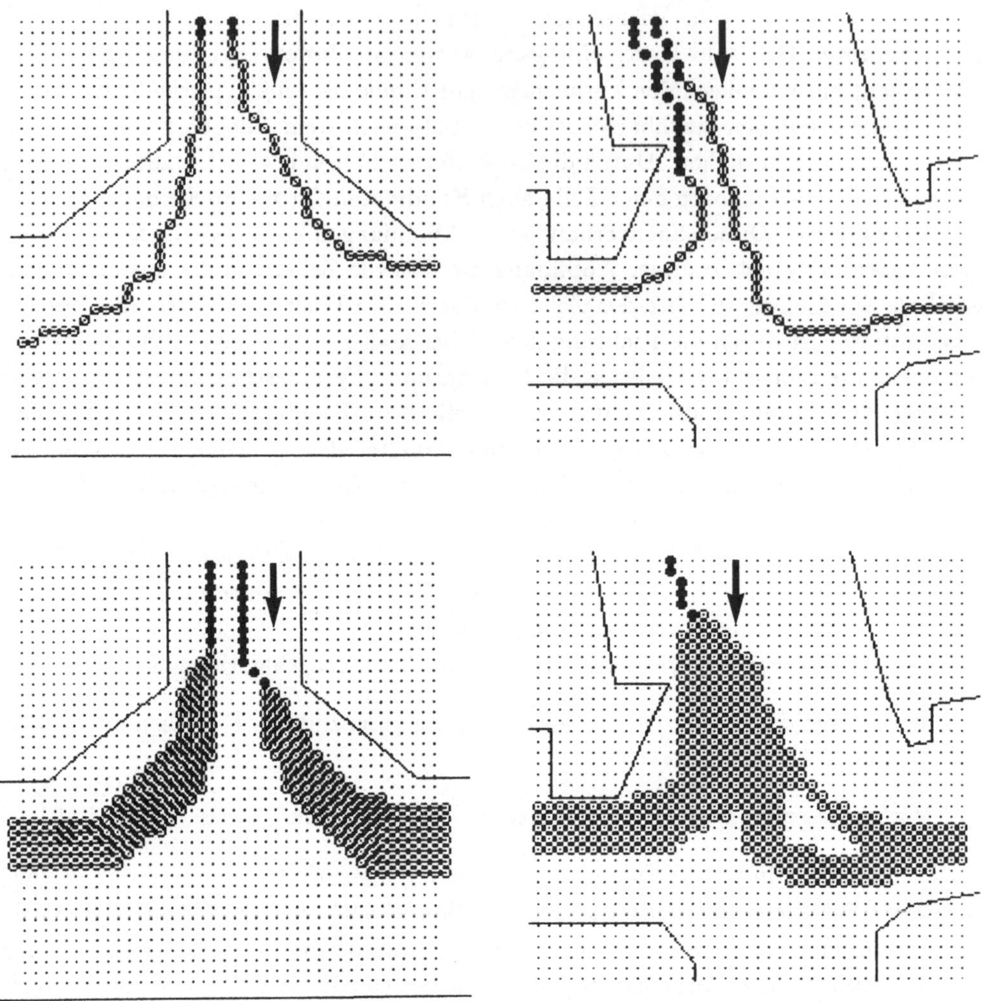

Abbildung 3.23: Einzelne und mehrere vorhergesagte Trajektorien

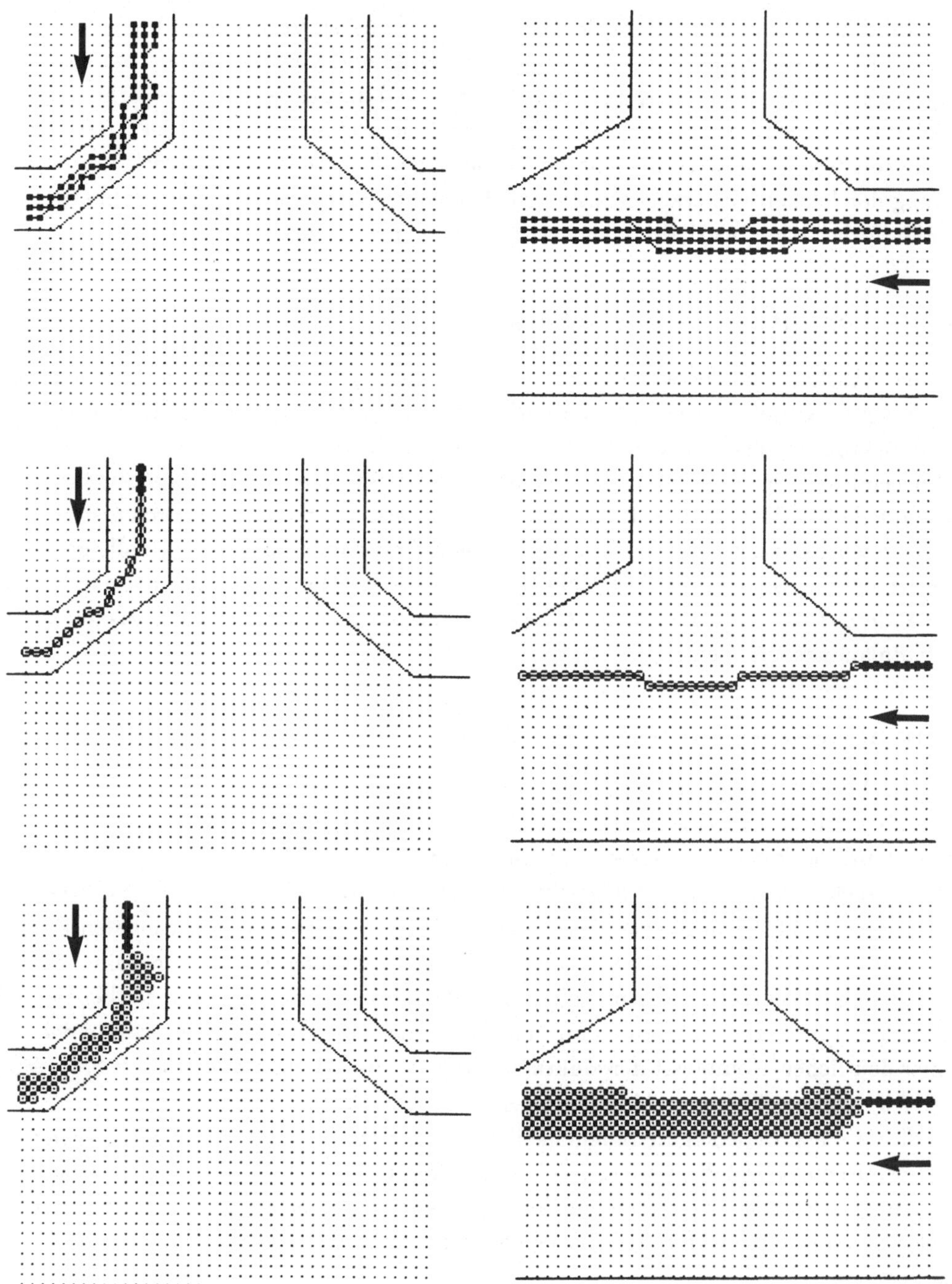

Abbildung 3.24: Weitere Beispiele für Vorhersagen

In Abbildung 3.24 sind weitere Beispiele von berechneten Vorhersagen für unterschiedliche Ereignisse zu sehen. Die linke Spalte zeigt Beispiele und Vorhersagen für 'entlanggehen'-Ereignisse und in der rechten Spalte sind Beispiele und daraus berechnete Vorhersagen von 'vorbeifahren'-Ereignissen abgebildet. Die obere Zeile besteht jeweils aus den Beispielmengen, die mittlere Zeile zeigt berechnete Vorhersagen typischer Ereignisverläufe nach Anwendung der lokalen Generalisierungs- und Konvergenzprozesse, und in der unteren Zeile sind alle Vorhersagen oberhalb einer bestimmten Typizität zu sehen.

3.6.3 Ausnutzen von Vorhersagen

In diesem Abschnitt werden wichtige Beispiele der Ausnutzung von im raumzeitlichen Puffer vorhergesagten Objektbewegungen beschrieben. Zunächst wird dargestellt, wie vorhergesagte Objektbewegungen für eine Steuerung visueller Prozesse genutzt werden können, und anschließend wird gezeigt, daß die gleichzeitige Berechnung von Vorhersagen mehrerer Ereignismodelle Schlüsse über wahrscheinlich eintretende ungewöhnliche Ereignisse erlaubt. Außerdem wird skizziert, wie der Vorhersagealgorithmus auf Situationen verallgemeinerbar ist, in denen ein Aktivierungsfeld nicht das Ergebnis von Lernprozessen ist, sondern aufgrund anderer Prozesse entstanden ist, z.B. durch Abstandsfeldbildung im Zusammenhang mit Pfadplanungsaufgaben.

Erwartungsgesteuerte Bewegungsanalyse

Ein wesentlicher Nutzen von Vorhersagen über den raumzeitlichen Verlauf einer Szene besteht darin, visuelle Prozesse zu steuern und zu beschleunigen. Die Benutzung von Modellwissen ist für ein kognitives System die entscheidende Strategie, um die sehr große Komplexität visueller Prozesse unter den gegebenen zeitlichen Randbedingungen zu bewältigen.

In Abschnitt 3.2.1 wurde ausgeführt, daß die Umkehrung von propositionalen Ereignismodellen nicht für das Berechnen adäquater Vorhersagen benutzt werden kann. Es zeigt sich, daß sich Vorhersagen, die mithilfe von Typikalitätsfeldern im raumzeitlichen Puffer berechnet wurden, erheblich besser für eine Steuerung von visuellen Prozessen eignen und zu einer deutlichen Komplexitätsreduktion führen (siehe [*Mohnhaupt + Fleet 88*], [*Mohnhaupt + Neumann 89b*] und [*Mohnhaupt + Neumann 90b*]).

In Situationen, in denen die Möglichkeit einer erwartungsgesteuerten Fokussierung visueller Prozesse nicht besteht, muß davon ausgegangen werden, daß die Prozesse der niederen Bilddeutung jede Stelle einer Szene mit dem gleichen Detaillierungsgrad auf Orientierungs- und Geschwindigkeitsinformation untersuchen. Typischerweise werden dafür lokale Operatoren verwendet[13].

Unter Ausnutzung von Vorerwartungen kann die niedere Bilddeutung auf bestimmte örtliche Bereiche einer Szene und innerhalb dieser Bereiche auf bestimmtes Geschwindig-

---

[13]Beispielsweise lokale raumzeitlicher Filter, siehe [*Fleet 90*].

keitsverhalten beschränkt werden. Dies setzt voraus, daß die Prozesse der niederen Bilddeutung Vorerwartungen adäquat integrieren können.

Die wesentliche Idee besteht darin, den oben geschilderten Vorhersagealgorithmus in der zweiten Variante zu benutzen. Angenommen ein visuelles System beobachtet die auf der linken Seite von Abbildung 3.25 gezeigte Szene mit mehreren stationären und bewegten Objekten. Die Abbildung zeigt ein Bild einer Sequenz von 40 Bildern, in der sich u.a. drei PKWs und ein Fußgänger bewegen.

Liegen beispielsweise Erwartungen durch den raumzeitlichen Kontext oder eine sprachliche Beschreibung vor, daß der von rechts nach links fahrende helle PKW in die Seitenstraße abbiegt, führen folgende Schritte zu einer sinnvollen Beschränkung der weiteren Szenenanalyse:

Abbildung 3.25: Eine Straßenverkehrsszene und raumzeitlicher Fokus

1. Die Vorerwartungen werden zur Auswahl eines bestimmten Ereignismodells genutzt (hier 'abbiegen'). Dann wird ein raumzeitlicher Puffer instantiiert und mit einer Typikalitätsverteilung gefüllt, die aus beobachteten und verarbeiteten Abbiege-Ereignissen besteht (siehe linke Seite von Abbildung 3.26).

2. Anschließend werden ausgehend von einem Startpunkt (hier der helle PKW), der aus bis zu diesem Zeitpunkt berechneter Szenenanalyse resultiert, mithilfe des lokalen Vorhersagealgorithmus alle Abbiege-Trajektorien berechnet, die aufgrund der beobachteten Beispiele oberhalb einer gewissen Wahrscheinlichkeit liegen (siehe rechte Seite von Abbildung 3.26).

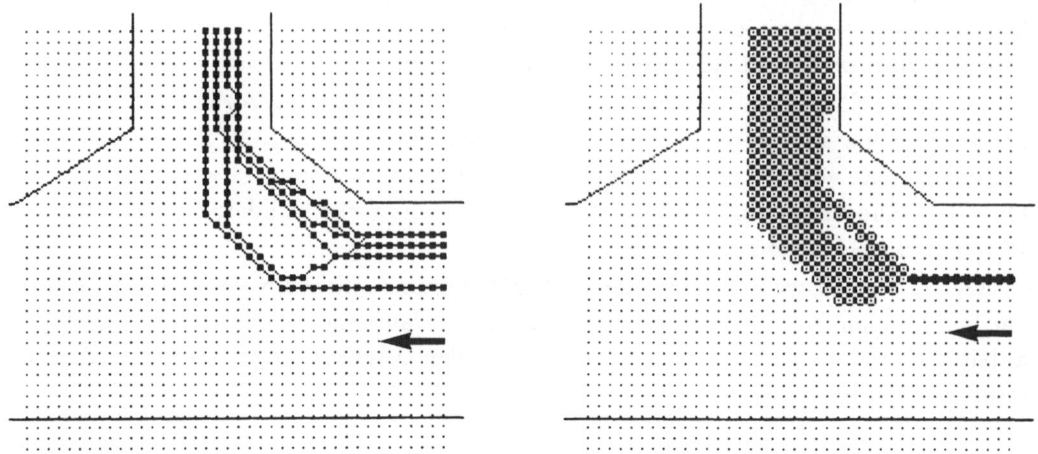

Abbildung 3.26: Beispielmenge und raumzeitlicher Suchraum

3. Die Schar der vorhergesagten Trajektorien bildet einen Suchraum für die weitere Szenenanalyse in einem bestimmten xy-Gebiet der Szene mit einem bestimmten Geschwindigkeitsverhalten. Dieser Suchraum wird als Fokus an die niederer Bilddeutung übergeben.

4. Die niedere Bilddeutung wird auf diesen Suchraum beschränkt. Er enthält relevante Information über zu erwartende Orte und Geschwindigkeiten des abbiegenden PKWs, die direkt zur gezielten Auswahl bestimmter Operatoren der niederen Bilddeutung herangezogen werden kann (siehe auch [*Mohnhaupt + Neumann 90b*]). Auf der rechten Seite der Abbildung 3.25 ist diejenige Information der Szene abgebildet, die innerhalb dieses raumzeitlichen Suchraums liegt. Diese Abbildung wurde gewissermaßen mit der Information aller Operatoren zusammengesetzt, die innerhalb des raumzeitlichen Fokus liegen; ohne Vorerwartungen wäre das komplette Bild rekonstruiert worden. Die dafür im einzelnen verwendete Variante von lokalen Operatoren ist hier nicht wesentlich. Hier wurde die raumzeitliche Energie von lokalen Gaborfiltern berechnet (siehe [*Adelson + Bergen 85*]). Man kann erkennen, daß sowohl stationäre Informationen, z.B. Häuser, als auch Bewegungen in andere als der vorhergesagten Richtungen, z.B. der am linken Rand in die Szene fahrende schwarze PKW, nicht Bestandteil des durch Vorerwartungen ausgewählten raumzeitlichen Fensters sind.

Vorhersage von außergewöhnlichen Situationen

Der oben geschilderte Vorhersagealgorithmus für einzelne Ereignisse kann ebenfalls dazu verwendet werden, gleichzeitig mehrere unterschiedliche Ereignisse vorherzusagen, die innerhalb einer in den raumzeitlichen Puffer geladenen Szene existieren. Dadurch ist es z.B. möglich, Schlüsse über mögliche Interferenzen verschiedener Objektbewegungen zu ziehen und besondere Ereignisse bzw. außergewöhnliche Situationen vorherzusagen.

In Abbildung 3.27 wird eine typisches Beispiel für eine Schlußfolgerung über den weiteren Verlauf zweier angefangener Ereignisse gezeigt. Angenommen, eine beobachtete Szene enthält zwei fahrende PKWs (schwarze Kreise), wobei der eine PKW aus einer Seitenstraße kommend in die Hauptstraße abbiegt und der andere PKW die Hauptstraße entlang fährt.

Ein System kann unter der Annahme, daß sich beide PKWs typisch verhalten, den weiteren Verlauf der angefangenen Ereignisse berechnen, indem die beteiligten Ereignismodelle in den Puffer geladen werden und typische Vorhersagen berechnet werden.

In Abbildung 3.27 führt dies zu einer Überkreuzung der beiden Trajektorien zum selben Zeitpunkt. Außergewöhnliche bzw. 'gefährliche' Situationen dieser Art können im raumzeitlichen Puffer durch einfache lokale Operatoren entdeckt werden. Ein lokaler Operator gibt immer, wenn während der Ereignisvorhersagen gleichzeitig zwei Zellen an einer xy-Position von einem Objekt belegt sind, eine entsprechende Warnung an übergeordnete Verarbeitungsprozesse. Im gezeigten Experiment in Abbildung 3.27 wurde die Position im Puffer, an der eine kritische Situation entstehen könnte, durch ein schwarzes Quadrat markiert.

Durch die Berücksichtigung von Geschwindigkeitsinformation im raumzeitlichen Puffer gelingt es, unkritische, zeitlich auseinanderliegende Überkreuzungen von Objektbewegungen und raumzeitlich koinzidierende Objektbewegungen auseinanderzuhalten.

Das für die Abbildung 3.27 verwendete Ereignismodell für 'abbiegen' resultiert aus der in Abbildung 3.9 gezeigten Beispielmenge, das Ereignismodell für 'vorbeifahren' resultiert aus der in Abbildung 3.24 gezeigten Beispielmenge.

Das Experiment über die Vorhersage von außergewöhnlichen Situationen zeigt einige Beschränkungen der bisher beschriebenen Modellierung von Ereignissen als voneinander unabhängige raumzeitliche Entitäten auf. Denn in vielen Fällen führt die in Abbildung 3.27 gezeigte Situation in der Realität dazu, daß die beiden Verkehrsteilnehmer ihr Verhalten anpassen und der abbiegende PKW an der Kreuzung langsam fährt, bis der andere PKW vorbeigefahren ist. Die Modellierung solcher Abhängigkeiten von Ereignissen erfordert allerdings die Erkennung von Intentionen und zusätzliches Weltwissen, z.B. über Verkehrsregeln. Beides ist nicht Gegenstand dieser Arbeit und verbleibt für zukünftige Untersuchungen.

Pfadplanung

Der Vorhersagealgorithmus führt in der ersten Variante (siehe Abschnitt 3.6.2) durch lokale Maximumssuche zu einer Trajektorie. In den bisher gezeigten Beispielen resultierte der Verlauf eines Typikalitätsfeldes aus gelernten und weiterverarbeiteten Objektbewegungen. Für den Vorhersagealgorithmus ist es allerdings ohne Bedeutung, wie das Aktivierungsfeld entstanden ist.

Mit den bisher beschriebenen Operationen lassen sich deshalb auch z.B. diejenigen Pfad-

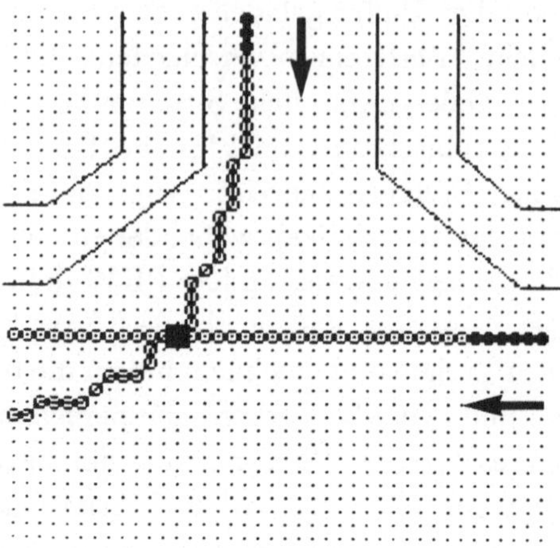

Abbildung 3.27: Vorhersage des Zusammentreffens von Objekten

planungssituationen modellieren, die von [*Steels 88b*] und [*Steels 90*] beschrieben werden
(siehe auch Abschnitt 2.3).

In Abbildung 3.28 ist eine derartige Situation skizziert. Die Aufgabe für einen Roboter
besteht hier darin, ein bestimmtes Ziel auf dem kürzesten Weg zu erreichen. Dieser Prozeß
wird im raumzeitlichen Puffer folgendermaßen modelliert:

1. Das Ziel und der Roboter werden an die entsprechenden xy-Koordinaten in den Puffer
   geladen.

2. Vom Ziel aus wird ein Abstandsfeld generiert, wie in Abschnitt 3.5.3 im Zusammenhang mit der Berechnung perzeptueller Primitive beschrieben. Danach hat jede Zelle
   des Puffers einen Aktivierungswert, der proportional zu seinem Abstand zum Ziel ist.

3. Der Roboter wählt mithilfe der ersten Variante des Vorhersagealgorithmus, der lokalen
   Maximumssuche, den kürzesten Weg zum Ziel.

Besonders elegant ist diese Lösung des Pfadplanungsproblems bei der Berücksichtigung
von beliebig vielen beliebig geformten Hindernissen. Dies ist auf der rechten Seite von
Abbildung 3.28 skizziert. In diesem Fall werden auch die Hindernisse in den Puffer eingetragen, und danach werden die Schritte 1-3 ausgeführt mit der zusätzlichen Bedingung,
daß Abstandswerte nicht durch Hindernisse hindurch propagiert werden dürfen. Dadurch
ergibt sich ein angepaßtes Abstandsfeld. Die schwarzen Pfeile zeigen jeweils die Richtung
des maximalen Gradienten und damit die Bewegungsrichtung des Roboters an.

Der entscheidende Vorteil der Repräsentation dieses Pfadplanungsproblems im piktoriellen raumzeitlichen Puffer besteht darin, daß die Komplexität des Lösungsalgorithmus nur

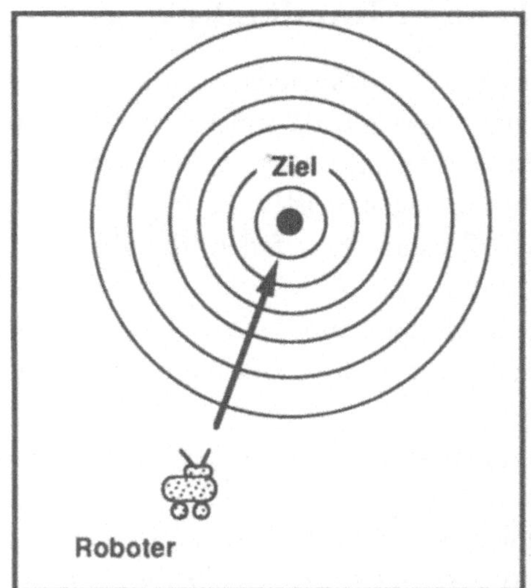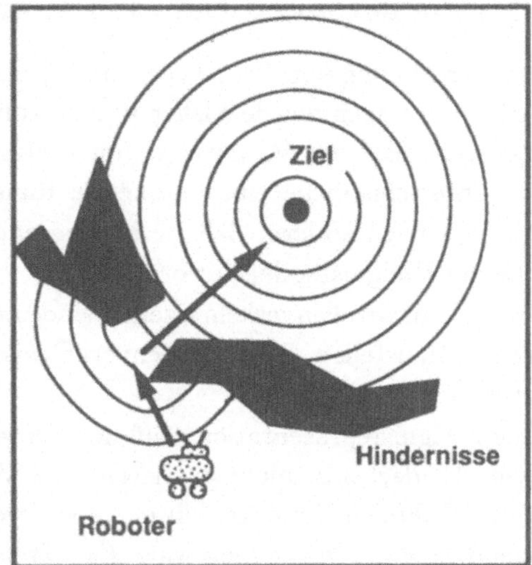

Abbildung 3.28: Pfadplanung

linear mit dem Abstand zwischen Roboter und Ziel wächst und unabhängig von der Anzahl und der Form der Hindernisse ist. Dies gelingt, weil die für eine Pfadplanung wesentlichen Randbedingungen der Hindernisse im raumzeitlichen Puffer in einfache lokale Operationen transformiert worden sind.

Bei allen bekannten Verfahren, die dasselbe Problem auf 'klassische' propositionale Weise lösen ist der Zeitaufwand größer (siehe z.B. [*Brady 82*], [*Brooks 83*], [*Kant + Zucker 86*], [*Crowley 87*]). Beispielsweise geben [*Kant + Zucker 86*] an, daß der Aufwand bei den für Pfadplanungen vielfach verwendeten Graphsuchverfahren exponentiell mit der Anzahl der Freiheitsgrade des Roboters, quadratisch mit der Anzahl der Hindernisse und in der dritten Potenz mit Komplexität der Hindernisse (gemessen an der Komplexität eines sie beschreibenden Polygons) wächst.

Das Pfadplanungsbeispiel zeigt deutlich, daß die Aufwandseinsparung durch die Benutzung einer piktoriellen Repräsentation in einigen Fällen nicht nur in der Parallelisierung des Problems besteht, sondern daß offenbar zusätzliche Vorteile durch die speziellen Eigenschaften der Repräsentation bestehen. Interessanterweise ändert sich das Zeitverhalten bei einer Pfadplanung mit piktoriellen Repräsentationen nicht, wenn die Anzahl der 'Prozessoren' (Zellen der piktoriellen Repräsentation) verringert wird. Es ändert sich dabei allerdings die Präzision der Pfadplanung, denn der modellierte Raum wird bei weniger Zellen entsprechend gröber quantisiert.

3.6.4   Vorhersagen bei einschränkenden Randbedingungen

Bei der Berechnung von Prototypen und generischen Ereignismodellen sowie daraus abgeleiteten Vorhersagen wurde bisher immer von einer gewissen Allgemeinheit der Situation ausgegangen. Bei der Vorhersage von bestimmten Ereignissen in konkreten Situationen können unterschiedliche einschränkende Randbedingungen existieren, die die Ereignisse nicht so drastisch ändern, daß sie in eine andere Ereignisklasse fallen, die aber eine Anpassung der Ereignismodelle erfordern.

Beispiele in Straßenverkehrsszenen sind u.a. Hindernisse auf der Straße, z.B. parkende Fahrzeuge, Baustellen, oder Straßenverhältnisse, die nur niedrige Geschwindigkeiten erlauben, usw.

Eine Ereignisrepräsentation muß flexibel sein, um der Situation angepaßte Schlüsse zuzulassen. Es darf z.B. nicht passieren, daß Vorhersagen berechnet werden, die durch ein parkendes Fahrzeug hindurchführen, auch wenn dieses Fahrzeug beim Erlernen des Ereignismodells nicht vorhanden war. Es wäre aus ökonomischen Gründen unplausibel, für derartige nur geringfügig abweichende aber häufige Situationen spezielle Ereignismodelle zu verwenden.

Die Anpassung von Ereignismodellen ist typischerweise ein Prozeß, bei dem Modellwissen an aktuelle visuelle Daten angepaßt werden muß. Daher ist eine Repräsentation von Vorteil, welche diese Integration von datengetriebener und erwartungsgesteuerter Information unterstützt. Es ist wesentlich, daß Modellwissen und visuelle Daten in einem Format vorliegen, das zu möglichst einfachen Anpassungsprozessen führt.

Es wäre beispielsweise sehr komplex, generische Ereignismodelle direkt an konkrete visuelle Daten anzupassen, da sie i.A. in unterschiedlichen Dimensionen vorliegen. Es liegt nahe, generische Modelle zunächst an die konkrete Szene anzupassen (siehe Abschnitt 3.5.3), und danach die einschänkenden visuellen Daten zu integrieren. Dies scheint aufgrund der psychologischen Ergebnisse (siehe Abschnitt 2.2) auch die Strategie des menschlichen kognitiven Systems zu sein, denn Vorerwartungen, zu denen keine konkreten visuellen Vorstellungen generiert werden können, sind offenbar nicht zur Beschleunigung und Verbesserung visueller Prozesse nutzbar.

Im folgenden wird demonstriert, daß lokale Inhibitionsprozesse im visuellen Puffer die geforderte Funktionalität realisieren und die Ereignismodelle an einschränkende Randbedingungen anpassen können. Einschränkende Randbedingungen werden hier auch *Hindernisse* genannt, allerdings in einer erweiterten Bedeutung: Ein Hindernis ist ein Unterraum des vierdimensionalen raumzeitlichen Puffers, indem keine Aktivitäten erlaubt sind. Dies kann z.B. ein parkender PKW, also ein xy-Gebiet sein, oder auch ein bestimmter Geschwindigkeitsbereich des Puffers sein.

Diese Hindernisse werden in den raumzeitlichen Puffer eingetragen, dadurch daß die betroffenen Zählerzellen auf Null gesetzt werden. Die Anpassung des Ereignismodells erfolgt durch Propagation dieser Information mithilfe einer lokalen **Inhibitionsoperation**: Jede Zelle S_i des Puffers setzt ihren eigenen Aktivierungswert auf Null, wenn eine der beiden folgenden Bedingungen erfüllt ist:

- Alle Zählerzellen, die von S_i direkt erreicht werden können (Nachfolgernachbarschaft, siehe Abbildung 3.22), haben keine von Null verschiedenen Aktivierungswerte.

- Alle Zählerzellen, von denen S_i direkt erreicht werden kann (Vorgängernachbarschaft, siehe Abbildung 3.22), haben keine von Null verschiedenen Aktivierungswerte.

Die Inhibitionsoperation wird solange angewendet, bis sie keine Änderungen von Zählerzellen im Puffer mehr bewirkt. Nach Abschluß der Anpassungsiterationen sind alle diejenigen Teiltrajektorien aus dem Ereignismodell entfernt worden, die durch den vom Hindernis belegten Unterraum des Puffers führen würden. Bei angenommener gleichzeitiger Anwendung der Inhibitionsoperation auf allen Zählerzellen hat die Iteration maximal soviel Schritte, wie die längste aus dem Puffer entfernte Teiltrajektorie. Im folgenden werden einige experimentelle Ergebnisse gezeigt.

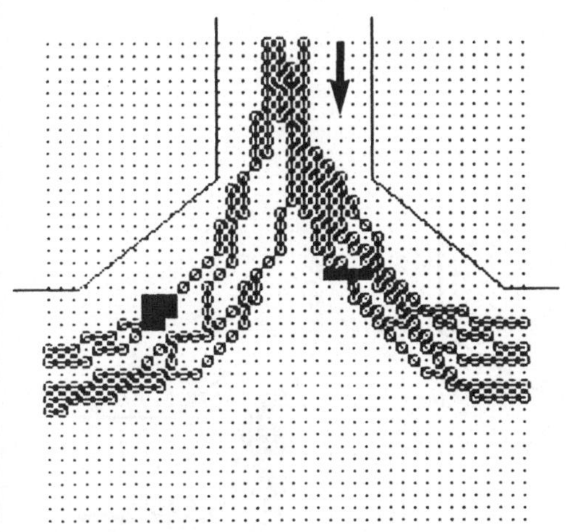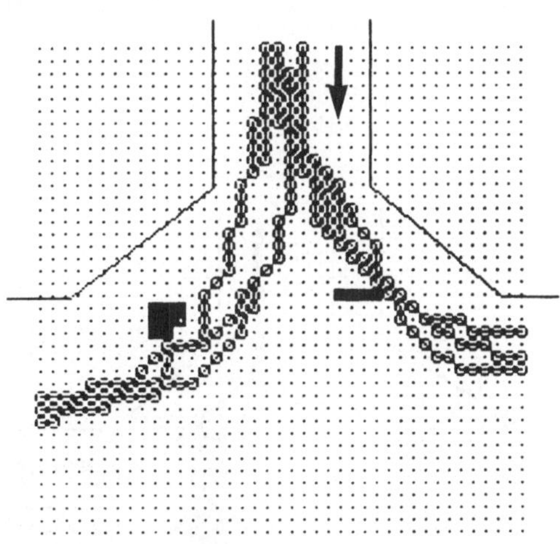

Abbildung 3.29: Skelett mit Hindernissen

Auf der linken Seite von Abbildung 3.29 ist die xy-Projektion eines Skeletts für 'abbiegen' zu sehen. In den Puffer wurden zwei Hindernisse eingetragen (schwarze Rechtecke). Auf der rechten Seite von Abbildung 3.29 ist dasselbe Skelett abgebildet nach Anwendung der Inhibitionsoperation. Alle Trajektorien, die zu unplausiblen Vorhersagen durch die Hindernisse hindurch führen würden, sind dadurch blockiert worden.

Auf der linken Seite von Abbildung 3.30 ist ein Beispiel gezeigt, in dem ein Hindernis alle prototypischen Pfade eines Skeletts blockiert. Der Effekt der Inhibitionsoperation ist auf der rechten Seite von Abbildung 3.30 zu sehen. Die bisherigen Prototypen wurden alle

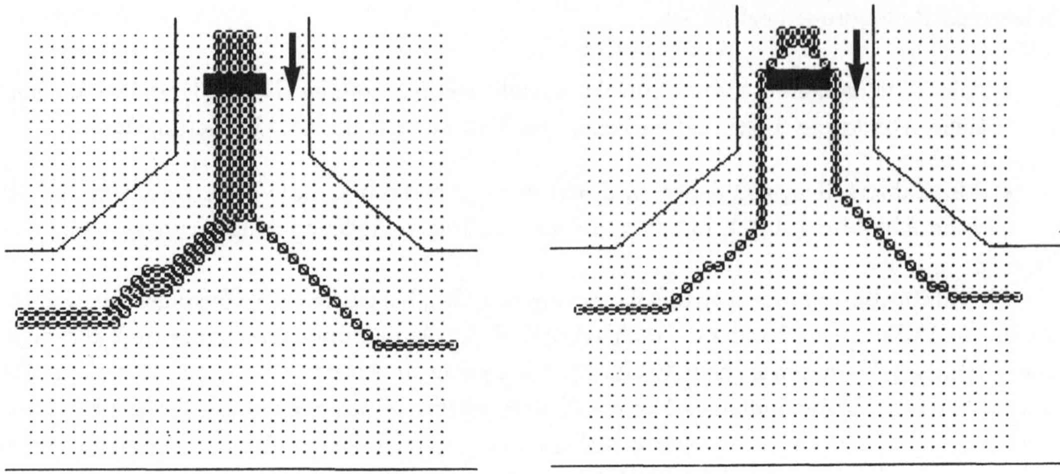

Abbildung 3.30: Ein anderes Skelett mit Hindernissen

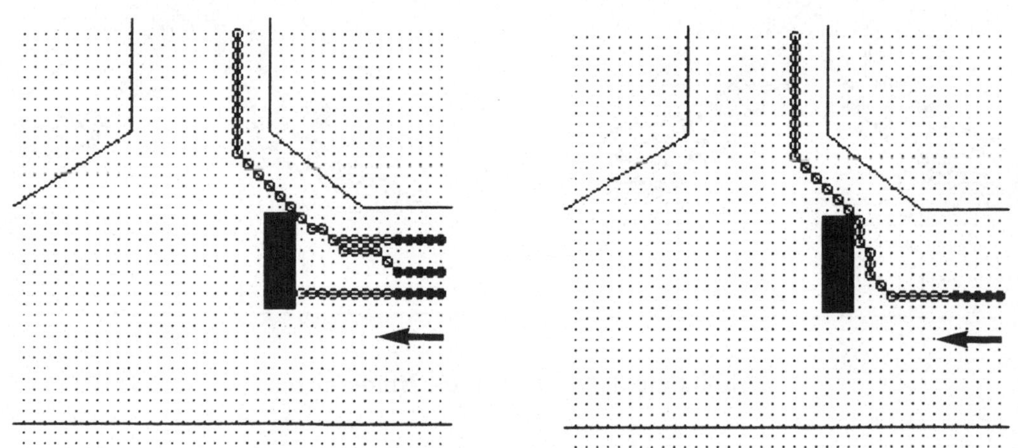

Abbildung 3.31: Einzelne Vorhersagen vor und nach Inhibition

aus dem Skelett entfernt. Dadurch sind Trajektorien zu lokalen Maxima geworden, die vorher nicht Teil des Skeletts waren, die aber an den Hindernissen vorbeiführen.

Dieses Beispiel deutet gleichzeitig auch die Grenzen des lokalen Anpassungsprozesses an. Wenn die Hindernisse einer bestimmten Situation alle durch Beobachtung und Berechnung von Generalisierungen gewonnenen Trajektorien blockieren, lassen sich keine Vorhersagen berechnen. Für diesen Fall muß von einem komplexeren Anpassungsprozeß ausgegangen werden, z.B. durch Modellierung von zusätzlich gespeicherten 'Hindernis-umfahren'-Ereignissen.

Abbildung 3.31 zeigt die Auswirkung der Inhibitionsoperation auf die Vorhersage einzelner Beispiele. Auf der linken Seite der Abbildung sind Vorhersagen ausgehend von verschiedenen Startpunkten (schwarze Kreise) zu sehen. Die Vorhersagen basieren auf dem Ereignismodell, welches in in Abbildung 3.7 gezeigt ist. Zusätzlich wurde ein Hindernis in den Puffer eingetragen. Ohne Anpassungsoperation trifft eine der vorhergesagten Trajektorien auf das Hindernis. Nach Anwendung der Inhibitionsoperation (rechte Seite) führt eine Trajektorie mit demselben Startpunkt am Hindernis vorbei und damit zu einer der Situation angepaßten physikalisch plausiblen Vorhersage.

3.7 Erkennen typischer Ereignisse

In Abschnitt 3.2.1 wurde als ein wesentlicher Nachteil von propositionalen Ereignismodellen (siehe Abschnitt 3.2.1) angesehen, daß sie bei einer Ereigniserkennung keine Unterscheidung von typischen und atypischen Ereignissen zulassen.

Der hier beschriebene Ansatz hybrider Ereignismodelle erlaubt bei einer Ereigniserkennung auch die Unterscheidung verschiedener Typizitäten mithilfe eines einfachen Algorithmus, der eine zweistufige Ereigniserkennung realisiert.

Hybride Ereignismodelle (siehe z.B. Abbildung 3.21) beinhalten einerseits propositionale Beschreibungen und verfügen andererseits über entsprechende Information, um einen raumzeitliche Puffer mit einem Typikalitätsfeld eines Ereignismodells zu füllen.

Als Maß für Typizität werden hier die Aktivierungswerte verwendet, die entlang von prototypischen Trajektorien getroffen werden. Da ein Ereignis durch mehrere Prototypen charakterisiert sein kann (siehe Abschnitt 3.5.2), wird derjenige Prototyp als der am meisten typische Prototyp definiert, der entlang der Trajektorie die Summe der Aktivierungswerte maximiert. Eine nach Typizität zu charakterisierende Ereignisinstanz wird durch Vergleich mit diesem Prototyp eingeordnet.

Der verfeinerte Algorithmus zur Ereigniserkennung enthält im Wesentlichen die folgenden Schritte:

1. Propositionale Ereigniserkennung nach [*Neumann + Novak 86*] und [*Neumann 89*], (siehe auch Abschnitt 3.2.1). Dieser Teilschritt realisiert einen ersten 'groben' Erkennungsprozeß.

2. Für ein erkanntes Ereignis wird der raumzeitliche Puffer instantiiert und mit einem Typikalitätsfeld für dieses Ereignis gefüllt (siehe auch Abschnitt 3.6.1).

3. Für die Trajektorie des erkannten Ereignisses wird die Summe der getroffenen Aktivierungswerte entlang dieser Trajektorie berechnet und das Verhältnis gebildet mit der Summe der Aktivierungswerte für den am meisten typischen Prototyp. Das Verhältnis der Summen ist ein Maß für die Typizität der erkannten Trajektorie.

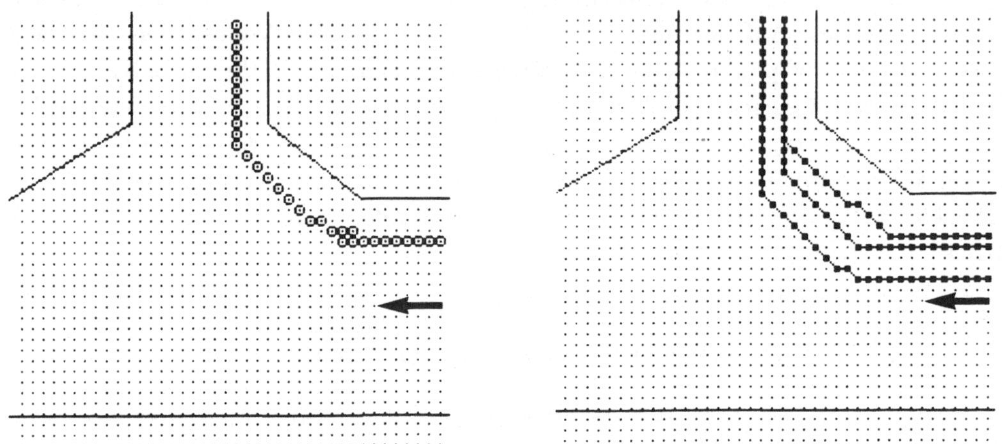

Abbildung 3.32: Ereignisse unterschiedlicher Typizität

Je nach geforderter Granularität der Ereigniserkennung können unterschiedlich viele Klassen der Typizität gebildet werden. In Abbildung 3.32 ist auf der rechten Seite ein Beispiel gezeigt, in dem drei Abbiege-Trajektorien abgebildet sind. Sie wurden relativ zu einem Typikalitätsfeld[14], dessen Skelett auf der linken Seite abgebildet ist, in drei unterschiedliche Typizitätsklassen eingeteilt. Trajektorie 1 (oben) ist danach 'sehr typisch' (75-100 Prozent der Aktivitätensumme des Prototypen), Trajektorie 2 (mitte) ist 'typisch' (50-75 Prozent der Aktivitätensumme des Prototypen), und Trajektorie 3 (unten) ist 'atypisch' (0-25 Prozent des Prototypen).

Die Bewertung der unterschiedlichen Typizitäten von Ereignisinstanzen kann einem System auch bei solchen Objektbewegung zu besseren Vorhersagen verhelfen, die als Anfangsphase verschiedener Ereignisse gedeutet werden können. Denn es besteht die Möglichkeit, dasjenige Ereignismodell als Hypothese zu betrachten, für das die Beobachtung am meisten typisch ist.

---

[14]Dieses Typikalitätsfeld entstand aus den Beispielen, die in Abbildung 3.7 zu sehen sind.

3.8 Zusammenfassung

Die in diesem Kapitel erarbeiteten Ergebnisse enthalten einerseits Beiträge zur Modellierung von raumzeitlichen Ereignissen und andererseits Beiträge zur Diskussion über piktorielle Repräsentationen:

Die wesentliche Information zur Charakterisierung von raumzeitlichen Ereignissen bilden sogenannte perzeptuelle Primitive. Perzeptuelle Primitive sind Basisgrößen zur Beschreibung von Objektbewegungen und raumzeitlichen Relationen zwischen Objekten. Sie können aus typischen Ausgaben von visuellen Prozessen, z.B. raumzeitlichen Koordinaten einzelner Objekte, berechnet werden. Für eine bestimmte Ereignisklasse ist jeweils eine bestimmte Untermenge der perzeptuellen Primitive invariant und damit als generische Ereignisbeschreibung geeignet. Eine qualitative propositionale Beschreibung der invarianten perzeptuellen Primitive eines bestimmten Ereignisses führt zu einer sprachorientierten Repräsentation, die als Ausgangspunkt für die Generierung sprachlicher Äußerungen geeignet ist.

Wegen der sehr unterschiedlichen Anforderungen an Ereignismodelle wurde eine hybride Ereignisrepräsentation entworfen. Ereignismodelle sind in einer propositionalen Langzeitrepräsentation gespeichert mit zusätzlicher Information, die es gestattet, eine spezialisierte piktorielle Kurzzeitrepräsentation zu instantiieren, einen sogenannten raumzeitlichen Puffer.

Der raumzeitliche Puffer ist ein vierdimensionales Feld mit zwei Orts- und zwei Geschwindigkeitsdimensionen, in das Objekte und Objektbewegungen als Aktivitätsverläufe eingetragen werden. Der Puffer kann sowohl mit perzeptuellen Eingaben als auch mit Vorerwartungen über eine Szene gefüllt werden und wird zum beispielbasierten Lernen von Bewegungskonzepten, zum Berechnen von perzeptuellen Primitiven, für die Fokussierung von Prozessen der niederen Bilddeutung durch Vorerwartungen und für die Lösung verschiedener Aufgaben des raumzeitlichen Schließens ausgenutzt.

Die propositionale Ereignisbeschreibung wird, wie in anderen Ansätzen, für Ereigniserkennung und als Ausgangspunkt für die Generierung von sprachlichen Beschreibungen benutzt. Die Ereigniserkennung wurde durch ein Zusammenwirken von propositionaler Erkennung und anschließender Bewertung der Typizität mithilfe des raumzeitlichen Puffers verbessert. Darüber hinaus erlaubt eine Bewertung der Typizität von Objektbewegungsinstanzen eine größere Vorhersagekraft in mehrdeutigen Situationen.

Zur Debatte über piktorielle Repräsentationen liefern die Ergebnisse dieses Kapitels die neue Erkenntnis, daß sich piktorielle Repräsentationen gut zur Realisierung verschiedener Lernprozesse und für die Repräsentation zeitlicher Abläufe eignen. Es konnte gezeigt werden, daß sich ein beispielbasiertes Lernverfahren elegant mit einfachen lokalen Prozessen in einer piktoriellen Repräsentation modellieren läßt. Die lokalen Prozesse werden sowohl für das Berechnen von Generalisierungen als auch zur Berechnung von Prototypen herangezogen.

Der entscheidende Vorteil dieser spezialisierten und piktoriellen Repräsentation liegt darin, daß die verschiedenen zu lösenden Aufgaben in dieser Repräsentation von einfachen lokalen Prozessen gelöst werden. Dies ist möglich, weil die für Ereigniskonzepte relevante Information geeignet organisiert ist. Daraus resultieren weniger aufwendige Algorithmen als bei der Verwendung universeller Repräsentationen.

Darüber hinaus wurde gezeigt, daß verschiedene, in anderen Domänen bereits mithilfe piktorieller Repräsentationen gelöste Probleme auch bei der Modellierung von raumzeitlichen Ereignissen geeignet durch piktorielle Repräsentation gelöst werden können. Dazu gehört sowohl das Berechnen von raumzeitlichen Relationen mit lokalen Prozessen als auch Berechnen von Vorhersagen für verschiedene Aufgaben des raumzeitlichen Schließens mit Ereignismodellen. Vorhersagen werden dabei mithilfe eines lokalen Prädiktionsalgorithmus berechnet. Auch die Anpassung von Ereignismodellen an die Randbedingungen spezieller Situationen konnte in der piktoriellen Repräsentation mit einfachen lokalen Operationen gelöst werden.

Die Resultate stützen die Annahme der Nützlichkeit einer spezialisierten piktoriellen Repräsentation des Gegenständlichen, unabhängig von den bereits in Kapitel 2 zusammengefaßten Ergebnissen.

Kapitel 4

Piktorielle R-Systeme

4.1   Einleitung

In diesem Kapitel werden die wesentlichen Charakteristika piktorieller Repräsentationssysteme herausgearbeitet. Piktorielle R-Systeme werden als eine Unterklasse von allgemeinen R-Systemen mit bestimmten speziellen Eigenschaften definiert. Dabei werden mehrere Ziele verfolgt:

- Die Zurückführung der verschiedenen experimentellen Arbeiten mit bildhaften Repräsentationen in der Künstlichen Intelligenz auf ein Modell. Dabei werden sowohl die Ergebnisse der verschiedenen in Abschnitt 2.3 zusammengefaßten Untersuchungen berücksichtigt als auch die eigenen Untersuchungen zur Modellierung von Ereignissen (siehe Kapitel 3).

- Eine theoretischer Rahmen, der es erlaubt, die verschiedenen experimentellen Ergebnisse zu mentalen bildhaften Repräsentationen (siehe Abschnitt 2.2) besser einzuordnen und neue experimentelle Fragestellungen abzuleiten.

- Die Integration verschiedener theoretischer Sichten auf piktorielle bzw. bildhafte Repräsentationen (siehe Abschnitt 2.4).

Mit dem entworfenen theoretischen Rahmen wird die Möglichkeit geschaffen, piktorielle R-Systeme gegen andere R-Systeme besser abgrenzen zu können, und Vor- und Nachteile piktorieller R-Systeme im Vergleich zu anderen R-Systemen besser benennen zu können.

In Abschnitt 4.2 werden universelle R-Systeme definiert. Dabei wird insbesondere auf die Arbeiten von [*Palmer 78a*] und [*Rehkämper 91*] Bezug genommen, und in Abschnitt 4.3 werden diejenigen Einschränkungen universeller R-Systeme aufgezählt, die zu piktoriellen R-Systemen führen.

4.2 Universelle R-Systeme

In diesem Abschnitt werden universelle R-Systeme definiert, und es wird auf deren zentrale Bedeutung eingegangen. Außerdem werden einige Eigenschaften universeller R-Systeme diskutiert, die für die in Abschnitt 4.3 folgende Charakterisierung piktorieller R-Systeme wesentlich sind.

4.2.1 Definition

Die Theorie von [*Palmer 78a*] über Struktur und Eigenschaften mentaler Repräsentationen läßt sich auf nicht-mentale Repräsentationen verallgemeinern und kann deshalb u.a. auch auf computerinterne Repräsentationen und externe Repräsentationen angewendet werden. Sie wird im folgenden als Ausgangspunkt für die Definition universeller R-Systeme herangezogen. Außerdem werden die Erweiterungen der Theorie durch [*Rehkämper 90*] und [*Rehkämper 91*] berücksichtigt.

Palmer geht in seiner Repräsentationstheorie von der Existenz zweier unterschiedlicher Welten aus (siehe auch Abschnitt 2.4.1): der *repräsentierten* Welt und der *repräsentierenden* Welt. Zu einem vollständig spezifizierten R-System gehören fünf Bestandteile: die repräsentierte Welt **U**, die repräsentierende Welt **B**, diejenigen Aspekte der repräsentierten Welt, die modelliert werden **W**, diejenigen Aspekte der repräsentierenden Welt, welche die Modellierung übernehmen **M**, und die Angabe der Abbildung von **W** nach **M**.

Die Präzisierungen des Ansatzes von Palmer durch [*Rehkämper 90*] und [*Rehkämper 91*] beziehen sich sowohl auf den zu modellierenden Weltausschnitt **W** des Palmerschen R-Systems als auch auf den modellierenden Teil **M**. Rehkämper führt die folgenden Größen ein (siehe auch Abschnitt 2.4.3): Die Menge **G** der Gegenstände der Urwelt, die modelliert werden sollen, die Menge **E** der Eigenschaften der Gegenstände **G**, die Menge **R** der zu modellierenden Relationen zwischen den Gegenständen **G**, und die Menge **O** der Operationen, die bezüglich (**G**, **E**, **R**) definiert sind[1].

Das Quadrupel (**G**, **E**, **R**, **O**) definiert damit genau denjenigen Ausschnitt **W** der Urwelt **U**, der durch eine entsprechende Repräsentation **M** modelliert werden soll.

Ein universelles R-System kann also vollständig beschrieben werden durch die folgenden Angaben:

- Das Quadrupel (**G**, **E**, **R**, **O**), das den zu modellierenden Ausschnitt der Urwelt beschreibt,

- das entsprechendes Quadrupel (**G'**, **E'**, **R'**, **O'**), das die repräsentierende Welt **B** charakterisiert, und

---

[1] Der von Rehkämper gewählte Begriff 'Operationen' ist hier etwas mißverständlich, denn er bezeichnet Veränderungen der Welt, ohne daß diese Veränderungen notwendigerweise durch Operatoren verursacht sind.

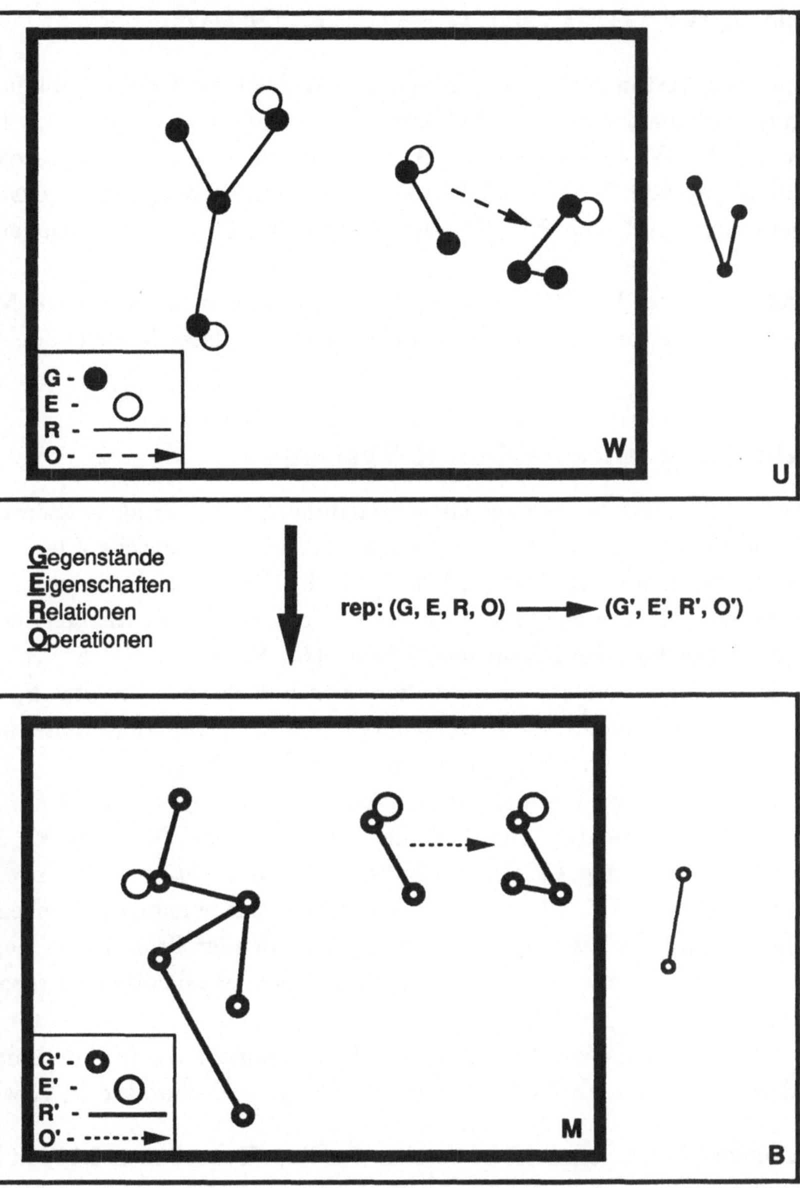

Abbildung 4.1: Universelles R-System

- die Abbildung **rep** : $G \cup E \cup R \cup O \longrightarrow G' \cup E' \cup R' \cup O'$.

Die definierenden Bestandteile eines universellen R-Systems sind in Abbildung 4.1 integriert und graphisch dargestellt. Die Abbildung 4.1 umfaßt sowohl Welt **U**, zu modellierenden Weltausschnitt **W**, Repräsentation **B**, modellierenden Teil der Repräsentation **M** und die Abbildung **rep** von **W** nach **M**. **W** und **M** bestehen jeweils aus Gegenständen (**G** bzw. **G'**), Eigenschaften (**E** bzw. **E'**), Relationen (**R** bzw. **R'**) und Operationen (**O** bzw. **O'**).

Wenn im folgenden der Begriff *Repräsentation* verwendet wird, ist jeweils **M** gemeint und die *Semantik* einer Repräsentation entspricht innerhalb dieses Modells der Abbildung **rep**.

4.2.2   Bedeutung universeller R-Systeme

Folgt man der in Kapitel 1 genannten Grundannahme der Kognitionswissenschaft, daß interne Repräsentationen und deren Verarbeitung für jedes biologische oder maschinelle intelligente System **S** zentrale Bedeutung haben, ist das beschriebene universelle Schema für R-Systeme prinzipiell dazu geeignet, jede Art von speziellem künstlichen oder biologischen R-System zu beschreiben, indem das 9-Tupel (**G**, **E**, **R**, **O**, **G'**, **E'**, **R'**, **O'**, **rep**) spezifiziert wird. Zur Beschreibung eines existierenden biologischen Systems S_b, bzw. zur Modellierung eines künstlichen Systems S_k gehört demnach notwendigerweise die Angabe von Repräsentationen M_{b_i} (bzw. M_{k_i}), wobei $i \geq 1$ ist[2].

Prinzipiell kann in intelligenten informationsverarbeitenden Systemen **W** ein beliebiger Ausschnitt der Welt sein und **rep** eine beliebige Abbildung von **W** nach **M**. **M** ist ein Formalismus mit Gegenständen **G'**, Eigenschaften **E'** und Relationen **R'**, sowie turing-berechenbaren Operationen **O'**. **M** muß aber keineswegs auf einem universellen Rechner instantiiert sein, es kann ein beliebiger gesetzmäßig ablaufender Prozeß sein, der eine bestimmte Funktion realisiert, z.B. ein Analogrechner in Form physikalischer Prozesse (siehe z.B. [*Dewdney 85*]).

Forschungen in der kognitiven Psychologie, z.B. diejenigen, die in Abschnitt 2.2 beschrieben wurden, können innerhalb der Theorie der R-Systeme charakterisiert werden als:

- Untersuchungen der Eigenschaften bestimmter Repräsentationen M_i mit (**G'**, **E'**, **R'**, **O'**), z.B. durch Reaktionszeit- oder Fehlerexperimente, und

- Untersuchung der Abbildung **rep** eines bestimmten Realweltausschnittes W_i auf M_i Dies geschieht typischerweise durch Auswahl und Test entsprechender Stimuli.

Die Arbeiten zu künstlichen intelligenten Systemen in der KI lassen sich ebenfalls als Untersuchungen zu bestimmten Teilaspekten eines universellen R-Systems einordnen. In

---

[2]Zu einer vollständigen Beschreibung intelligenter Systeme gehören zusätzlich andere Komponenten, insbesondere Sensoren und Effektoren, die aber nicht Gegenstand dieser Arbeit sind.

der KI existiert eine Unterteilung entsprechend verschiedener modellierter **W**'s, in die verschiedenen KI-Gebiete wie 'Bildverstehen', 'Sprachverstehen', 'Expertensysteme', etc. Andererseits existieren Untersuchungen, die sich vornehmlich mit bestimmten Operationen **O**' auf fest vorgegebenen Gegenständen **G**' und weitgehend unabhängig von bestimmten **W**s und **reps** beschäftigen. Darunter fallen z.B. Forschungen im Bereich 'Suchverfahren'. **G**' besteht hier typischerweise aus Baumstrukturen oder Graphen.

Verschiedene andere Untersuchungen in der KI haben bestimmte Repräsentationen **M** zum Gegenstand und deren Eignung, unterschiedliche Aspekte der Welt **U** adäquat abzubilden. Beispielsweise gehören 'Framerepräsentationssprachen' wie KL-ONE in diese Kategorie. Außerdem existieren Forschungen, die einen einzigen Repräsentationsformalismus **M** auf seine Eignung untersuchen, *alle* möglichen Weltausschnitte W_i adäquat zu modellieren. Hierunter fallen sowohl Untersuchungen, die Logik als einzige Repräsentation **M** favorisieren, als auch solche, die konnektionistische Systeme als universell einsetzbare Repräsentation ansehen. Auf beide Ansätze wird in Abschnitt 4.2.3 näher eingegangen.

Aus informatischer Sicht können **G**', **E**' und **R**' als generische Basis zur Bildung beliebiger abstrakter Datenstrukturen angesehen werden, und **O**' entspricht den auf den Datenstrukturen durchführbaren Operationen. Alle in der Informatik bekannten Datenstrukturen, z.B. Stacks, Records oder Felder, sowie die dazugehörigen Operationen lassen sich mithilfe von entsprechenden **G**', **E**', **R**' und **O**' modellieren.

4.2.3 Eigenschaften von R-Systemen

Kurzzeit- und Langzeit Repräsentationen

Die Anzahl $M_1...M_n$ der Repräsentationen ist eine charakteristische Größe für jedes intelligente System. Für die Modellierung biologischer Systeme ist die Anzahl **n** eine empirische Frage. Die bisher in der Kognitionswissenschaft diskutierten Modelle reichen von $i = 1$ (siehe z.B. [*Pylyshyn 84*]) bis $i \gg 1$ (z.B. [*Minsky 85*]). Für den Entwurf künstlicher Systeme wurden ebenfalls von $n = 1$ bis zu $n \gg 1$ reichende Modelle vorgeschlagen.

Um theoretisch zu diskutieren, wieviel verschiedene Repräsentationsformen innerhalb eines intelligenten Gesamtsystems erforderlich und sinnvoll sind, sollen zunächst die prinzipiellen Möglichkeiten näher eingegrenzt werden.

Grundsätzlich lassen sich zunächst die zwei Fälle $i = 1$ und $i > 1$ unterscheiden:

- $i = 1$.

  Hierbei steht einem biologischen intelligenten System S_b oder einem künstliche System S_k permanent ein einziges Repräsentationsformat **M** zur Verfügung, das zur Modellierung aller relevanten Realweltausschnitte herangezogen wird. **M** besteht aus zu untersuchenden bzw. zu spezifizierenden Gegenständen, Relationen, Eigenschaften und Operationen. Außerdem gilt es, die Abbildung **rep** empirisch zu untersuchen bzw. anzugeben.

[*Pylyshyn 84*] und [*Fodor + Pylyshyn 88*] nehmen für das menschliche kognitive System ein einziges Repräsentationsformat an und vertreten die Annahme eines propositionalen Einheitssystems.

Für [*Pylyshyn 84*] existiert einerseits die sogenannte funktionale Architektur des kognitiven Systems, sozusagen die Hardware für Informationsverarbeitungsprozesse, und andererseits ziel- und erwartungsgesteuerte kognitive Prozesse, die auf alle Teile des Weltwissens zugreifen können und die propositional modelliert werden sollten. Pylyshyn identifiziert die funktionale Architektur mit der sytaktischen Ebene bei [*Newell 82*] und die höheren kognitiven Prozesse mit Newell's Wissensebene (knowledge level). Die kognitive Penetrierbarkeit (d.h. die Beeinflußbarkeit durch höhere kognitive Entitäten, z.B. Ziele und Wünsche) eines bestimmten Prozesses beweist nach Pylyshyn die Zugehörigkeit zur propositionalen Repräsentationsebene. Prozesse der funktionellen Architektur sind nicht penetrierbar bzw. änderbar, da sie fest vorgegebenen Strukturen entsprechen.

Aus diesem Modell leitet sich Pylyshyn's Kritik an einem kognitiven piktoriellen R-System ab. Weil einige Teilprozesse des piktoriellen R-Systems kognitiv penetrierbar sind (siehe [*Pylyshyn 84*]), kann es nicht Bestandteil der funktionalen Architektur sein. Damit gehört es zu den komplexen ziel- und erwartungsgesteuerten Prozessen, die nach Pylyshyn besser propositional mithilfe des verwendeten Weltwissens beschrieben werden können.

Beispielsweise lassen sich die Ergebnisse der 'Scanning-Experimente' (siehe Abschnitt 2.2) nach Pylyshyn damit erklären, das Versuchspersonen wissen, daß es länger dauert, weiter entfernte Punkte anzusteuern. Eine Erklärung durch fest vorgegebene strukturelle Eigenschaften des Repräsentationsmediums mißlingt nach Pylyshyn wegen der kognitiven Penetrierbarkeit der Scanning-Prozesse.

[*Fodor + Pylyshyn 88*] vertreten den Standpunkt, daß auf der propositionalen kognitive Ebenen für **G'** symbolische und strukturierte (molekulare) Ausdrücke angenommen werden müssen, die aus atomaren repräsentierenden Einheiten zusammengesetzt sind, und für die struktursensitive Operationen **O'** definiert sind. Die Semantik (**rep**) dieser sogenannten 'Sprache der Gedanken' aus molekularen Ausdrücken hängt von der Semantik der atomaren Bestandteile ab. Entscheidende empirische Stützung dieses Ansatzes sehen Fodor und Pylyshyn aus folgenden Gründen:

- Die unbegrenzten generativen Sprachfähigkeiten lassen sich bisher am besten mit strukturierten Repräsentationen erklären.

- Die Systematik und die Kompositionalität von Gedanken und Sprache resultiert nach Fodor und Pylyshyn aus der Anwendung syntaktischer Regeln.

- Gesetzmäßigkeiten bei Inferenzen lassen sich gut mit inhärenten Eigenschaften zusammengesetzter syntaktischer Strukturen erklären. Wenn Versuchspersonen beispielsweise wissen, daß **P** aus **P** $\wedge$ **Q** abgeleitet werden kann, wissen sie automatisch, daß **P** aus **P** $\wedge$ **Q** $\wedge$ **R** abgeleitet werden kann (siehe [*Fodor + Pylyshyn 88*]).

Die Erklärungen der empirischen Beobachtungen durch Fodor und Pylyshyn sind überzeugend. Es besteht allerdings keine logische Notwendigkeit, daraus auf ein propositionales Einheitssystem zu schließen. Ein hybrides Repräsentationssystem mit propositionalen Anteilen für bestimmte Aufgaben und anderen Repräsentationen für andersartige Aufgaben ist gleichermaßen verträglich mit den bisherigen Beobachtungen.

Für konnektionistische Repräsentationen wird von einigen Forschern ebenfalls der Anspruch erhoben, *die* beste und allein geeignete Erklärung für mentale Prozesse anzubieten (siehe dazu auch eine Diskussion in [*Mohnhaupt 90b*]). Beispielsweise hält [*Smolensky 88*] konnektionistische Repräsentationen für geeignet, alle kognitiven Phänomene adäquat erklären zu können.

Konnektionistische[3] bzw. subsymbolische[4] Repräsentationen beinhalten einfache neuronenähnliche Elemente als atomare repräsentierende Entitäten **G'**, sowie lokale Aktivierungs- und Inhibitionsprozesse (**O'**) als universelle Operationen. Die damit gebildete subsymbolische Ebene ist nach Smolensky oberhalb der neuronalen Ebene aber unterhalb der 'klassischen' symbolischen Ebene anzusiedeln.

Objekte der Welt sind in konnektionistischen Ansätzen typischerweise über eine große Anzahl von Neuronen verteilt repräsentiert. Konnektionistische Modelle sind nach Smolensky geeignet, den sogenannten 'intuitiven Prozessor' zu modellieren, der von Smolensky als für Kognition sehr wichtig eingestuft wird. Das dynamische Verhalten der subsymbolischen Ebene wird im wesentlichen durch zwei Differentialgleichungen beschrieben: der 'activation evolution equation', welche die zeitlichen Änderungen von Aktivierungswerten der beteiligten Neuronen charakterisiert, und der 'connection evolution equation', welche die Änderungen der Verbindungsgewichte unter den Neuronen charakterisiert. Von klassischen symbolischen Ansätzen verwendete 'harte' Regeln (z.B. logische Aussagen, die entweder wahr oder falsch sind) werden dabei durch 'weiche' Randbedingungen ersetzt. Logische Inferenz wird durch statistische Inferenz ersetzt.

Auch im Bereich künstlicher intelligenter Systeme gibt es Ansätze, denen die Annahme eines einzigen universellen Repräsentationssystems zugrundeliegt, das für jede Art von Weltausschnitt zur Modellierung herangezogen wird und über universelle

---

[3]Mit konnektionistisch sind hier wie bei Smolensky PDP Modelle gemeint (siehe [*Rumelhart + McClelland 87*]); lokalistische Ansätze werden als symbolische Ansätze mit konnektionistischen Operationen eingeordnet.

[4]Dieser Terminus wird oft verwendet, ist aber mißverständlich, weil auch konnektionistische Ansätze mentale Repräsentationen und damit Symbole annehmen.

domänenunabhängige Operationen verfügt. Typische Verteter sind einerseits konnektionistische Ansätze, die mit dem Hinweis auf das kognitive Vorbild (siehe oben) favorisiert werden, und andererseits logik-orientierte Modelle.

Einige Vertreter logik-orientierter Ansätze (z.B. [*Hayes 77*], [*McCarthy 77*], siehe auch Abschnitt 2.4.9) sehen Prädikatenlogik bzw. deren Erweiterungen, z.B. Modallogiken, als *die* zentrale Repräsentationsform für künstliche intelligente Systeme an. Sämtliche internen Repräsentationen sollen danach in einer logischen Notation formuliert werden. Die zentrale Operation auf logischen Repräsentationen ist das Beweisen impliziter Fakten durch Ableitung, z.B. mithilfe eines Resolutionsverfahrens. Logik ist universell, d.h. jede Art von Wissen kann prinzipiell logisch repräsentiert werden, auch Unschärfen und Unsicherheiten können durch entsprechende Erweiterungen behandelt werden (siehe z.B. [*Genesereth + Nilsson 87*]).

- $i > 1$ bzw. $i \gg 1$.

  Nimmt man an, daß ein intelligentes System über verschiedene Repräsentationen M_i verfügt, gibt es prinzipiell zwei Möglichkeiten der Koexistenz verschiedener Repräsentationen:

  1. Alle M_i sind Langzeitrepräsentationen.

  2. Es gibt sowohl Langzeit- als auch Kurzzeitrepräsentationen. Kurzzeitrepräsentationen werden bei Bedarf aufgabenabhängig aus Langzeitrepräsentationen generiert. Im extremen Fall existiert eine Langzeitrepräsentation, die Basis für die Generierung aller Kurzzeitrepräsentationen ist.

Für beide Möglichkeiten gibt es einige Beispiele, sowohl bei der Modellierung kognitiver Prozesse als auch beim Entwurf künstlicher Systeme.

[*Minsky 85*] schlägt ein kognitives Modell vor, das von einer Vielzahl weitgehend voneinander unabhängiger Repräsentationen und Prozesse ausgeht. Kognitive Leistungen sind dabei das Ergebnis von einfachen, hierarchisch oder heterarchisch gekoppelten Agenten mit sehr geringer Intelligenz. Ein Agent hat ein weitgehend autonomes Langzeit-R-System, und reagiert auf bestimmte Eingaben mit bestimmten Ausgaben. Die jeweils modellierte Welt eines Agenten muß nicht Teil der Außenwelt des kognitiven Systems sein, sie kann auch aus internen Zuständen bestehen, z.B. aus bestimmten Informationen über anderen Agenten. Unterschiedliche Agenten verfügen i.A. jeweils über unterschiedliche aber wenig komplexe Repräsentationen und Prozesse. Eine globale von allen Agenten zugreifbare Repräsentation existiert ebensowenig wie eine globale Kontrolle.

[*Johnson-Laird 83*] beschreibt eine Theorie über kognitive Schließprozesse, insbesondere über syllogistisches Schließen. Der zentrale Punkt dieser Theorie sind sogenannte 'mentale Modelle'. Nach Johnson-Laird werden bei Schließprozessen zunächst aufgaben- und situationsabhängig unterschiedliche mentale Modelle gebildet, mit der für diese Aufgaben relevanten Information gefüllt, und anschließend wird die Lösung abgelesen. Mentale Modelle können z.B. listenartig, sprachorientiert, bildorientiert, tabellenartig oder skizzenhaft sein. Für sie ist entscheidend, daß sie dem zu lösenden Problem strukturell ähnlich sind, damit eine Lösung einfach zu berechnen ist. Piktorielle Repräsentation sieht Johnson-Laird an als perzeptuelle Korrelate zu bzw. als Sichten auf ein mentales Modell unter einer bestimmten Perspektive.

Johnson-Laird kann zeigen, daß sich viele empirische Ergebnisse Erklärungen mit rein logischen Schließprozessen widersetzen, mit seinen Vorstellungen aber prinzipiell kompatibel sind. Mentale Modelle sind in der Regel Kurzzeitrepräsentationen, bei wiederholtem Auftreten gewisser Aufgaben können sie aber auch zu Langzeitrepräsentationen werden.

Die aufgabenabhängige Instantiierung bestimmter Kurzzeitrepräsentationen kann aus informatischer Sicht auch als die Benutzung von temporären *virtuellen Maschinen* angesehen werden (siehe auch [*Boden 88*]). In der Informatik werden bestimmte Mengen von Repräsentationen und Prozessen als virtuelle Maschinen bezeichnet, wenn sie eine bestimmte Funktionalität besitzen und die Maschinenebene vollständig verdecken. Für einen Benutzer erscheint es so, als ob die Maschine direkt die Operationen der virtuellen Maschine versteht, auch wenn bei der Abarbeitung von Prozessen der virtuellen Maschine letztlich Maschinenbefehle erzeugt und verarbeitet werden. Virtuelle Maschinen in der Informatik, z.B. ein objektorientiertes Programmsystem, sind bisher typischerweise fest definierte Langzeitrepräsentationen.

Die Ergebnisse von Johnson-Laird zeigen, daß das menschliche kognitive System kognitive virtuelle Maschinen kurzzeitig verwenden kann und bei Bedarf ändern kann. Offenbar ist es sinnvoll, mithilfe der fest vorgegebenen Repräsentationen und Prozesse der funktionalen Architektur (nach Pylyshyn) übergeordnete Strukturen zu bilden, die völlig neue Funktionalitäten realisieren und aufgabenabhängig eingesetzt werden.

Die Fähigkeit, diese virtuellen Maschinen zu ändern (bzw. nach Pylyshyns zu penetrieren), erlaubt es, sich sowohl wechselnden Bedingungen anzupassen als auch mögliche zusätzliche Erkenntnisse zu berücksichtigen. Durch die Möglichkeit von sowohl temporären als auch dauerhaften virtuellen Maschinen ergibt sich eine flexible Architektur in Form einer Hierarchie von Verarbeitungsebenen. Für die Nützlichkeit verschiedener Hierarchien von Repräsentationen und Prozessen für ein informationsverarbeitendes System mit komplexer Umwelt und komplexen Aufgaben sprechen darüber hinaus Komplexitätsargumente, auf die hier nicht weiter eingegangen wird (siehe dazu auch Kapitel 1).

Das von Pylyshyn gegen piktorielle Repräsentationen vorgebrachte Argument der Penetrierbarkeit verliert damit an Bedeutung. Denn es ist eine interessante und wichtige Frage, welche kognitiven Repräsentationen und Prozesse in welchen Situationen ver-

wendet werden, unabhängig davon, ob diese Repräsentationen und Prozesse durch
andere Prozesse veränderbar sind. Die von Pylyshyn vorgeschlagene Einteilung kognitiver Phänomene in einerseits funktionale Architektur und andererseits höhere kognitive Prozesse, die auf das komplette Weltwissen zugreifen können, ist erheblich
zu grob. Kognitive Phänomene zerfallen in viele Subprozesse, für die geklärt werden muß, auf welchen Teilbereich des Weltwissens jeweils wie zugegriffen wird, auch
wenn jeder Subprozeß prinzipiell auf jeden Teil des Weltwissens zugreifen kann. Gerade in der Beschränkung auf relevantes Wissen liegt ein wesentlicher Bestandteil von
intelligentem Problemlösen.

Universalität

Ein R-Systems ist universell, wenn mithilfe von **M** und **rep** alle möglichen Weltausschnitte
repräsentiert werden können. Die Eigenschaft universell sagt für ein bestimmtes R-System
nichts darüber aus, ob es unter den Randbedingungen geeignet ist, die für diese System
gelten. Beispielsweise sind die Prädikatenlogik erster Ordnung, semantische Netze und
universelle Turingmaschinen bei entsprechender Definition von **rep** universell, ohne daß
diese Tatsache Adäquatheit der jeweiligen Repräsentation impliziert.

Nicht-Surjektivität von *rep*

Für die Abbildung **rep** : $G \cup E \cup R \cup O \longrightarrow G' \cup E' \cup R' \cup O'$ gilt in vielen Fällen keine
Surjektivität. Es kann also Elemente aus **G'**, **E'**, **R'** oder **O'** geben, die keine Entsprechung
in der zu modellierenden Welt **W** haben.

Wichtige Beispiele für nicht-Surjektivität bei der Modellierung der visuellen Welt werden im folgenden nach Gegenständen, Eigenschaften, Relationen und Operationen getrennt
aufgeführt:

- **Gegenstände G'**

  - Prototypische Gegenstände, die zwar stellvertretend für eine Menge von Ge-
    genständen aus **W** stehen können und prinzipiell Teil von **W** sein könnten, aber
    nicht einem einzelnen Gegenstand der zu modellierenden Welt entsprechen.

  - Klassenbeschreibungen sind ebenfalls mögliche Bestandteile von **G'**, die zwar für
    mehrelementige Mengen aus **W** stehen können, zu denen es aber keine entspre-
    chenden Einzelelemente in **W** gibt und im Gegensatz zu prototypischen Beispie-
    len auch prinzipiell nicht geben kann.

- **Eigenschaften E' und Relationen R'**

  Eigenschaften bzw. Relationen aus **M** haben immer dann eine Entsprechung in **W**,
  wenn sie sich auf Gegenstände beziehen, die durch **rep** von **M** nach **W** abgebildet
  werden und wenn diese Eigenschaft bzw. diese Relation für Individuen gelten.

- **Operationen O'**

  Alle diejenigen Operationen **O'** aus **M** haben keine Entsprechung in der modellierten Welt **W**, die nicht zeitlichen Veränderungen in **W** entsprechen. Darunter fallen insbesondere:

  - Lernoperationen,

  - Operationen, die der möglichen Instantiierung von temporären Repräsentationen oder der Umorganisierung der repräsentierenden Welt **M** dienen.

  - Operationen zur Berechnung von implizit in **M** enthaltener Information. Beispielsweise haben die Prozesse, die in einer prozeduralen Repräsentation Information berechnen, keine Entsprechung in der modellierten Welt **W**.

Weitere Begriffe

Mithilfe des Schemas universeller R-Systeme lassen sich weitere Begriffe definieren bzw. aus dem Palmerschen oder aus dem Rehkämperschen Schema übernehmen.

Die Definition der Begriffe *informationsäquivalent* und *extrinsisch/intrinsisch* wird von [*Palmer 78a*] übernommen (siehe Abschnitt 2.4.1). Zwei Repräsentationen sind informationsäquivalent, wenn sie dieselben Relationen über denselben Objekten der repräsentierten Welt modellieren. Das Begriffspaar intrinsisch/extrinsisch bezieht sich auf Dimensionen einer Repräsentation. Eine repräsentierende Relation ist intrinsisch, wenn sie die gleichen inhärenten Eigenschaften besitzt wie die von ihr repräsentierte Relation, anderenfalls ist sie extrinsisch.

Der Begriff *analog* wird so definiert wie bei [*Rehkämper 90*] und [*Rehkämper 91*] (siehe auch Abschnitt 2.4.3). Eine Abbildung **rep** ist genau dann bezüglich einer bestimmten Dimension analog, wenn sie typerhaltend und intrinsisch ist. Die Abbildung erhält dadurch die inhärenten Eigenschaften der repräsentierten Dimension.

Vergleicht man beispielsweise in Kapitel 3 die piktorielle Repräsentation beim Berechnen von Generalisierungen bzw. prototypischen Ereignissen (siehe Abbildungen 3.8 bis 3.10) mit der piktoriellen Repräsentation bei der Vorhersage von außergewöhnlichen Situationen (siehe Abbildung 3.27), läßt sich folgendes feststellen: In beiden Fällen ist die Repräsentation analog bezüglich der Ortsdimensionen aber nur beim zweiten Beispiel ist die Repräsentation analog bezüglich der Zeitdimension. Denn im ersten Beispiel ist der zeitliche Ablauf gewissermaßen 'abgewickelt' und Veränderungen der Welt (**O**) sind als räumliche Relationen (**R'**) repräsentiert. Damit ist die Abbildung der Zeit nicht typerhaltend. Im zweiten Beispiel sind dagegen die Veränderungen der Welt typerhaltend auf Operationen **O'** der Repräsentation abgebildet, denn Bewegungen werden als zeitliche Änderungen mithilfe des lokalen Vorhersagealgorithmus repräsentiert.

4.2.4 Bewertungskriterien

In kognitionswissenschaftlichen Arbeiten werden verschiedene Kriterien zur Bewertung von Repräsentationen vorgeschlagen. Eine typischer Kriterienkatalog, der bei [*Stillings e.a. 87*] zu finden ist, wird in diesem Abschnitt zusammengefaßt und in Relation zu den verschiedenen Komponenten von universellen R-Systeme gesetzt.

Die Definition universeller R-Systeme legt darüber hinaus eine Analogie zu wissenschaftlichen Theorien nahe, denn konkrete Instanzen von R-Systemen bieten in ähnlicher Weise ein Modell für einen bestimmten Weltausschnitt, wie Instanzen wissenschaftlicher Theorien. Für die Bewertung wissenschaftlicher Theorien gelten allerdings andere Randbedingungen. Dennoch liegt es nahe, zur Bewertung von R-Systemen zusätzlich auch solche Kriterien auf Eignung zu prüfen, die zur Bewertung von wissenschaftlichen Theorien entwickelt wurden.

Der Schwerpunkt dieses Abschnitts liegt dabei auf der Bewertung unterschiedlicher aber informationsäquivalenter Theorien bzw. Repräsentationen. Denn piktorielle Repräsentationen (siehe Abschnitt 4.3) werden in dieser Arbeit als Alternative zu anderen Repräsentationen für dieselben Informationen betrachtet. Sie werden nicht als Alternative zu einer bestimmten Berechnungstheorie angesehen. Piktoriellen R-Systemen werden also keine Eigenschaften zugeschrieben, die es erlauben, prinzipiell andere Information zu repräsentieren als beispielsweise propositionale Repräsentationen.

Klassische Kriterien

In [*Stillings e.a. 87*], einer Einführung in die Kognitionswissenschaft, werden im Abschnitt über Wissensrepräsentation die folgenden Kriterien für die Evaluierung von Wissensrepräsentationssystemen genannt:

1. Einfachheit der Kodierung

   - *Klarheit.* Erlaubt die Repräsentation eine prägnante und transparente Kodierung?

   - *Effizienz.* Ist einfaches Wissen einfach kodiert, muß Wissen wenn es an verschiedenen Stellen benötigt wird, mehrfach gespeichert werden?

   Klarheit der Kodierung bezieht sich auf die Lesbarkeit des R-Systems von außen. Dieser Aspekt ist für künstliche Systeme u.U. wichtig, er hat aber für biologische Systeme keine Bedeutung. Effizienz ist primär bezüglich des Zeitverhaltens eines R-Systems wichtig. Daraus kann eine Mehrfachspeicherung der gleichen Information resultieren.

2. Adäquatheit der Ausdrucksfähigkeit

   - *Umfang* und *Auflösung.* Welches Wissen wird repräsentiert, und mit welchem Detaillierungsgrad wird es repräsentiert?

- *Semantische Primitive.* Welche Primitive enthält die Repräsentation, und welche Konzepte können durch diese Primitive repräsentiert werden?

Umfang und Auflösung eines R-Systems ist ein Aspekt der Berechnungstheorie und semantische Primitive beziehen sich auf die Abbildung **rep**.

3. Adäquatheit der Akquisitionsfähigkeit

- *Modifizierbarkeit I.* Ist es möglich einzelne Teile der Repräsentation zu ändern, wie modular ist die Repräsentation?

- *Akquisition.* Wie wird neues Wissen in altes Wissen eingebunden, wie werden Konflikte zwischen altem und neuem Wissen behandelt, und erlaubt die Repräsentation Generalisierungen und Spezialisierungen?

Diese beiden Punkte beziehen sich darauf, inwieweit die Repräsentation und deren Operationen Lernprozesse unterstützen.

4. Adäquatheit der Inferenzprozesse

- *Retrieval.* Findet man Wissensentitäten über Assoziationen oder über hierarchischen Zugriff, und wie werden Entitäten abgerufen, die inhaltlich zusammengehören?

- *Reasoning.* Sind logische Schlüsse oder Induktionsschlüsse möglich, und wie wird fehlendes bzw. unsicheres Wissen behandelt?

Retrieval und Reasoning sind Kriterien, welche die Effizienz der Operationen **O'** einer Repräsentation betreffen.

5. Repräsentationssystem und Interpreter

- *Explizites* vs. *implizites* Wissen. Welche Art der Arbeitsteilung besteht zwischen Wissensbasis und Interpreter, müssen alle Wissensentitäten vorher eingetragen werden, oder kann der Interpreter umfangreiche Deduktionen durchführen?

- *Modifizierbarkeit II.* Kann das Repräsentationssystem selbst modifiziert werden, können neue Primitive eingeführt werden, und kann der Interpreter modifiziert werden?

Diese beiden Punkte betreffen die Aufteilung der abgebildeten repräsentierten Welt in Objekte und Relationen bzw. Operationen der repräsentierenden Welt und mögliche Änderungen dieser Aufteilung.

Wissenschaftstheoretische Kriterien

[*Stegmüller 79*] integriert verschiedene Arbeiten (von [*Popper 35*], [*Kuhn 70*] und [*Sneed 71*]) zur Evolution von wissenschaftlichen Theorien und kommt zu dem Schluß, daß man wissenschaftliche Theorien sinnvoll in die zwei Bereiche einteilen sollte: Strukturkern und empirische Komponenten. Während die empirischen Komponenten (die Menge der Anwendungen der Theorie) widerlegbar sind, entzieht sich der Strukturkern (die Fundamentalgesetze) einer empirischen Falsifikation. Eine neue Theorie wird eine alte Theorie nur dann erfolgreich (mit Erkenntnisfortschritt) verdrängen, wenn ihre Erklärungen und Voraussagen diejenigen der alten Theorie beinhalten und darüber hinausgehen.

Bei der Bewertung der unterschiedlichen empirischen Komponenten ist es wichtig, auf folgende Kriterien zu achten (siehe auch [*Hempel 66*], [*Carnap 66*]):

1. Falsifizierbarkeit ist eine notwendige Anforderung an empirische Hypothesen (nicht auf den strukturellen Kern der Theorie).

2. Empirische Tragweite. Es ist zu prüfen, ob die vorhandenen empirischen Ergebnisse mit den Hypothesen im Einklang stehen, ihnen widersprechen, oder in keinem Zusammenhang mit ihnen stehen.

3. Die Qualität und Vielfalt der empirischen Stützung.

4. Außerdem ist die Einfachheit von empirischen Hypothesen ein wichtiges Vergleichskriterium. Einfachheit geht in vielen Fällen mit leichterer Falsifizierbarkeit einher [*Popper 35*].

5. Die Vorhersagekraft einer empirischen Hypothese bezieht sich auf die Möglichkeit, Aussagen über noch unbekannte Tatsachen zu machen, und damit verbundene empirische Tests zur Bestätigung oder Widerlegung anzugeben.

Ein Vergleich konkurrierender empirischen Komponenten von Theorien anhand der genannten 5 Punkte trägt entscheidend dazu bei, ob es zu einer Theorienverdrängung kommt.

Die Bewertungspunkte Falsifizierbarkeit, empirische Tragweite, Qualität und Vielfalt und Vorhersagekraft sind hauptsächlich dazu geeignet, inhaltlich unterschiedliche Theorien miteinander zu vergleichen. In Analogie zu informationsverarbeitenden Theorien beziehen diese Punkte sich daher auf die Ebene der Berechnungstheorie. Sie sind deshalb für die Bewertung unterschiedlicher aber informationsäquivalenter Repräsentationen ungeeignet, weil sich informationsäquivalente Repräsentationen auf die gleiche Berechnungstheorie beziehen.

Der Bewertungspunkt *Einfachheit* ist dagegen gut geeignet, auf die Bewertung unterschiedlicher informationsäquivalenter Repräsentationen übertragen zu werden. Als Beispiel für ein einfacheres Modell wird oft die heliozentrische Beschreibung des Sonnensystems im Vergleich zur geozentrischen Beschreibung genannt (siehe auch [*Hempel 66*]: 60-66). Mit der geozentrischen Beschreibung lassen sich die gleichen Vorhersagen über Planetenbahnen ableiten wie mit der heliozentrischen, zur Beschreibung der Bahnen werden aber erheblich kompliziertere Funktionen benötigt. Einfachheit von wissenschaftlichen Hypothesen geht hier ebenfalls mit leichter Falsifizierbarkeit einher, da die Widerlegung der Hypothese von Kreisbahnen weniger Messungen erfordert, als die Widerlegung der Hypothese von komplizierten Cycloidenbewegungen.

Aus informationsverarbeitender Sicht sind Vorhersagen im heliozentrischen System leichter berechenbar. Berechenbarkeit von Hypothesen über Weltausschnitte ist für wissenschaftliche Modelle ebenfalls wichtig, die zeitlichen Randbedingungen sind aber weniger einschränkend als für informationsverarbeitende kognitive Systeme. Bei wissenschaftlichen Theorien wird leichtere Berechenbarkeit normalerweise zugunsten von höherer Präzision aufgegeben, während für Repräsentationen in kognitiven Systemen wegen der zeitlichen Randbedingungen auf Präzision in vielen Fällen verzichtet werden muß.

Darüber hinaus ist für wissenschaftliche Theorien eine möglichst einfache Erlernbarkeit und Veränderbarkeit des Modells unwichtig, während dieses Kriterium für kognitive Repräsentation hohes Gewicht hat. Einfachheit muß sich also für kognitive Repräsentationen nicht nur auf Informationsextraktion und das Modellieren von zeitlichen Veränderungen der repräsentierten Welt beziehen, sondern auch auf Lern- und Transformationsprozesse in der Repräsentation. Die nicht-surjektiven Anteile der Abbildung **rep** machen einen wesentlichen Unterschied zwischen wissenschaftlichen Modellen und mentalen Modellen von Weltausschnitten aus.

4.3 Piktorielle R-Systeme

In diesem Abschnitt wird untersucht, welche speziellen Eigenschaften piktorielle R-Systeme haben, bzw. welche Einschränkungen an Allgemeinheit der im letzten Abschnitt definierten universellen R-Systemen zu piktoriellen R-Systemen führen. Einzelne Einschränkungen können jeweils der modellierten Welt **W**, der modellierenden Repräsentation **M**, oder der Abbildung **rep** zugeordnet werden.

4.3.1 Visuelle Welt

In piktoriellen R-Systemen besteht die modellierte Welt **W** ausschließlich aus Gegenständen, Eigenschaften und Relationen (**G**, **E**, **R**) der visuellen Welt. Es werden nur diejenigen Objekte, Konzepte und zeitabhängigen Ereignisse modelliert, die wesentlich durch visuelle Merkmale bestimmt sind. Abstrakte Konzepte, wie z.B. 'Zinsen', 'Wiedervereinigung', 'Verkauf', etc., sind in piktoriellen R-Systemen ebensowenig Teil von **W** wie funktionelle Eigenschaften von visuellen Objekten. Folgt man der Einteilung von Begriffen in sensorische und kategoriale Begriffe bei [*Hoffmann + Ziessler 82*] und [*Knospe 90*], besteht die modellierte Welt **W** bei piktoriellen R-Systemen nur aus sensorischen Begriffen.

Folglich sind auch die modellierten Eigenschaften auf solche beschränkt, die visuell verankert sind. Beispielsweise können die Eigenschaften 'ist-drei-Meter-groß', 'ist-dreieckig', 'ist-rund-und-grün', 'hat-12-Beine' oder 'ist-waagerecht' in einem piktoriellem R-System für bestimmte Objekte modelliert sein, während Eigenschaften wie 'geruchslos', 'unzufrieden', 'zerbrechlich' oder 'unangenehm' in piktoriellen R-Systemen nicht modelliert werden.

Die gleichen Einschränkungen treffen auch auf Relationen zu. Typische modellierte Relationen sind 'ist-höher-als', 'ist-näher-als', 'ist-parallel-zu', oder 'ist-größer-als', während funktionale oder abstrakte Relationen wie 'ist-teurer-als', 'ist-wendiger-als', 'ist-glatter-als' in piktoriellen R-Systemen ebenfalls nicht modelliert werden.

Die Beschränkung von **W** auf visuelle Objekte und Eigenschaften gilt für alle in Kapitel 2 zusammengefaßten psychologischen Experimente und Berechnungsexperimente, und auch für die eigenen Untersuchungen über die Modellierung von Ereignissen in Kapitel 3. Die einzige Ausnahme bilden Arbeiten von [*Steels 88a*], die sich mit der Lösung abstrakter Probleme (z.B. des 8er Puzzles) mithilfe piktorieller Repräsentationen befassen.

Weitere zukünftige Arbeiten werden zeigen müssen, ob und welche nicht visuellen Aspekte einer modellierten Welt sich adäquat auf piktorielle R-Systeme übertragen lassen.

4.3.2 Schnittstelle für perzeptive und kognitive Prozesse

Piktorielle R-Systeme bilden eine gemeinsame Repräsentation für perzeptive und kognitive Prozesse. Sie können einerseits durch visuelle Daten gefüllt werden, z.B. indem erkannte Objekte eingetragen werden, und andererseits durch kognitive Prozesse, z.B. in Form von typischen Vorerwartungen oder typischen Objektansichten. Ergebnisse kognitiver Prozesse müssen dabei den Randbedingungen genügen, die für piktorielle R-Systeme gelten.

Eine Schnittstelle für datengetriebene und erwartungsgesteuerte Information ist nötig, weil viele wichtige Vorhersage- und Schließprozesse beide Arten von Information berücksichtigen müssen, und weil ein rein datengetriebene Analyse von visuellen Eingaben nicht adäquat lösbar wäre (siehe z.B. [*Tsotsos 90*]).

Eine gemeinsame Repräsentation ist darüberhinaus auf der Abstraktionsebene piktorieller R-Systeme vorteilhaft, weil Vorerwartungen über Szenen in einer Form ausgedrückt werden können, die direkt zur Steuerung visueller Prozesse herangezogen werden kann. Damit wird eine Aufgabe vereinfacht, die für die Bewältigung der großen Komplexität perzeptiver Prozesse sehr wichtig ist.

In Kapitel 3 wurden mehrere Berechnungsexperimente über ein Zusammenwirken von datengetriebener und erwartungsgesteuerter Information innerhalb eines piktoriellen raumzeitlichen Puffers gezeigt. Beispielsweise konnten Vorerwartungen über eine Szene geeignet an konkrete visuelle Daten angepaßt werden. Darüber hinaus wurde gezeigt, daß ein piktorielles R-System bei Lernprozessen einen natürlichen Übergang von beobachteten Beispielen zu prototypischer Information erlaubt.

Zahlreiche psychologische Evidenz für eine gemeinsame piktorielle Repräsentation für perzeptive und kognitive Prozesse wurde in Abschnitt 2.2.5 zusammengefaßt. Die Ergebnisse über Prototypen (siehe Abschnitt 2.2.7) sprechen ebenfalls dafür, daß eine Kombinierung von datengetriebener und erwartungsgesteuerter Information auf der Ebene piktorieller Repräsentationen stattfindet.

4.3.3 Kurzzeitrepräsentation

Aus der Spezialisierung piktorieller Repräsentationen auf visuelle Weltausschnitte folgt notwendigerweise die Existenz eines oder mehrerer weiterer Repräsentationen für diejenigen Aufgaben eines intelligenten Systems, die nicht visuell sind. In allen bisherigen Untersuchungen, die sich mit dem Zusammenwirken von piktoriellen Repräsentationen und anderen Repräsentationen eines informationsverarbeitenden Systems befaßt haben, wird angenommen, daß piktorielle Repräsentationen Kurzzeitrepräsentationen sind, die von propositionalen Langzeitrepräsentationen komplementiert werden.

Diese Vermutung wird auch durch psychologische Experimente gestützt, z.B. dadurch, daß nachweisbar eine bestimmte Zeit für die Instantiierung einer piktoriellen Repräsentation benötigt wird. Die Zeit hängt dabei von der Komplexität der Szene ab (siehe Abschnitt 2.2.6).

Für bestimmte Aufgaben, insbesondere für das Erkennen von visuellen Objekten, für das Erlernen visueller Formen und Bewegungen, für die Auswertung raumzeitlicher Relationen und für raumzeitliches Schließen über visuelle Objekte, wird eine piktorielle Kurzzeitrepräsentation mithilfe von Information des propositionalen Langzeitspeicher instantiiert.

Die eigenen Berechnungsexperimente (siehe Kapitel 3), die Berechnungsexperimente von [*Kosslyn 80*] und die Untersuchungen von [*Habel + Pribbenow 88*] zeigen für verschiedene Domänen, wie piktorielle Repräsentationen von propositionalen Langzeitrepräsentationen komplementiert werden können.

Auch aus zwei theoretischen Gründen ist es vorteilhaft, piktorielle R-Systeme als Kurzzeitrepräsentation anzunehmen:

- Bei einer Langzeitspeicherung von piktoriellen Repräsentationen verschiedener Situationen und Objekte bestände ein erhebliches Konsistenzproblem. Denn wenn sich beispielsweise Wissen über ein bestimmtes Objekt ändert, daß in verschiedenen piktoriellen Repräsentationen vorkommt, müssen alle Repräsentationen dieses Objekts geändert werden, wenn man Konsistenz erhalten will. Bei einer einzigen propositionalen und objektzentrierten Langzeitrepräsentation wird dieses Konsistenzproblem vermieden. Die Kosten dafür bestehen in dem Aufwand für die jeweilig Instantiierung der Kurzzeitrepräsentation.

- Piktorielle Langzeitrepräsentationen wären sehr speicheraufwendig. Propositionale Langzeitrepräsentation mit zusätzlicher Information zur Instantiierung einer piktoriellen Kurzzeitrepräsentation ist dagegen, wie im Kapitel über Ereignismodellierung gezeigt, erheblich weniger speicheraufwendig.

4.3.4 Lokale, einfache und parallele Prozesse

Eine entscheidende Eigenschaft piktorieller R-Systeme besteht darin, daß viele der Operationen **O'** der modellierenden Welt **M** lokal sind. Deshalb sind sie immer dann parallelisierbar, wenn das bearbeitete Problem nicht inhärent sequentiell[5] ist. Diese Eigenschaft ist wesentlich für die Effizienz piktorieller R-Systeme. Sie gilt sowohl für Lernoperationen, als auch für Transformations- und Schließoperationen.

Die lokalen Operationen sind typischerweise entweder einfache subsymbolische Aktivierungs- und Inhibitionsprozesse zwischen benachbarten Zellen einer piktoriellen Repräsentation, oder symbolische Prozesse geringer Komplexität, die als lokale Regeln modelliert werden können. Verschiedene Berechnungsexperimente, die in Abschnitt 2.3 zusammengefaßt wurden, und die Ergebnisse von Kapitel 3 zeigen, daß diese Art der Verarbeitung zu effizienten Algorithmen führt:

- Die eigenen Untersuchungen zur Ereignismodellierung belegen einerseits, daß verschiedene Lernoperationen (Generalisieren, Berechnung von Prototypen, Vergessen von alten Beispielen, Berechnung von perzeptuellen Primitiven) mit lokalen Prozessen modelliert werden können. Darüber hinaus kann das Berechnen von Vorhersagen und Pfadplanungen, sowie das Anpassen von Vorerwartungen an visuelle Daten mithilfe lokaler Prozesse berechnet werden.

- Untersuchungen von [*Gardin + Meltzer 89*] und anderen in Abschnitt 2.3.2 zusammengefaßte Ergebnisse zeigen, daß verschiedene Probleme der qualitativen Physik in piktoriellen R-Systemen mithilfe lokaler Prozesse adäquat modelliert werden können, beispielsweise das Vorhersagen des Verhaltens von nicht-starren Körpern und Flüssigkeiten unter Einfluß der Schwerkraft.

- [*Kosslyn 80*], [*Habel + Pribbenow 88*] und [*Khenkhar 90*] beschreiben jeweils Ansätze, in denen räumliche Relationen mit lokalen Prozessen in piktoriellen Repräsentationen effizient berechnet bzw. dargestellt werden.

Da alle beschriebenen Ansätze eine zweidimensionale Repräsentation und lokale Prozesse gemeinsam haben, lassen sie sich prinzipiell in einem Modell eines piktoriellen R-Systems vereinen. Aufgabenabhängig müßten dann die Objekte der entsprechenden Domäne in die Repräsentation eingetragen werden, und aus der vorhandenen Menge möglicher lokaler Prozesse müßten jeweils die benötigten Operationen ausgewählt werden.

Eine interessante ebenfalls zu einem effizienten Gesamtsystem beitragende Eigenschaft der lokalen Prozesse besteht darin, daß identische Operationen **O'** auf der Repräsentation für unterschiedliche Aufgaben herangezogen werden können, also in unterschiedlichen Abbildungen **rep** von **W** nach **M** unterschiedliche Bedeutung haben. Sie haben damit

---

[5]Das Abzählen von Eigenschaften erfordert beispielsweise eine sequentielle Berarbeitung, etwa bei der Auswertung des Prädikats 'hat-16-Beine'.

gewissermaßen eine situationsabhängige Semantik. Beispielsweise haben die eigenen Arbeiten in Kapitel 3 gezeigt, daß die gleiche lokale Verwaschungsoperation zur Berechnung von Generalisierungen, zur Berechnung von Abstandsfeldern und bei Berechnung von Pfaden zu einem Ziel benutzt werden kann.

Außerdem führt die Tatsache, daß auch zeitliche Änderungen der modellierten Welt in piktoriellen R-Systemen mit lokalen Prozessen modelliert werden können, zu effizienten Algorithmen, weil das 'Frame'-Problem dadurch eingegrenzt ist. Wenn z.B. ein Objekt in einer piktoriellen Repräsentation seine Position ändert, kann dies nur Auswirkungen haben, die in der Repräsentation lokal und damit einfach zu prüfen sind. Ist z.B. zu berechnen, ob ein Objekt nach einer Bewegung irgend ein anderes Objekt berührt, erfordert dies eine lokalen Suche in der Umgebung des Objekts. Wird dieselbe Information dagegen z.B. als Liste von Objekten mit bestimmten xy-Koordinaten repräsentiert, muß nach der Bewegung eines Objekts mit allen anderen Objekten auf Berührung verglichen werden.

Im folgenden wird untersucht, welche Eigenschaften in piktoriellen R-Systemen dafür verantwortlich sind, daß lokale Prozesse angewendet werden können. Dies ist auch deshalb interessant, weil die Anwendung einfacher lokaler Prozesse eine wünschenswerte Eigenschaft für jedes universelle R-System ist. Deshalb ist eine Erforschung von Organisationsprinzipien, die lokale Prozesse ermöglichen, von generellem Interesse.

Wesentliche Voraussetzung für die Anwendung lokaler Prozesse in piktoriellen R-Systemen sind eine wertkodierte zweidimensionale Ortsrepräsentation, die Instanzenbasiertheit der Repräsentation und die Normiertheit der Repräsentation bezüglich bestimmter Dimensionen. Diese Eigenschaften werden im folgenden diskutiert.

Wertkodierte zweidimensionale Ortsrepräsentation und analoge Abbildung zwischen Welt und Modell

Alle Berechnungsexperimente zu piktoriellen Repräsentationen, auch diejenigen, die kognitive Plausibilität beanspruchen, verwenden eine zweidimensionale wertkodierte Ortsrepräsentation. Man nennt eine Funktion wertkodiert, wenn es für jeden möglichen Wert der Funktion einen Repräsentanten gibt, beispielsweise eine Zelle. In einer bestimmten Situation wird der Wert, den die Funktion dann angenommen hat, daher nicht in einer Variablen kodiert, sondern dadurch, daß der Repräsentant dieses Wertes markiert wird. Der räumliche Puffer von [*Kosslyn 80*] (siehe auch Abschnitt 2.3) ist dafür ein typisches Beispiel. Er kann als zweidimensionales xy-Feld angesehen werden, dessen einzelne Zellen für Werte der xy-Funktion stehen. Objekte werden in dieses Feld als zusammenhängende Menge von Zellen eingetragen. Benachbarte Punkte der modellierten Welt **W** sind auch in der modellierenden Repräsentation **M** benachbart. Diese Tatsache resultiert nicht allein aus der Wertkodiertheit der Repräsentation. Zusätzlich muß die Abbildung **rep** von **W** nach **M** (das Feld) die Eigenschaft analog erfüllen. Erst dadurch werden die Nachbarschaftsbeziehungen der Welt in das Modell übertragen.

Die Zweidimensionalität der Repräsentation ist notwendige Voraussetzung für die Anwendung lokaler Operationen. Würde man das zweidimensionale Feld beispielsweise als eindimensionale Liste von xy-Punkten repräsentieren, gingen die Nachbarschaftsverhältnisse automatisch verloren. Eine Suche nach Punkten, die in der modellierten Welt benachbart sind, wäre in einer eindimensionalen Repräsentation i.A. automatisch nicht lokal. Die Erhaltung der Nachbarschaftsverhältnisse bei der Modellierung der visuellen Welt führt deshalb zu effizienten Operationen, weil die Welt so beschaffen ist, daß lokale Wechselwirkungen im Ortsbereich eine wichtige Rolle spielen.

Die Wertkodiertheit der Repräsentation erleichtert es außerdem, bestimmte physikalische Gesetzmäßigkeiten in der Repräsentation mithilfe lokaler Regeln zu berücksichtigen. Beispielsweise kann die physikalisch bedingte Einschränkung, daß nur ein Objekt pro xy-Position zulässig ist, ebenfalls mithilfe einer lokalen Regel modelliert werden. Auch hierfür wären in einer nicht wertkodierten Repräsentation nicht-lokale Berechnungen erforderlich.

Darüber hinaus wird z.B. die einfache Berechnung von Berührungspunkten zwischen Objekten ebenfalls entscheidend durch die wertkodierte Repräsentation ermöglicht, und auch die einfache Berechnung von Kollisionen bei mehreren bewegten Objekten (siehe dazu z.B. Abbildung 3.28).

In einigen Ansätzen werden neben den Ortsdimensionen weitere Dimensionen wertkodiert. [*Pinker 88*] integriert in seinem Ansatz zusätzlich zur Ortsinformation auch Oberflächeninformation und Information über den Abstand vom Betrachter. Jede Zelle der von Pinker vorgeschlagenen zweidimensionalen Repräsentation besitzt zusätzliche Angaben über Oberflächenorientierung und Entfernung von einem angenommenen Betrachterstandpunkt. Der Abstand vom Betrachter ist dabei wertkodiert und erlaubt ebenfalls die Anwendung lokaler Operationen (siehe auch Abschnitt 2.3.2).

In den eigenen Untersuchungen zur Modellierung von Ereignissen in Kapitel 3 wurde neben den Ortsdimensionen zusätzlich die Geschwindigkeitsdimension wertkodiert. Dadurch konnten lokale Operationen bezüglich Geschwindigkeit eingesetzt werden, sowohl für adäquate Generalisierungen als auch zum Berechnen von Vorhersagen von Objektbewegungen.

Sowohl bei der Repräsentation von Oberflächeninformation und Betrachterentfernung als auch beim Repräsentieren von Geschwindigkeiten als Abfolge von Aktivierungen ist in piktoriellen Repräsentationen die Abbildung **rep** der jeweiligen Dimensionen von **W** nach **M** analog.

Normiertheit

Eine weitere Voraussetzung für die Anwendung effizienter lokaler Operationen liegt in der Normiertheit piktorieller Repräsentationen bezüglich von Beobachterstandpunkt und Skalierung. Alle in einer Repräsentation eingetragenen Objekte haben den gleichen Maßstab und sind aus demselben Blickwinkel abgebildet. Lokale Prozesse, z.B. Größenvergleiche, Längenvergleiche oder die Berechnung der relativen Orientierung zwischen zwei Objekten, sind nur dann anwendbar, wenn diese beiden Randbedingungen gelten. Dies gilt ebenso für

Vorhersageprozesse bei Pfadplanungen oder Hindernisumfahrungen oder bei Operationen der mentalen Rotation.

Bei einer Modellierung von Geschwindigkeitsinformation und daraus abgeleiteten Inferenzen (siehe Kapitel 3, insbesondere Abbildung 3.27) müssen auch die Geschwindigkeiten verschiedener Objekte auf einen Geschwindigkeitsmaßstab normiert sein, damit z.B. eine lokale Berechnung relativer Geschwindigkeiten möglich ist.

Es ist eine offene Frage, inwieweit perspektivische Information in piktorielle R-Systeme eingehen bzw. eingehen sollten. In den bisherigen Ansätzen wird stillschweigend von einer Parallelprojektion ausgegangen, bezüglich derer die Objekte normiert sind.

4.3.5 Instanzenbasiertheit

Bei den in den Abschnitten 2.2 und 2.3 beschriebenen Experimenten und auch bei der Modellierung von Ereignissen haben piktorielle Repräsentationen immer Instanzen von visuellen Objekten bzw. Objektbewegungen enthalten, und alle Berechnungen und Schließprozesse haben sich auf diese Instanzen bezogen. Instanzen können dabei sowohl einzelnen Beispielen als auch typischen Vertretern einer Klasse entsprechen.

Dies ist eine wesentliche Einschränkung für piktorielle Repräsentationen, denn es können prinzipiell keine Klassenbeziehungen behandelt werden. Man kann beispielsweise keine direkten Vergleiche zwischen der Klasse 'Möbel' und der Klasse 'Elektrogeräte' berechnen. In einer sprachlich orientierten Repräsentation wie 'KL-ONE' sind Klassenbeziehungen dagegen mit sehr aufwendigen Subsumptionsalgorithmen berechenbar (siehe z.B. [*Gerlach 90*]).

Klassenbeziehungen können in piktoriellen Repräsentationen nur indirekt über den Vergleich typischer Vertreter der Klassen berechnet werden. Beispielsweise kann in einer piktoriellen Repräsentation die Größe eines typischen Möbelstücks (z.B. eines Stuhls) mit der Größe eines typischen Elektrogerätes (z.B. eines Kühlschranks) verglichen werden.

Aus der Instanzenbasiertheit piktorieller Repräsentationen resultiert, daß einzelne Objekte in allen innerhalb piktorieller Repräsentationen definierten Dimensionen einen bestimmten Wert haben, d.h. Objekte haben eine definierte Form und eine definierte Position in xy und je nach weiteren definierten Dimensionen einer bestimmten piktoriellen Repräsentation auch eine Farbe, einen bestimmten Abstand vom Beobachter, eine Oberflächenorientierung und eine Geschwindigkeit.

Eine weitere Konsequenz der Instanzenbasiertheit besteht darin, daß es in piktoriellen Repräsentationen keine Negationen gibt, und daß Disjunktionen nur dann möglich sind, wenn die disjunktiv verknüpften Objekte mit denselben Instanzen korrespondieren können. Beispielsweise ist ein Objekt 'Fliege oder Flugzeugträger' daher nicht repräsentierbar, weil es keine Instanz gibt, die sowohl einer Fliege als auch einem Flugzeugträger in allen Dimensionen einer piktoriellen Repräsentation entspricht. Ein Objekt wie 'Wespe oder Biene' ist dagegen repräsentierbar, wenn man davon ausgeht, daß beide Objekte bei einer gewissen

Auflösung hinreichende Ähnlichkeit haben können[6].

Die Vemeidung von Negationen und die starke Einschränkung der Möglichkeiten von Disjunktionen führt zu einer *lebendigen* Wissensbasis (nach Levesque) und zu weniger aufwendigen Schließprozessen (siehe [*Levesque 86*] und Abschnitt 2.4.5). Beispielsweise ist der bereits erwähnte Vergleich zweier Klassenbeschreibungen einfacher zu berechnen, wenn man nur typische Vertreter vergleicht als wenn man vollständige Klassenbeschreibungen vergleicht, die i.A. Negationen und Disjunktionen enthalten. Ein gewisser Nachteil besteht darin, daß die Vergleichsergebnisse für atypische Vertreter der verglichenen Klassen möglicherweise falsch sind.

4.3.6   Intrinsische physikalische Eigenschaften

Die speziellen Einschränkungen für piktorielle R-Systeme bewirken, daß für die Beachtung von wichtigen physikalischen Randbedingungen beim Lösen verschiedener Aufgaben kein zusätzlicher oder nur sehr geringer Berechnungsaufwand erforderlich ist. In einer universellen Repräsentation, z.B. der Prädikatenlogik, wären dagegen für die Einhaltung dieser Randbedingungen zusätzliche Berechnungen notwendig.

Folgende Phänomene sind in den beschriebenen piktoriellen R-Systemen intrinsisch repräsentiert:

- Die wertkodierten zweidimensionalen Ortsrepräsentationen in den verschiedenen vorgestellten Ansätzen (siehe Abschnitt 2.3) erlauben die Eintragung nur eines Objektes an einem bestimmten Ort. Die Beachtung dieser, aufgrund physikalischer Gegebenheiten wichtigen Regel, erfordert keinen Berechnungsaufwand. Bei einer variablenkodierten Ortsrepräsentation von Objekten müßten dagegen zusätzliche Prozeduren darauf achten, daß zwei Objekte nicht die gleichen xy-Koordinaten besitzen.

- Die piktorielle Repräsentation gewährleistet automatisch bestimmte lokale Konsistenzbedingungen. Wenn z.B. die Abstände zwischen mehreren Orten berechnet werden, ist garantiert, daß die paarweisen Abstände konsistent miteinander sind. Bei einer Abstandsrepräsentation in einer Tabelle wäre dies nicht automatisch der Fall. Es könnten Abstandswerte eingetragen sein, die keine Anordnung der betreffenden Orte in der Ebene zulassen.

- Die lokalen Vorhersagealgorithmen in den verschiedenen Ansätzen (siehe Abschnitt 2.3.2 sowie in Abschnitt 3.6.2 Abbildung 3.22) erlauben nur physikalisch plausible Vorhersagen. Dies liegt einerseits an den Nachbarschaftsverhältnissen, die nur kontinuierliche Fortsetzungen zulassen, und andererseits an lokalen Regeln, die innerhalb der Nachbarschaft nur bestimmte dynamisch plausible Fortsetzungen zulassen.

---

[6][*Sober 76*] und [*Howell 76*] haben deshalb beide mit den von ihnen jeweils gewählten Beispielen recht, ohne daß ihre Schlußfolgerungen richtig sind (siehe Abschnitt 2.4.6).

Es wurde bereits in Abschnitt 3.2.1 gezeigt, daß z.B. bei Vorhersagen mithilfe propositionaler Ereignismodelle, zusätzliche Prozesse auf Kontinuität und physikalische Plausibilität achten müßten.

- Einige intrinsische Eigenschaften der Repräsentation von Objektbewegungen in Kapitel 3 beruhen darauf, daß Modelle aus konkreten Beispielen gelernt wurden. Da beispielsweise keine Überholvorgänge auf Dächern beobachtet wurden, werden dort auch unter keinen Bedingungen Vorhersagen generiert. Deshalb werden wenig zusätzlichen Prozesse benötigt, um die Vorhersagen jeweils auf bestimmte Anwendbarkeitsbedingungen testen. Diese Sorte von intrinsischen Eigenschaften ist nicht spezifisch für piktorielle Repräsentationen, denn sie resultiert aus der Instanzenbasiertheit der Repräsentation.

- In den in Kapitel 3 beschriebenen Ereignismodellen ist die Sequentialität der Zeitachse eine intrinsische Eigenschaft. Auf einzelne Teile einer Bewegung kann nur über den zeitlich davorliegenden Teil der Bewegung zugegriffen werden. Zeitsprünge und Schließprozesse mit inverser Zeitrichtung sind unmöglich.

Kapitel 5

Zusammenfassung

In dieser Arbeit wurden die Prinzipien piktorieller Repräsentationssysteme erforscht. Piktorielle Repräsentationssysteme wurden dabei als Teilklasse von universellen Repräsentationssystemen definiert. Die Erforschung universeller Repräsentationssysteme ist ein zentrales Thema aller an der Kognitionswissenschaft beteiligten Disziplinen.

Zunächst wurden universelle Repräsentationssysteme unter Bezug auf Palmers Ansatz über mentale Repräsentationen und unter Bezug auf Erweiterungen von Rehkämper eingeführt. Ein universelles Repräsentationssystem besteht aus modellierter Welt **W**, modellierender Welt **M** und einer Abbildung **rep** von der modellierten Welt in die modellierende Welt. Welt **W** und Modell **M** bestehen dabei jeweils aus Objekten, Eigenschaften, Relationen und Operationen.

Für piktorielle Repräsentationssysteme wurden im Wesentlichen die folgenden Einschränkungen herausgearbeitet:

- Die modellierte Welt ist auf visuelle Objekte, visuelle Eigenschaften und visuelle Relationen beschränkt. Abstrakte nicht-visuelle Entitäten sind nicht Bestandteil von piktoriellen Repräsentationssystemen.

- Piktorielle Repräsentationen bilden eine gemeinsame Repräsentation für perzeptive und höhere kognitive Prozesse. Es können darin sowohl Ergebnisse von datengetriebenen perzeptuellen Prozessen als auch von erwartungsgesteuerten kognitiven Prozessen verarbeitet werden.

- Piktorielle Repräsentationen sind Kurzzeitrepräsentationen, die mithilfe von abstrakten propositionalen Langzeitrepräsentationen bei Bedarf instantiiert werden.

- Eine entscheidende Eigenschaft piktorieller Repräsentationen besteht in der Ausnutzung einfacher lokaler Prozesse, sowohl für Lern- Vorhersage- und Schlußfolgerungsoperationen als auch zum Berechnen von raumzeitlichen Relationen zwischen Objekten. Entscheidende Voraussetzung für die Anwendbarkeit lokaler Operationen ist eine wertkodierte Orts- und Geschwindigkeitsrepräsentation, eine analoge Abbildung wichtiger Dimensionen der modellierten Welt und eine Normiertheit der Repräsentationen bezüglich Skalierung und Beobachterstandpunkt.

- Piktorielle Repräsentationssysteme können ausschließlich Objektinstanzen modellieren. Klassenbeschreibungen können daher nur verarbeitet werden, indem stellvertretend für sie eine typische Instanz bearbeitet wird. Jede Instanz ist bezüglich der piktoriell repräsentierten Dimensionen definiert, d.h. sie hat eine bestimmte Form, Geschwindigkeit, etc.

- Wichtige physikalische Randbedingungen sind in piktoriellen Repräsentationen intrinsisch, deren Beachtung erfordert deshalb keinen oder nur geringen Berechnungsaufwand.

Piktorielle Repräsentationssysteme erlauben bei der Behandlung vieler Probleme des Gegenständlichen die Verwendung von einfacheren Algorithmen als andere Ansätze. Denn piktorielle Repräsentationssysteme sind auf diesen Gegenstandsbereich durch eine sinnvolle Organisation spezialisiert. Daraus resultiert u.a. eine bessere Kontrolle des 'Frame'-Problems als beispielsweise bei der Verwendung abstrakter propositionaler Repräsentationen, denn Veränderungen des Weltmodells haben in piktoriellen Repräsentationssystemen meistens nur lokale Auswirkungen.

Außerdem wurden in dieser Arbeit eine Vielzahl von empirischen psychologischen Untersuchungen aus dem Blickwinkel der Kognitionswissenschaft zusammengefaßt. Antwortzeit- und Fehlerexperimente über das Erkennen von visuellen Objekten und deren Eigenschaften, über das Erkennen und Berechnen von raumzeitlichen Relationen, über raumzeitliches Schließen, über Reinterpretation von Repräsentationen und mentale Sythese und auch über Wechselwirkungen zwischen Wahrnehmungen und höheren kognitiven Prozessen lassen sich plausibel mit der Annahme eines mentalen piktoriellen Repräsentationssystems erklären.

Zusätzliche aber bisher kaum beachtete Evidenz für ein mentales piktorielles Repräsentationssystem resultiert aus bekannten Versuchen über die horizontale und vertikale Kategorisierung von Objekten und Ereignissen. 'Priming'-Experimente zeigen, daß die Integration von datengetriebenen und erwartungsgesteuerten Prozessen offenbar im menschlichen kognitiven System nicht auf jeder Ebene stattfinden kann. Denn Vorerwartungen müssen spezielle Eigenschaften haben, damit sie visuelle Prozesse fokussieren und beschleunigen können. Diese Eigenschaften sind mit den Eigenschaften von piktoriellen Repräsentationssystemen vollständig verträglich.

Verschiedene Untersuchungen zu computerinternen Repräsentationen lassen sich ebenfalls in dem vorgeschlagenen Modell wiederfinden und dabei prinzipiell zu einem piktoriellen Repräsentationssystem zusammensetzen. Dies betrifft insbesondere Arbeiten über Erkennen von visuellen Objekten, über das Verstehen von Bewegungen nicht-starrer Körper, über Pfadplanung und über das Verstehen sprachlicher Beschreibungen von räumlichen

Anordnungen. Die unterschiedlichen Ansätze und die damit verbundenen Berechnungsexperimente zeigen, daß eine piktorielle Repräsentation des Gegenständlichen zu effizienten Algorithmen führt.

Auch einige theoretische Arbeiten über bildhafte Repräsentationen lassen sich einzelnen Aspekten eines piktoriellen Repräsentationssystems zuordnen. Der Begriff *analog* wurde ebenso wie bei Rehkämper als Eigenschaft der Abbildung zwischen Welt und Modell definiert. Piktorielle Repräsentationen sind nach Levesque *lebendig*, weil die benötigte Information direkt zugreifbar ist, und die Abbildung analog ist. Die Ideen von Sober und Howell finden sich darin wieder, daß in piktoriellen Repräsentationssystemen nur bestimmte stark eingeschränkte Disjunktionen möglich sind. Reichenbachs Überlegungen zu intrinsischen Eigenschaften von Geometrien reflektieren intrinsische Eigenschaften piktorieller Repräsentationen, und die von Reichenbach identifizierte 'normative' Funktion der Anschauung wurde als eine Menge von Einschränkungen der Repräsentation präzisiert.

Darüber hinaus wurden die Erkenntnisse über die Prinzipien piktorieller Repräsentationssysteme durch die eigenen Arbeiten zur Modellierung von raumzeitlichen Ereignissen gestützt. Eine über bisherige Ansätze hinausgehende Neuerung bei der Modellierung von Ereignissen ist dabei die Verwendung einer hybriden Ereignisrepräsentation bestehend aus einer 'klassischen' propositionalen Langzeitrepräsentation und einer piktoriellen Kurzzeitrepräsentation, eines raumzeitlichen Puffers. Mithilfe des raumzeitlichen Puffers gelang es u.a., unterschiedliche Typizitäten von verschiedenen Instanzen einer Ereignisklasse zu modellieren. Damit konnten wesentliche Schwächen bisheriger propositionaler Ereignismodelle behoben werden und Vorhersage- und Schließprozesse mit Ereignismodellen verbessert werden. Außerdem gelang es, mit einem beispielbasierten Lernverfahren aus einer Menge einzelner Ereignisinstanzen prototypische Ereignisbeschreibungen abzuleiten und diese auf neue Situationen anzuwenden.

Die in diesem Ansatz entscheidende Information zur Charakterisierung von Ereignissen liefern perzeptuelle Primitive. Dies sind aus visuellen Daten berechenbare Basisgrößen zur Beschreibung von Objektbewegungen und raumzeitlichen Relationen zwischen Objekten. Für eine bestimmte Ereignisklasse ist jeweils eine bestimmte Untermenge der perzeptuellen Primitive invariant und damit als generische Ereignisbeschreibung geeignet. Eine qualitative Beschreibung der invarianten perzeptuellen Primitive eines bestimmten Ereignisses bildet die Verbindung zu einer sprachorientierten propositionalen Repräsentation.

Der raumzeitliche Puffer ist ein vierdimensionales Feld mit zwei Orts- und zwei Geschwindigkeitsdimensionen, in das Objekte und Objektbewegungen als Aktivitäten bzw. Aktivitätsverläufe eingetragen werden. Der Puffer kann sowohl mit perzeptuellen Eingaben als auch mit Vorerwartungen über eine Szene gefüllt werden.

Die verschiedenen mit piktoriellen Ereignismodellen im Puffer zu lösenden Lern- und Schließprozesse werden mit einfachen lokalen Operationen durchgeführt. Dies ist möglich, weil die jeweils relevante Information sinnvoll organisiert ist. Daraus resultieren weniger aufwendige Algorithmen als bei der Verwendung universeller Repräsentationen. Das Berechnen von Generalisierungen und Prototypen und das Vergessen alter Beispiele wurde mit lokalen Aktivierungs- und Inhibitionsoperationen modelliert. Vorhersagen und Schlußfolgerungen wurden mithilfe eines lokalen Prädiktionsalgorithmus berechnet, und die Anpassung von Ereignismodellen an die Randbedingungen spezieller Situationen konnte in der piktoriellen Repräsentation mit einer lokalen Inhibitionsoperation gelöst werden.

Die propositionale Ereignisbeschreibung wird, wie in anderen Ansätzen, für Ereigniserkennung und als Ausgangspunkt für die Generierung von sprachlichen Beschreibungen benutzt. Die Ereigniserkennung wurde dabei verbessert durch ein Zusammenwirken von propositionaler Erkennung und anschließender Bewertung der Typizität mithilfe des raumzeitlichen Puffers. Darüber hinaus erlaubt eine Bewertung der Typizität von Objektbewegungsinstanzen eine größere Vorhersagekraft in mehrdeutigen Situationen und damit auch eine bessere Fokussierung visueller Prozesse bei einer erwartungsgesteuerten Szenenanalyse.

Die Überlegungen und Experimente im Zusammenhang mit dem raumzeitlichen Puffer liefern zusätzlich zur Verbesserung bisheriger Ereignismodelle die neue Erkenntnis, daß sich piktorielle Repräsentationen gut zur Realisierung einiger Lernprozesse und für die Repräsentation zeitlicher Abläufe eignen. Es konnte gezeigt werden, daß sich ein beispielbasiertes Lernverfahren elegant mit lokalen Prozessen in einer piktoriellen Repräsentation modellieren läßt.

Obwohl in dieser Arbeit einige Fragen beantwortet wurden und neue Einsichten gewonnen wurden, sind dennoch bestehende Fragen offen geblieben und neue Fragen hinzugekommen.

Bei der Ereignismodellierung ist es beispielsweise bisher nicht gelungen, eine plausible algorithmische Lösung für die Prädikation generischer Ereignismodelle zu entwerfen. Darüber hinaus ist offen geblieben, wie Situationen zu behandeln sind, in denen der lokale Prädiktionsalgorithmus unzureichend ist. Dies trifft z.B. zu, wenn zwei unterschiedliche Ereignisse im Puffer partiell identisch sind, und sie daher bei einer Vorhersage nicht zu trennen sind. Hier könnte eine Repräsentation mit mehreren Auflösungsebenen eine Verbesserung bedeuten. Das Berechnungsexperiment zur Vorhersage von Objektkollisionen hat gezeigt, daß für ein verfeinertes Modell auch Abhängigkeiten zwischen verschiedenen Ereignissen berücksichtigt werden müssen. Außerdem ist bisher nicht geklärt, wie Ereignisse modelliert werden können, bei denen Vorerwartungen oder größere Anteile des allgemeinen Weltwissens wichtig sind.

Außerdem wäre es interessant, einzelne Bestandteile des Modells genauer auf psychologische Adäquatheit zu testen. Beispielsweise könnte man untersuchen, welches die Basiskategorien bei zeitabhängigen Ereignissen sind. Darüber hinaus ist nicht bekannt, ob generische Modelle im Langzeitspeicher existieren oder ob eine Übertragung von Gelerntem auf neue Situationen anhand von Prototypen aus einer konkreten Situation geschieht. In diesem Zusammenhang könnten weitergehenden Untersuchungen auch detaillierter als bisher die Hypothese testen, ob datengetriebene und erwartungsgesteuerte Prozesse auf der Ebene piktorieller Repräsentationen interagieren. Gibt es beispielsweise einen Zusammenhang zwischen guten Visualisierern und der Fähigkeit visuelle Prozesse zu steuern? Eine andere Frage betrifft die Repräsentation von zeitlichen Abläufen. In dem hier vorgestellten Puffermodell existieren die beiden Varianten: analoge Repräsentation der Zeit als Abfolge von Aktivierungen und nicht-analoge Repräsentation der Zeit als auf den Ortsbereich 'abgewickelte' raumzeitliche Form. Es ist nicht genau bekannt, wann und ob welche Methode kognitiv adäquat ist.

Auch für eine umfassende Theorie über allgemeine Repräsentationssysteme sind zahlreiche zusätzliche Untersuchungen erforderlich. Es ist weiterhin unklar, wieviel verschiedene Klassen von Repräsentationsystemen existieren bzw. sinnvoll unterschieden werden sollten, und was ihre speziellen Eigenschaften sind. Daraus folgt u.a., daß weiterhin keine systematischen Auswahl- und Bewertungskriterien existieren.

Abschließend soll angemerkt werden, daß diese Arbeit neben einigen spezifischen Ergebnissen auch zwei allgemeinere Feststellungen belegt. Erstens zeigen die Untersuchungen, daß es sinnvoll ist, zur Erforschung intelligenter Systeme die beteiligten Wissenschaften im Rahmen der Kognitionswissenschaft zu bündeln. Dies trifft hier speziell auf Künstliche Intelligenz, Psychologie und Philosophie zu. Zweitens belegt die Arbeit, wie relative wenig fortgeschritten die Erkenntnisse über intelligente Systeme zur Zeit sind, beispielsweise im Vergleich zum Kenntnisstand in anderen Wissenschaften wie Physik. Dies ermutigt zur Bescheidenheit.

Literaturverzeichnis

[Adelson + Bergen 85] *Spatiotemporal energy models for the perception of motion.* Edward H. Adelson, James R. Bergen. *Journal of the Optical Society of America* **A 2** (1985) 284-299.

[Adorni and Di Manzo 83] *Top-down Approaches to Scene Interpretation.* G. Adorni, M. Di Manzo. Proc. CIL 83, Barcelona, Spain, June 1983.

[Adorni + Di Manzo + Giunchiglia 84] *From Descriptions to Images: What Reasoning in between?.* G. Adorni, M. Di Manzo, F. Giunchiglia. Proc. ECAI-84, T. O'Shea (Ed.), Pisa Italy 1984, pp. 359-368.

[Anderson 84] *Did I Do it or Did I Only Imagine Doing It?.* Rita E. Anderson. *Journal of Experimental Psychology: General* **113** (1984) 594-613.

[Andre + Bosch + Herzog + Rist 86] *Characterizing Trajectories of Moving Objects Using Natural Language Path Descriptions, pp. 1-8.* E. Andre, G. Bosch, G. Herzog, T. Rist. in Proc. 7th ECAI, 1986.

[Anstis 80] *The perception of apparent movement.* Stuart M. Anstis. *Phil. Trans. R. Soc. Lond.* **B 290** (1980) 153-180.

[Ballard + Brown 82] *Computer Vision.* Dana H. Ballard, Christopher M. Brown. Prentice Hall, 1982.

[Bassman 78] *Cognitive processes in imagined and perceived cube-folding.* E. S. Bassman. Unpublished doctoral dissertation, Stanford University 1978.

[Besl + Jain 85] *Three-dimensional object recognition.* P. J. Besl, R. C. Jain. *Computing Surveys* **17** (1985) 75-145.

[Blau 78] *Die dreiwertige Logik der Sprache.* Ulrich Blau. Berlin, New York, Walter DeGruyter 1978.

[Block 81] *Readings in Philosophy of Psychology, Vol.II.* Ned Block(Ed.). Harvard University Press, 1981.

[Boden 88]   *Computer Models of Mind.* Margret A. Boden. Cambridge University Press, 1988.

[Boff + Kaufman + Thomas 86]   *Handbook of Perception and Human Performance, Volume I + II.* Kenneth R. Boff, Lloyd Kaufman, James P. Thomas. John Wiley and Sons, 1986.

[Braddick 80]   *Low-level and high-level processes in apparent motion.* O. J. Braddick. *Phil. Trans. R. Soc. Lond.* **B 290** (1980) 137-151.

[Brady 82]   *Trajectory Planning.* Michael Brady. in: Brady, Hollerbach e.a. (Ed.): Robot Motion MIT Press, Cambridge, Mass. 1982.

[Bradshaw 87]   *Learning about speech sounds: the NEXUS Project.* Gary Bradshaw. 4th Int. Workshop on Machine Learning, Irvine 1987, pp. 1-11.

[Brooks 68]   *Spatial and Verbal Components of the Act of Recall.* L. Brooks. *Canadian Journal of Psychology* **22** (1968) 349-368.

[Brooks 70]   *An extension of the conflict between visualization and reading.* L. Brooks. *Quarterly Journal of Experimental Psychology* **22** (1970) 91-96.

[Brooks 83]   *Solving the Find-Path Problem by Good Representation of Free Space.* Rodney A. Brooks. *IEEE Transactions on Systems, Man, and Cybernetics* **13** (1983) 190-197.

[Bundesen + Larsen 75]   *Visual transformation of size.* C. Bundesen, A. Larsen. *Journal of Experimental Psychology: Human Perception and Performance* **1** (1975) 214-220.

[Carnap 66]   *Philosophical Foundation of Physics.* Rudolf Carnap. Basic Books, Inc., New York 1966.

[Cermak 77]   *Performance in a delayed comparison discrimination task as a function of stimulus interpretation.* G. W. Cermak. *Perception and Psychophysics* **21** (1977) 69-76.

[Chandrasekaran + Goel + Allemang 88]   *Connectionism and Information-Processing Abstractions.* B. Chandrasekaran, Ashok Goel, Dean Allemang. *AI Magazine* **Winter** (1988) 24-34.

[Chase 86]   *Visual information processing.* William G. Chase. in [*Boff + Kaufman + Thomas 86*].

[Chen 82]   *Topological structure in visual perception.* Lin Chen. *Science* **218** (1982) 699.

[Chen 89]   *Topological perception: a challenge to computational approaches to vision.* Lin Chen. in 'Connectionism in Perspective', R. Pfeiffer e.a. (Ed.), North-Holland 1989, pp. 317-329.

[Clark + Chase 72]   *On the process of comparing sentences against pictures.* H. H. Clark, W. G. Chase. Cognitive Psychology **3** (1972) 472-517.

[Clark + Chase 74]   *Perceptual coding strategies in the formation and verification of descriptions.* H. H. Clark, W. G. Chase. Memory and Cognition **2** (1974) 101-111.

[Cooper 75]   *Mental rotation of random two-dimensional shape.* L. A. Cooper. Cognitive Psychology **7** (1975) 20-43.

[Cooper 76]   *Demonstration of a mental analog of an external rotation.* L. A. Cooper. Perception and Psychophysics **19** (1976) 296-302.

[Cooper 90]   *Mental models of the structure of visual objects.* L. A. Cooper. in 'Object Perception: Structure and Process', B. Shepp, S. Ballesteros (Ed.) Hillsdale Erlbaum 1990.

[Cooper + Shepard 73a]   *Chronometric studies of the rotation of mental images.* L. A. Cooper, Roger N. Shepard. in 'Visual Information Processing', W. Chase (Ed.), New York, Academic 1973.

[Cooper + Shepard 73b]   *The time required to prepare for a rotated stimuli.* L. A. Cooper, Roger N. Shepard. Memory and Cognition **1** (1973) 246-250.

[Connell + Utgoff 87]   *Learning to control a dynamic physical system.* Margaret E. Connell, Paul E. Utgoff. Proc. Nat. Conf. on Art. Intell. AAAI–6, 1987, 456-460.

[Crowley 87]   *Path planning and obstacle avoidance.* J. L. Crowley. in: [Shapiro 87].

[Denis + Engelkamp + Richardson 88]   *Cognitive and Neuropsychological Approaches to Mental Imagery.* M. Denis, J. Engelkamp, J. T. E. Richardson (Ed.). Martinus Nijhoff Publisher 1988.

[Dewdney 85]   *Analog Gadgets that Solve a Diversity of Problems and Raise an Array of Questions.* A. K. Dewdney. Scientific American, June 1985, pp. 18-29.

[Dixon + Just 78]   *Normalization of irrelevant dimensions in stimulus comparison.* P. Dixon, M. A. Just. Journal of Experimental Psychology: Human Perception and Performance **4** (1978) 36-46.

[Dreyfus + Dreyfus 85]   *Mind over Machine.* Hubert L. Dreyfus, Stuart E. Dreyfus. New York McMillan/The Free Press 1985.

[Evans + Pezdek 80]   *Cognitive mapping: knowledge of realworld distance and location information.* G. W. Evans, K. Pezdek. *Journal of Experimental Psychology: Human Learning and Memory* **6** (1980) 13-24.

[Farah 85b]   *A neurological basis of mental imagery: A componential analysis.* Martha J. Farah. in 'Visual Cognition', Steven Pinker (Ed.), MIT Press 1985.

[Farah 85a]   *Psychophysical Evidence for a Shared Representational Medium for Mental Images and Percepts.* Martha J. Farah. *Journal on Experimental Psychology: General* **114** (1985) 91-103.

[Farah 88]   *Is Visual Imagery Really Visual? Overlooked Evidence From Neuropsychology.* Martha J. Farah. *Psychological Review* **95** (1988) 307-317.

[Farah + Hammond 88]   *Mental rotation and orientation-invariant object recognition: Dissociable processes.* Martha J. Farah, Katherine M. Hammond. *Cognition* **29** (1988) 29-46.

[Farah + Hammond + Levine + Calvanio 88]   *Visual and Spatial Mental Imagery: Disassociable Systems of Representations.* Martha J. Farah, Katherine M. Hammond, David N. Levine, Ronald Calvanio. *Cognitive Psychology* **20** (1988) 439-462.

[Farah + Peronnet + Gonon + Giard 88]   *Electrophysiological Evidence for a Shared Representational Medium for Visual Images and Visual Percepts.* Martha J. Farah, Franck Peronnet, Marie A. Gonon, Marie H. Giard. *Journal of Experimental Psychology: General* **117** (1988) 248-257.

[Finke 81]   *Interpretation of imagery-induced McCollough effects.* Ronald A. Finke. *Perception and Psychophysics* **30** (1981) 94-95.

[Finke 85]   *Theories Relating Mental Imagery to Perception.* Ronald A. Finke. *Psychological Bulletin* **98** (1985) 236-259.

[Finke 86]   *Some consequences of visualization in pattern identification and detection.* Ronald A. Finke. *American Journal of Psychology* **99** (1986) 258-274.

[Finke 89]   *Principles of mental imagery.* Ronald A. Finke. A Bradford Book, MIT Press 1989.

[Finke + Kosslyn 80]   *Mental imagery acuity in the peripheral visual field.* Ronald A. Finke, Stephen M. Kosslyn. *Journal of Experimental Psychology: Human Perception and Performance* **6** (1980) 244-264.

[Finke + Kurtzman 81]   *Mapping the visual field in mental imagery.* Ronald A. Finke, H. S. Kurtzman. *Journal of Experimental Psychology: General* **110** (1981) 501-517.

[Finke + Freyd 85] *Transformation of Visual Memory Induced by Implied Motions of Pattern Elements.* Ronald A. Finke, Jennifer J. Freyd. *Journal of Experimental Psychology: Learning, Memory, and Cognition* **11** (1985) 780-794.

[Finke + Freyd 89] *Mental Extrapolations and Cognitive Penetrability: Reply to Rannay and Proposal for Evaluative Criteria.* Ronald A. Finke, Jennifer J. Freyd. *Journal of Experimental Psychology: General* **118** (1989) 403-408.

[Finke + Freyd + Shyi 86] *Implied Velocity and Acceleration Induce Transformation of Visual Memory.* Ronald A. Finke, Jennifer J. Freyd, G. C.-W. Shyi. *Journal of Experimental Psychology: General* **115** (1986) 175-188.

[Finke + Shepard 86] *Visual Functions of Mental Imagery.* Ronald A. Finke, Roger N. Shepard. in [*Boff + Kaufman + Thomas 86*].

[Finke + Slayton 88] *Explorations of creative mental synthesis in mental imagery.* Ronald A. Finke, K. Slayton. *Memory and Cognition* **16** (1988) 252-275.

[Finke + Pinker 82] *Spontaneous imagery scanning in mental extrapolation.* Ronald A. Finke, Steven Pinker. *Journal of Experimental Psychology: Learning, Memory, and Cognition* **8** (1982) 142-147.

[Finke + Pinker 83] *Directional Scanning of Remembered Visual Patterns.* Ronald A. Finke, Steven Pinker. *Journal of Experimental Psychology: Learning, Memory, and Cognition* **9** (1983) 398-410.

[Finke + Pinker + Farah 89] *Reinterpreting Visual Patterns in Mental Imagery.* Ronald A. Finke, Steven Pinker, Martha J. Farah. *Cognitive Science* **13** (1989) 51-78.

[Fleet 90] *Measurement of image velocity.* David J. Fleet. Ph. D. Thesis, University of Toronto, 1990.

[Fodor 74] *Special Sciences, or the Disunity of Science as a Working Hypothesis.* Jerry A. Fodor. *Synthese* **28** (1974) 97-115.

[Fodor 81] *Representations.* Jerry A. Fodor. MIT Press, Cambridge, Mass. 1981.

[Fodor 83] *The Modularity of Mind.* Jerry A. Fodor. MIT Press, Cambridge, Mass. 1983.

[Fodor 85] *Precis of Modularity of Mind.* Jerry A. Fodor. *The Behavioral and Brain Science* **8** (1985) 1-42.

[Fodor + Pylyshyn 88] *Connectionism and Cognitive Architecture: A Critical Analysis.* Jerry A. Fodor, Zenon W. Pylyshyn. *Cognition* **28** (1988) 3-71.

[Forbus 83]   *Qualitative reasoning about space and motion.* Ken D. Forbus. in: 'Mental models', D. Gentner and A. L. Stevens (Eds.), Hillsdale, N.J.,: Lawrence Erlbaum Associates, 1983, pp.53-74.

[Foster + Gravano 82]   *Overshoot of Curvature in Visual Apparent Motion.* David H. Foster, Salvatore Gravano. Perception and Psychophysics **5** (1982) 411-420.

[Freyd 83]   *The mental representation of movement when static stimuli are viewed.* Jennifer J. Freyd. Perception and Psychophysics **33** (1983) 575-581.

[Freyd 87]   *Dynamic mental representation.* Jennifer J. Freyd. Psychological Review **94** (1987) 427-438.

[Freyd + Finke 84a]   *Facilitation of Length Discrimination Using Real and Imaged Context Frames.* Jennifer J. Freyd, Ronald A. Finke. American Journal of Psychology **97** (1984) 323-341.

[Freyd + Finke 84b]   *Representational Momentum.* Jennifer J. Freyd, Ronald A. Finke. Journal of Experimental Psychology: Learning, Memory, and Cognition **10** (1984) 126-132.

[Freyd + Finke 85]   *A velocity effect for representational momentum.* Jennifer J. Freyd, Ronald A. Finke. Bulletin of the Psychonomic Society **23** (1985) 126-132.

[Freyd + Johnson 87]   *Probing the time course of representational momentum.* Jennifer J. Freyd, J. Q. Johnson. Journal of Experimental Psychology: Learning, Memory, and Cognition **13** (1987) 259-268.

[Freksa 88]   *Intrinsische vs. extrinsische Repräsentation zum Aufgabenlösen oder die Verwandlung von Wasser in Wein.* Christian Freksa. in [Heyer + Krems + Görz 88], Seite 155-165.

[Freksa + Habel 90]   *Repräsentation und Verarbeitung räumlichen Wissens.* Christian Freksa, Christopher Habel (Ed.). Springer 1990.

[Freksa + Furbach + Dirlich 84]   *Cognition and Representation.* Christian Freksa, Ulrich Furbach, Gerhard Dirlich. Proc. German Workshop on Artificial Intelligence GWAI–8, 1984, 119-144.

[Funt 80]   *Problem solving with diagrammatic representations.* B. V. Funt. Artificial Intelligence **13** (1980) 201-230.

[Funt 83]   *Analogical modes of reasoning and process modeling.* B. V. Funt. IEEE Computer, October 1983, pp. 99-104.

[Furbach + Dirlich + Freksa 84] *Towards a theory of knowledge representation systems.* U. Furbach, G. Dirlich, C. Freksa. in 'Artificial Intelligence Methodology, Systems, Applications', W. Bibel und B. Petkoff (Hrsg.), North Holland 1984.

[Gardin + Meltzer + Stoffela 86] *The Analogical Representation of Liquids in Naive Physics.* Francesco Gardin, Bernhard Meltzer, Paolo Stoffela. ECAI-86, Brighton, pp. 154-159.

[Gardin + Meltzer 89] *Analogical Representation of Naive Physics.* Francesco Gardin, Bernhard Meltzer. *Artificial Intelligence* **38** (1989) 139-159.

[Gardner 85] *The Mind's New Science.* Howard Gardner. Basic Book, Inc., Publishers, New York 1985.

[Gelernter 63] *Realization of a geometry-theorem proving machine.* H. Gelernter. in 'Computer and Thought', E. Feigenbaum and J. Feldman (Ed.), McGraw Hill 1963, pp. 134-152.

[Gelernter + Hanson + Loveland 63] *Empirical exploration of the geometry-theorem proving machine.* H. Gelernter, J. R. Hanson, D. W. Loveland. in 'Computer and Thought', E. Feigenbaum and J. Feldman (Ed.), McGraw Hill 1963, pp. 153-167.

[Genesereth + Nilsson 87] *Logical foundation of artificial intelligence.* Michael R. Genesereth, Nils J. Nilsson. Morgan Kaufman Publisher, Los Altos 1987.

[Gerlach 90] *Vorwärtsinferenzen in terminologischen Wissensbasen.* Michael Gerlach. Dissertation, Universität Hamburg, Fachbereich Informatik, 1990.

[Goodman 68] *Languages of Art.* Nelson Goodman. Heckett Publishing Comp. 1968.

[Gordon + Hayward 73] *Second-order isomorphism of internal representation of familiar faces.* I. E. Gordon, S. Hayward. *Perception and Psychophysics* **14** (1973) 334-336.

[Habel 88] *Cognitive Linguistics: The Processing of Spatial Concepts.* Christopher Habel. Technical Report, IBM-LILOG-45, 1988.

[Habel 89] *Propositional and depictorial representation of spatial knowledge: The case of path-concepts.* Christopher Habel. Technical Report, University of Hamburg, FBI-HH-M-171/89, 1989.

[Habel + Pribbenow 88] *Gebietskonstituierende Prozesse.* Christopher Habel, Simone Pribbenow. IBM-LILOG-Report 18, 1988.

[Hartley 77]   *Mental measurement in the magnitude estimation of length.* A. A. Hartley. Journal of Experimental Psychology: Human Perception and Performance **3** (1977) 622-628.

[Hartley 81]   *Mental measurement of line length: The role of the standard.* A. A. Hartley. Journal of Experimental Psychology: Human Perception and Performance **7** (1981) 309-317.

[Hayes 77]   *In defence of logic.* P. J. Hayes. Proc. of the Fifth IJCAI, Cambridge MA, pp. 559-565.

[Hayes 85a]   *Naive physics I: ontology for liquids.* P. J. Hayes. in [*Hobbs + Moore 85*], pp. 71-107.

[Hayes 85b]   *The second naive physics manifesto.* P. J. Hayes. in [*Hobbs + Moore 85*], pp. 1-36.

[Heyer + Krems + Görz 88]   *Wissensarten und ihre Darstellung.* G. Heyer, J. Krems, G. Görz (Hrsg.). Springer Verlag 1988.

[Hempel 66]   *Philosophy of Natural Science.* Carl Gustav Hempel. Prentice-Hall, Inc., Englewood Cliffs, New Jersey 1966.

[Hewitt 87]   *Metacritique of McDermott and the logicist approach.* Carl Hewitt. *Computational Intelligence* **3** (1987) 185-189.

[Hintzman 86]   *'Schema Abstraction' in a Multiple-Trace Memory Model.* Douglas L. Hintzman. *Psychological Review* **93** (1986) 411-428.

[Hobbs + Moore 85]   *Formal theories of the common-sense world.* J. Hobbs, R. Moore (Ed.). Ablex Publishing Corporation, Norwood, N. Y. 1985.

[Hoffmann + Ziessler 82]   *Begriffe und ihre Merkmale.* J. Hoffmann, M. Ziessler. *Zeitschrift für Psychologie* **190** (1982) 46-77.

[Hoffmann + Ziessler + Grosser 84]   *Psychologische Gesetzmäßigkeiten der begrifflichen Klassifikation von Objekten.* J. Hoffmann, M. Ziessler, U. Grosser. in 'Wissen und Wissensnutzung', F. Klix (Hrsg.), 1984.

[Hollins 85]   *Styles of mental imagery in blind adults.* J. Hollins. *Neuropsychologia* **23** (1985) 561-566.

[Horgan 90]   *Actions, Reasons, and the Explanatory Role of Content.* Terence Horgan. in 'The Philosophy of Fred Dretske', B. McLaughlin (Ed.), Oxford, Basil Blackwell 1990.

[Horgan + Tienson 90]   *Soft Laws.* Terence Horgan, J. Tienson. *Midwest Studies in Philosophy* **15** (1990) .

[Howell 76]   *Ordinary Pictures, Mental Representations, and Logical Forms.* Robert Howell. *Synthese* **33** (1976) 149-174.

[Janlert 85]   *Pictures and Words.* Lars-Eric Janlert. Studies in knowledge representation: modelling change - the frame problem, pictures and words, University of Umeaa, Institute of information processing, Report-UMINF-127.85.

[Janlert 88]   *Pictorial Knowledge Representation.* Lars-Eric Janlert. Proc. 8th ECAI, 1988, pp. 149-151.

[Johnson-Laird 83]   *Mental Models.* Philip N. Johnson-Laird. Harvard University Press, 1983.

[Kant + Zucker 86]   *Towards Efficient Trajectory Planning: The Path-Velocity Decomposition.* Kamal Kant, Stephen W. Zucker. *The International Journal of Robotics* **5** (1986) 72-89.

[Kelly + Freyd 87]   *Explorations of representational momentum.* Mike Kelly, Jennifer J. Freyd. *Cognitive Psychology* **19** (1987) 369-401.

[Kerst + Howard 78]   *Memory psychophysics of visual area and length.* S. M. Kerst, J. H. Howard. *Memory and Cognition* **6** (1978) 327-335.

[Khenkhar 88]   *Vorüberlegungen zur depiktionalen Repräsentation räumlichen Wissens.* M. N. Khenkhar. IBM-LILOG-Report 19, Februar 1988.

[Khenkhar 90]   *Eine objektorientierte Darstellung von Depiktionen auf der Grundlage von Zellmatrizen.* M. N. Khenkhar. in *[Freksa + Habel 90]*, Seite 99-112.

[Kibler + Aha 87]   *Learning Representative Exemplars of Concepts: An Initial Case Study.* Dennis Kibler, David W. Aha. 4th Int. Workshop on Machine Learning, Irvine 1987, pp. 24-30.

[Klatzky + Thompson 75]   *Integration of features in comparing multifeature stimuli.* R. L. Klatzky, A. Thompson. *Perception and Psychophysics* **18** (1975) 428-432.

[Klix 82]   *Über Erkennungsprozesse im menschlichen Gedächnis.* F. Klix. *Zeitschrift für Psychologie* **192** (1982) 18-46.

[Klix 84]   *Denken und Gedächnis - Über Wechselwirkungen kognitiver Kompartments bei der Erzeugung geistiger Leistungen.* F. Klix. *Zeitschrift für Psychologie* **192** (1984) 213-245.

[Klix + van der Meer + Preuß + Wolf 87]   *Über Prozeß- und Strukturkomponenten der Wissensrepräsentation beim Menschen.* F. Klix, Elke van der Meer, M. Preuß, M. Wolf. *Zeitschrift für Psychologie* **195** (1987) 39-61.

[Knospe 90]   *Repräsentation von begrifflichem Wissen auf der Grundlage von kognitionspsychologischen Befunden.* Gerd Knospe. Universität Hamburg, Fachbereich Informatik, FBI-HH-M-185-90, August 1990.

[Kohonen 78]   *Associative Memory: A System Theoretic Approach.* Teuvo Kohonen. Springer Berlin 1978.

[Kosslyn 73]   *Scanning visual images: some structural implications.* Stephen M. Kosslyn. *Perception and Psychophysics* **14** (1973) 90-94.

[Kosslyn 75]   *Information representation in visual imagery.* Stephen M. Kosslyn. *Cognitive Psychology* **7** (1975) 341-370.

[Kosslyn 78]   *Imagery and Internal Representation.* Stephen M. Kosslyn. in: [*Rosch + Lloyd 78*].

[Kosslyn 80]   *Image and Mind.* Stephen M. Kosslyn. Harvard University Press, 1980.

[Kosslyn 81]   *The Medium and the Message in Mental Imagery: A Theory.* Stephen M. Kosslyn. *Psychological Review* **88** (1981) 46-66.

[Kosslyn 87]   *Seeing and Imagining in the Cerebal Hemispheres: A Computational Approach.* Stephen M. Kosslyn. Psychological Review, 94, 1987, pp. 148-175.

[Kosslyn + Ball + Reiser 78]   *Visual images preserve metric spatial information: evidence from studies of image scanning.* Stephen M. Kosslyn, T. M. Ball, B. J. Reiser. *Journal of Experimental Psychology: Human Perception and Performance* **4** (1978) 47-60.

[Kosslyn + Pinker + Smith + Schwarz 79]   *On the demystification of mental imagery.* Stephen M. Kosslyn, Steven Pinker, George E. Smith, Steven P. Schwarz. *The Behavioral and Brain Science* **2** (1979) 535-581.

[Kosslyn + Reiser + Farah + Fliegel 83]   *Generating visual images: units and relations.* Stephen M. Kosslyn, B. J. Reiser, M. J. Farah, S. L. Fliegel. *Journal of Experimental Psychology: General* **112** (1983) 278-303.

[Kosslyn + Brunn + Cave + Wallach 85]   *Individual Differences in Mental Imagery Ability: A Computational Analysis.* Stephen M. Kosslyn, Jennifer Brunn, Kyle R. Cave, Roger W. Wallach. in 'Visual Cognition', Steven Pinker (Ed.), MIT Press 1985.

[Kosslyn + Holtzmann + Farah + Gazzaniga 85]   *A Computational Analysis of Mental Image Generation: Evidence From Functional Dissociation in Split-Brain Patients.* Stephen M. Kosslyn, Jeffrey D. Holtzmann, Martha J. Farah, Michael S. Gazzaniga. *Journal of Experimental Psychology: General* **114** (1985) 311-341.

[Kosslyn + Cave + Provost + Gierke 88]   *Sequential Processes in Image Generation.* Stephen M. Kosslyn, Carolyn Backer Cave, David A. Provost, Susanne M. von Gierke. *Cognitive Psychology* **20** (1988) 319-343.

[Kowalski 80]   *Contribution to special issue on knowledge representation.* R. Kowalski. SIGART Newsletter, No. 70, February 1980, pp. 40.

[Kuhn 70]   *The structure of scientific revolution.* Thomas S. Kuhn. 2. erweiterte Auflage, University of Chicago Press 1970.

[Larkin + Simon 87]   *Why a Diagramm is (Sometimes) Worth Ten Thousand Words.* Jill H. Larkin, Herbert A. Simon. *Cognitive Science* **11** (1987) 65-99.

[Larsen + Bundesen 78]   *Size scaling in visual pattern recognition.* A. Larsen, C. Bundesen. *Journal of Experimental Psychology: Human Perception and Performance* **4** (1978) 1-20.

[Levesque 86]   *Making Believers out of Computers.* Hector J. Levesque. *Artificial Intelligence* **30** (1986) 81-108.

[Lindsay 88]   *Images and inference.* Robert K. Lindsay. *Cognition* **29** (1988) 229-250.

[Lycan 87]   *Consciousness.* William G. Lycan. Cambridge MA, London, 1987.

[Mahoney + Ullman 88]   *Image Chunking Defining Spatial Buiding Blocks for Scene Analysis.* James V. Mahoney, Shimon Ullman. in [*Pylyshyn 88*], pp.169-209.

[Marr 82]   *Vision.* David Marr. W. H. Freeman, San Francisco 1982.

[Marschark + Richman + Yuille + Hunt 87]   *The Role of Imagery in Memory.* M. Marschark, C. L. Richman, J. C. Yuille, R. R. Hunt. *Psychological Bulletin* **102** (1987) 28-41.

[Marschark 88]   *The Functional Role of Imagery in Cognition.* Marc Marschark. in [*Denis + Engelkamp + Richardson 88*], pp. 405-417.

[Maturana + Varela 80]   *Autopoiesis and Cognition: The Realization of the Living.* Humberto R. Maturana, Francisco Varela. Dordrecht Reidel 1980.

[McCarthy 77]   *Epistemological problems of artificial intelligence.* John McCarthy. Proc. of the Fifth IJCAI, Cambridge MA, pp. 1038-44.

[McCarthy + Lifschitz 87]   *Commentary on McDermott.* John McCarthy, Vladimir Lifschitz. *Computational Intelligence* **3** (1987) 196-197.

[McCloskey + Kohl 83]   *Naive Physics: The Curvilinear Impetus Principle and its Role in Interactions With Moving Objects.* Michael McCloskey, Deborah Kohl. *Journal of Experimental Psychology: Learning, Memory, and Cognition* **9** (1983) 146-156.

[McDermott 87]   *A critique of pure reason.* Drew McDermott. *Computational Intelligence* **3** (1987) 151-160.

[McDonell 83]   *Are pictures unavoidably specific?.* Neil McDonell. *Synthese* **57** (1983) 83-98.

[Metzler + Shepard 74]   *Transformational studies of the internal representation of three-dimensional objects.* J. Metzler, Roger N. Shepard. in 'Theories in Cognitive Psychology', R. L. Solso (Ed.), Erlbaum 1974.

[Michalski + Carbonell + Mitchell 83]   *Machine Learning I.* Ryszard S. Michalski, Jaime G. Carbonell, Tom M. Mitchell. Tioga Publishing Company 1983.

[Michalski + Carbonell + Mitchell 86]   *Machine Learning II.* Ryszard S. Michalski, Jaime G. Carbonell, Tom M. Mitchell. Morgan Kaufman Publisher 1986.

[Michie + Chambers 68]   *Boxes: an experiment in adaptive control.* D. Michie, R. A. Chambers. in 'Machine Intelligence II', E. Dale and D. Michie (Ed.), Oliver and Boyd 1968.

[Miller + Johnson-Laird 76]   *Language and Perception.* G. A. Miller, P. N. Johnson-Laird. Cambridge University Press, 1976.

[Minsky 85]   *The Society of Mind.* Marvin Minsky. Touchstone Book, Simon and Schuster, 1985.

[Mohnhaupt 87]   *On Modelling Events with an Analogical Representation.* Michael Mohnhaupt. Proc. German Workshop on Artificial Intelligence GWAI–11, 1987, 31-40.

[Mohnhaupt 90a]   *Eine hybride Repräsentation von Objektbewegungen: von analogen zu propositionalen Beschreibungen.* Michael Mohnhaupt. in [*Freksa + Habel 90*], Seite 143-155.

[Mohnhaupt 90b]   *On the importance of pictorial representations for the symbolic/subsymbolic distinction.* Michael Mohnhaupt. Proceedings of '6. Austrian Conference on Artificial Intelligence' 1990, G. Dorffner (Ed.), pp. 75-84.

[Mohnhaupt + Fleet 88]   *Raum-zeitliche Filter für eine top-down Steuerung der Bewegungsanalyse.* Michael Mohnhaupt, David Fleet. Proc. German Workshop on Artificial Intelligence GWAI–12, 1988, 296-305.

[Mohnhaupt + Neumann 89a]   *Some aspects of learning and reorganisation in an analogical representation.* Michael Mohnhaupt, Bernd Neumann. in 'Knowledge representation and organisation in machine learning', K. Morik (Ed.), Lecture Notes in Artificial Intelligence, Springer Verlag 1989, pp. 50-64.

[Mohnhaupt + Neumann 89b]   *Interne Szenenrepräsentation als Schnittstelle zwischen Sprach- und Bildverstehen: sprachliche Steuerung der Szenenanalyse.* Michael Mohnhaupt, Bernd Neumann. DFG-Abschlußbericht, 1988, 89 Seiten.

[Mohnhaupt + Neumann 90a]   *Support for an intermediate pictorial representation.* Michael Mohnhaupt, Bernd Neumann. Commentary on [*Tsotsos 90*], *The Behavioral and Brain Science* **13** (1990) 452-453.

[Mohnhaupt + Neumann 90b]   *On the Use of Motion Concepts for Top-Down Control in Traffic Scenes.* Michael Mohnhaupt, Bernd Neumann. Proc. European Conf. on Computer Vision ECCV–1, 1990, 598-601, Antibes (France), O. Faugeras (Ed.), Springer Verlag.

[Mohnhaupt + Neumann 91]   *Understanding Object Motion: Recognition, Learning and Spatio-Temporal Reasoning.* Michael Mohnhaupt, Bernd Neumann. *Robotics and Autonomous Systems* **8** (1991) .

[Mohnhaupt + Rehkämper 90]   *Gedanken zu einer neuen Theorie der Kognition - Rezension von: Terry Winograd, Fernando Flores: Erkenntnis Maschinen Verstehen.* Michael Mohnhaupt, Klaus Rehkämper. *Kognitionswissenschaft* **1** (1990) 36-45.

[Moyer 73]   *Comparing objects in memory: Evidence suggesting an internal psychophysics.* R. S. Moyer. *Perception and Psychophysics* **13** (1973) 180-184.

[Moyer + Bayer 76]   *Mental comparison and the symbolic distance effect.* R. S. Moyer, R. H. Bayer. *Cognitive Psychology* **8** (1976) 228-246.

[Moyer + Bradley + Sorensen + Whiting + Mansfield 78]   *Psychophysical functions for perceived and remembered size.* R. S. Moyer, D. R. Bradley, M. H. Sorensen, J. C. Whiting, D. P. Mansfield. *Science* **200** (1978) 330-332.

[Nagel 88]   *'TAF' als Spezialfall nichtparametrischen Lernens nach Parzen.* Hans-Helmut Nagel. *Künstliche Intelligenz* **3** (1988) 10-11.

[Neumann 89]   *Natural Language Description of Time-Varying Scenes.* Bernd Neumann. in 'Semantic Structures', David L. Waltz (Ed.), Lawrence Erlbaum, Hillsdale N.Y., 1989, pp. 167-207.

[Neumann + Mohnhaupt 88]   *Propositionale und analoge Repräsentation von Bewegungsverläufen.* Bernd Neumannn, Michael Mohnhaupt. *Künstliche Intelligenz* **1** (1988) 4-10.

[Neumann + Novak 83]   *Event models for recognition and natural-language description of events in real-world image sequences.* Bernd Neumann, Hans-Joachim Novak. Proc. Int. Joint Conf. on Art. Intell. IJCAI–8, 1983, 724-726.

[Neumann + Novak 86]   *NAOS: Ein System zur natürlichsprachlichen Beschreibung zeitveränderlicher Szenen.* Bernd Neumann, Hans-Joachim Novak. *Informatik Forsch. Entw.* **1** (1986) 83-92.

[Newell 82]   *The Knowledge Level.* Allan Newell. *Artificial Intelligence* **18** (1982) 87-127.

[Nielsen + Smith 73]   *Imaginal and verbal representations in short-term recognition of visual forms.* G. D. Nielsen, E. E. Smith. *Journal of Experimental Psychology* **101** (1973) 375-378.

[Novak 87]   *Textgenerierung auf der Grundlage visueller Daten: Beschreibungen von Straßenszenen.* Hans-Joachim Novak. Springer Verlag 1987.

[Palmer 78a]   *Fundamental Aspects of Cognitive Representation.* S. E. Palmer. in: [Rosch + Lloyd 78].

[Palmer 78b]   *Structural aspects of visual similarity.* S. E. Palmer. *Memory and Cognition* **3** (1978) 91-97.

[Paivio 71]   *Imagery and verbal processes.* Allan Paivio. Holt, Rinehart and Winston, New York 1971.

[Paivio 75]   *Perceptual comparison through the mind's eye.* Allan Paivio. *Memory and Cognition* **3** (1975) 635-647.

[Paivio 86]   *Mental Representations - A Dual Coding Approach.* Allan Paivio. Oxford University Press 1986.

[Parsons 87]   *Imagined spatial transformations of one's hands and feet.* L. M. Parsons. *Cognitive Psychology* **19** (1987) 178-241.

[Phelps + Musgrove 85]   *A prototypical approach to machine learning.* R. I. Phelps, P. B. Musgrove. Proc. Int. Joint Conf. on Art. Intell. IJCAI–9, 1985, 698-700.

[Phillips 83]   *Short-term visual memory.* W. A. Phillips. Phil. Trans. R. Soc. Lond., B 302, pp. 295-309, 1983.

[Pinker 80]   *Mental Imagery and the Third Dimension.* Steven Pinker. *Journal of Experimental Psychology: General* **109** (1980) 354-371.

[Pinker 85]   *Visual Cognition: An Introduction.* Steven Pinker. in 'Visual Cognition', Steven Pinker (Ed.), MIT Press 1985.

[Pinker 88]   *A computational theory of the mental imagery medium.* Steven Pinker. in [*Denis + Engelkamp + Richardson 88*], pp. 17-32.

[Pinker + Kosslyn 78]   *The representation and manipulation of three-dimensional space in mental images.* Steven Pinker, Stephen M. Kosslyn. *Journal of mental imagery* **2** (1978) 69-84.

[Pinker + Kosslyn 83]   *Theories of Mental Imagery.* Steven Pinker, Stephen M. Kosslyn. in A. A. Sheikh (Ed.) 'Imagery: Current Theory, Research and Application', New York, Wiley 1983.

[Podgorny + Shepard 78]   *Functional representations common to visual perception and imagination.* P. Podgorny, R. N. Shepard. *Journal of Experimental Psychology: Human Perception and Performance* **4** (1978) 21-35.

[Podgorny + Shepard 83]   *Distribution of Visual Attention over Space.* P. Podgorny, R. N. Shepard. *Journal of Experimental Psychology: Human Perception and Performance* **9** (1983) 380-393.

[Popper 35]   *Logik der Forschung.* Karl. R. Popper. Julius Springer Verlag, Wien 1935, 9. verb. Auflage: Mohr Verlag, Tübingen 1989.

[Pribbenow 90]   *Interaktion von propositionalen und bildhaften Repräsentationen.* Simone Pribbenow. in [*Freksa + Habel 90*], Seite 156-174.

[Provan 90]   *An analysis of knowledge representation schemes for high-level vision.* Gregory M. Provan. Proc. European Conf. on Computer Vision ECCV–1, 1990, 537-41, Antibes (France), O. Faugeras (Ed.), Springer Verlag.

[Putnam 81]   *Philosophy and our mental life.* Hilary Putnam. in [*Block 81*], pp. 134-43.

[Pylyshyn 81]   *The Medium and the Message in Mental Imagery: A Theory.* Zenon W. Pylyshyn. *Psychological Review* **88** (1981) 16-45.

[Pylyshyn 84]   *Computation and Cognition.* Zenon W. Pylyshyn. MIT Press, Cambridge, Mass. 1984.

[Pylyshyn 88]   *Computational Processes in Human Vision: An Interdisciplinary Perspective.* Zenon W. Pylyshyn. Ablex Norwood, 1988.

[Reichenbach 28]   *Philosophie der Raum-Zeit Lehre.* Hans Reichenbach. De Gruyter, Berlin und Leipzig 1928, also appeared as 'The Philosophy of Space and Time, Dover Publications 1958.

[Reed 72]   *Pattern recognition and categorisation.* S. K. Reed. *Cognitive Psychology* **3** (1972) 382-407.

[Reeves 80]   *Visual imagery in backward masking.* A. Reeves. *Perception and Psychophysics* **28** (1980) 118-124.

[Rehkämper 90]   *Mentale Bilder - Analoge Repräsentationen.* Klaus Rehkämper. in [*Freksa + Habel 90*], auch erschienen als IBM-LILOG-Report 65, Oktober 1988.

[Rehkämper 91]   *Sind Mentale Bilder bildhaft? - Ein Problem zwischen Philosophie und Wissenschaft.* Klaus Rehkämper. eingereichte Dissertation, Fachbereich Philosophie, Universität Hamburg, 1991.

[Reisberg + Chambers 86]   *Neither Pictures nor Propositions: The Intentionality of Mental Imagery.* Daniel Reisberg, Deborah Chambers. Proc. 8th Intern. Conf. of the Cognitive Science Soc., Amh. Mass., 1986, 208-222.

[Reiter + Mackworth 87]   *The Logic of Depiction.* Raymond Reiter, Alan K. Mackworth. Technical Report, RCBV-TR-87-18, University of Toronto, June 1987.

[Reiter + Mackworth 90]   *A Logical Framework for Depiction and Image Interpretation.* Raymond Reiter, Alan K. Mackworth. *Artificial Intelligence* **41** (1990) 125-155.

[Retz-Schmidt 85]   *Script-based generation and evaluation of expectations in traffic scenes.* Gudula Retz-Schmidt. Mitteilung FBI-HH-M-136/85, Universität Hamburg, Fachbereich Informatik 1985.

[Robins + Shepard 77]   *Spatio-temporal probing of apparent rotational movement.* C. Robins, Roger N. Shepard. *Perception and Psychophysics* **22** (1977) 12-18.

[Rock + Wheeler + Tudor 89]   *Can we imagine how objects look from other viewpoints?.* Irvin Rock, Deborah Wheeler, Leslie Tudor. *Cognitive Psychology* **21** (1989) 185-210.

[Roth + Kosslyn 88]   *Construction of the Third Dimension in Mental Imagery.* James D. Roth, Stephen M. Kosslyn. *Cognitive Psychology* **20** (1988) 344-361.

[Rhodes + O'Leary 85]   *Imagery effects on early visual processing.* Gillian Rhodes, Ann O'Leary. *Perception and Psychophysics* **37** (1985) 382-388.

[Rosch 78]   *Principles of Categorization.* Eleanor Rosch. in: [*Rosch + Lloyd 78*].

[Rosch + Mervis + Gray + Johnson + Boyes-Bream 76]   *Basic Objects in Natural Categories.* Eleanor Rosch, Corolyn B. Mervis, Wayne D. Gray, David M. Johnson, Penny Boyes-Bream. *Cognitive Psychology* **8** (1976) 382-439.

[Rosch + Lloyd 78]   *Cognition and Categorization.* E. Rosch, B. B. Lloyd (Ed.). Hillsdale N. Y.: Erlbaum Press 1978.

[Rubin + Kanwisher 85]   *Topological perception: wholes in an experiment.* J. Rubin, N. Kanwisher. *Perception and Psychophysics* **37** (1985) 179. `

[Rumelhart + McClelland 87]   *Parallel Distributed Processing I + II.* David E. Rumelhart, James L. McClelland and the PDP research group. MIT Press, Cambridge, Mass. 1987.

[Russell 59]   *My philosophical development.* Bertrand Russell. London: George Allan and Unwin Ltd., Deutsche Ausgabe: Philosophie - Die Entwicklung meines Denkens, Frankfurt/M.: Fischer Taschenbuchverlag.

[Schirra 89]   *Ein erster Blick auf ANTLIMA: Visualisierung statischer räumlicher Relationen.* Jörg R. J. Schirra. Proc. German Workshop on Artificial Intelligence GWAI-13, 1989, 301-311.

[Searle 90]   *Consciousness, Explanatory Inversion and Cognitive Science.* John R. Searle. *The Behavioral and Brain Science* **1990** (13) 585-642.

[Segal 72]   *Assimilation of a stimulus in the construction of an image: The Perky effect revisited.* S. J. Segal. in 'The function and nature of imagery', P. W. Sheehan (Ed.), Academic Press, New York 1972.

[Sekuler + Blake 85]   *Perception.* Robert Sekuler, Randolph Blake. Alfred A. Knopf, Inc., 1985.

[Shapiro 87]   *The encyclopedia of artificial intelligence.* Stuart Shapiro (Ed.). John Wiley and Sons, New York 1987.

[Shepard 78]   *The Mental Image.* Roger N. Shepard. *American Psychologist* **33** (125-137) .

[Shepard 81]   *Psychophysical complementarity.* Roger N. Shepard. in 'Perceptual Organization', M. Kubovy and J. Pomerantz (Ed.), Erlbaum 1981.

[Shepard + Feng 72]   *A cronometric study of mental paper folding.* Roger N. Shepard, C. A. Feng. *Cognitive Psychology* **3** (1972) 228-243.

[Shepard + Cermak 73]   *Perceptual-cognitive explorations of a toroidal set of free-form stimuli.* Roger N. Shepard, G. W. Cermak. *Cognitive Psychology* **4** (1973) 351-377.

[Shepard + Chipman 70]   *Second-order isomorphism of internal representations: shapes of states.* Roger N. Shepard, S. Chipman. *Cognitive Psychology* **1** (1970) 1-17.

[Shepard + Cooper 82]   *Mental images and their transformation.* Roger N. Shepard, L. A. Cooper. MIT Press/Bradford Book, Cambridge Mass., 1982.

[Shepard + Metzler 71]   *Mental rotation of three-dimensional objects.* Roger N. Shepard, J. Metzler. *Science* **171** (1971) 701-703.

[Shepard + Metzler 88]   *Mental rotation: Effects of stimulus dimensionality and type of task.* Roger N. Shepard, J. Metzler. *Journal of Experimental Psychology: Human Perception and Performance* **14** (1988) 3-11.

[Shoham 86]   *What is the Frame Problem?.* Yoav Shoham. in Proc. 'Reasoning about Actions and Plans', P. Georgeff and A. L. Lansky (Ed.), Oregon 1986, Morgan Kaufmann, pp. 83-98.

[Sloman 71]   *Interactions between philosophy and A.I. - the role of intuition and non-logical reasoning in intelligence.* Aaron Sloman. *Artificial Intelligence* **2** (1971) 209-225.

[Sloman 75]   *Afterthoughts on Analogical Representations.* Aaron Sloman. in: Proc. Theoretical Issues in Natural Language Processing, Cambridge, MA, 1975, 164-168.

[Sloman 78]   *The Computer Revolution in Philosophy.* Aaron Sloman. The Harvester Press 1978.

[Smith + Medin 81]   *Categories and Concepts.* Edward E. Smith, Douglas L. Medin. Harvard Universtity Press 1981.

[Smolensky 88]   *On the Proper Treatment of Connectionism.* P. Smolensky. *The Behavioral and Brain Science* **11** (1988) 1-74.

[Sneed 71]   *The logical structure of mathematical physics.* J. D. Sneed. Dordrecht 1971.

[Sober 76]   *Mental Representations.* Elliot Sober. *Synthese* **33** (1976) 101-148.

[Stanfill + Waltz 86]   *Toward Memory-Based Reasoning.* Graig Stanfill, David Waltz. *Communication of the ACM* **29** (1986) 1213-1228.

[Steels 88a]   *Steps Towards Common Sense.* Luc Steels. AI-MEMO 88-3, University of Brussels, AI-Lab, 1988.

[Steels 88b]   *Steps Towards Common Sense.* Luc Steels. Proc. 8th ECAI, 1988, pp. 49-54.

[Steels 90]   *Exploiting Analogical Representations.* Luc Steels. in 'Journal of Robotics and Autonomous Systems', North Holland 1990.

[Stegmüller 79]   *Hauptströmungen der Gegenwartsphilosophie, Band II, Alfred Kröner Verlag Stuttgart, 6. erweiterte Auflage.* Wolfgang Stegmüller. Alfred Kröner Verlag Stuttgart 1979.

[Sterelny 86]   *The Imagery Debate.* Kim Sterelny. *Philosophy of Science* **53** (1986) 560-85.

[Stigler 84]   *'Mental abacus': The effect of abacus training on chinese children's mental calculations.* James W. Stigler. *Cognitive Psychology* **16** (1984) 145-76.

[Stillings e.a. 87]   *Cognitive Science.* Neil A. Stillings, Mark H. Feinstein, Jay L. Garfield, Edwina L. Rissland, David A. Rosenbaum, Steven E. Weisler, Lynne Baker-Ward. A Bradford Book, MIT Press 1987.

[Tarr + Pinker 89]   *Mental rotation and orientation-dependence in shape recognition.* Michael J. Tarr, Steven Pinker. *Cognitive Psychology* **21** (1989) 233-281.

[Thompson + Klatzky 78]   *Studies of visual synthesis: Integration of fragments into forms.* A. L. Thompson, R. L. Klatzky. *Journal of Experimental Psychology: Human Perception and Performance* **4** (1978) 244-263.

[Thorndyke 81]   *Distance estimation from cognitive maps.* P. W. Thorndyke. *Cognitive Psychology* **13** (1981) 526-550.

[Tsotsos 87]   *Image Understanding.* John K. Tsotsos. in: [Shapiro 87].

[Tsotsos 90]   *Analyzing Vision at the Complexity Level.* John K. Tsotsos. *The Behavioral and Brain Science* **13** (1990) 423-469, Cambridge University Press.

[Tversky 69]   *Pictorial and verbal encoding in a short-term memory task.* Barbara Tversky. *Perception and Psychophysics* **6** (1969) 225-233.

[Tversky 75]   *Pictorial encoding of sentences in sentence-picture comparison.* Barbara Tversky. *Quarterly Journal of Experimental Psychology* **27** (1975) 405-410.

[Tversky + Hemenway 83]   *Categories of Environmental Scenes.* Barbara Tversky, Kathleen Hemenway. *Cognitive Psychology* **15** (1983) 121-149.

[Tversky + Hemenway 84]   *Objects, Parts, and Categories.* Barbara Tversky, Kathleen Hemenway. *Journal of Experimental Psychology* **113** (1984) 169-193.

[Ullman 84]   *Visual Routines.* Shimon Ullman. Cognition 18, 1984, pp. 96-159, also appeared in 'Visual Cognition', Steven Pinker (Ed.), MIT Press 1985.

[Ullman 89]   *Aligning pictorial descriptions: An approach to object recognition.* Shimon Ullman. *Cognition* **32** (1989) 193-254.

[Wahlster 88]   *One Word Says More Than a Thousand Pictures.* Wolfgang Wahlster. Technical Report No. 25, SFB-314, Universität des Saarlandes.

[Wallace 84]   *Apparent equivalence between perception and imagery in the production of various visual illusions.* Benjamin Wallace. *Memory and Cognition* **12** (1984) 156-162.

[Waltz + Boggess 79]   *Visual Analog Representations for Natural Language Understanding.* David L. Waltz, Lois Boggess. Proc. Int. Joint Conf. on Art. Intell. IJCAI–6, 1979, 926-934.

[Winograd + Flores 86]   *Understanding Computers and Cognition: A New Foundation for Design.* T. Winograd, F. Flores. Ablex Norwood, NJ. 1986.

[Zimmer + Engelkamp 88]   *Informationsverarbeitung zwischen Modalitätsspezifität und propositionalem Einheitssystem.* Hubert D. Zimmer, Johannes Engelkamp. in [*Heyer + Krems + Görz 88*], Seite 130-154.